# द्वारपाल

पी. चिदंबरम पूर्व वित्त मंत्री रहे हैं और साथ ही उन्होंने भारत सरकार में बतौर गृहमंत्री भी अपनी सेवाएं दी हैं। वह एक विख्यात अधिवक्ता भी हैं, और भारत के सर्वोच्च न्यायालय में प्रैक्टिस कर रहे हैं। वह एक बुद्धिजीवी लेखक भी हैं और उनके निबंधों का पहला संग्रह 2006 में प्रकाशित हुआ था, जिसका शीर्षक था, *'ए व्यू फ्रॉम आउटसाइड: व्हाई गुड इकोनॉमिक्स वर्क्स फॉर एवरी वन'*। इंडियन एक्सप्रेस अंग्रेजी दैनिक में अर्थव्यवस्था, राजनीति, सामाजिक मुद्दे, विदेश नीति और समकालीन मुद्दों पर उनका एक साप्ताहिक कॉलम भी प्रकाशित होता है। वह देश के सबसे पुराने राजनीतिक दल, भारतीय राष्ट्रीय कांग्रेस, के सदस्य हैं और तमिलनाडु के शिवगंगा निर्वाचन क्षेत्र से सात बार संसद में चुने जा चुके हैं।

# द्वारपाल

## एक साल प्रतिपक्ष में

पी. चिदंबरम

THE EXPRESS GROUP
EXPRESS BOOK SERIES
रूपा
अमर उजाला

प्रकाशित
रूपा पब्लिकेशंस इंडिया प्राइवेट लिमिटेड 2016
7/16, अंसारी रोड, दरियागंज
नई दिल्ली 110002

*सेल्स सेन्टर:*
इलाहाबाद बेंगलुरू चेन्नई
हैदराबाद जयपुर काठमाण्डू
कोलकाता मुम्बई

कॉपीराइट © पी. चिदंबरम 2016

दी *इंडियन एक्सप्रेस* और *अमर उजाला* से पुनर्मुद्रित
अनुवाद: *अमर उजाला*

इस पुस्तक में व्यक्त किये गये सभी विचार, तथ्य और दृष्टिकोण लेखक के अपने हैं
और प्रकाशक किसी भी तौर पर इनके लिये जिम्मेदार नहीं है।

सर्व अधिकार सुरक्षित।

इस पुस्तक का आंशिक रूप में पुन: प्रकाशन या पुन: प्रकाशनार्थ अपने रिकार्ड में सुरक्षित रखने, इसे पुन: प्रस्तुत करने के प्रति अपमाने, इसका अमुदित रूप तैयार करने अथवा इलैक्ट्रॉनिक, मैकेनिकल, फोटोकॉपी तथा रिकार्डिंग आदि किसी भी पद्धति से इसका उपयोग करने हेतु समस्त प्रकाशनाधिकार रखने वाले अधिकारी तथा पुस्तक के प्रकाशक की पूर्वानुमति लेना अनिवार्य है।

ISBN: 978-81-291-4228-3

प्रथम संस्करण 2016

10 9 8 7 6 5 4 3 2 1

यह पुस्तक इस शर्त पर विक्रय की जा रही है कि प्रकाशक की लिखित पूर्वानुमति के बिना इसे व्यावसायिक अथवा अन्य किसी भी रूप में उपयोग नहीं किया जा सकता। इसे पुन: प्रकाशित कर बेचा या किराए पर नहीं दिया जा सकता तथा जिल्दबंध या खुले किसी अन्य रूप में पाठकों के मध्य इसका परिचालन नहीं किया जा सकता। ये सभी शर्तें पुस्तक के खरीदार पर भी लागू होती हैं। इस सन्दर्भ में सभी प्रकाशनाधिकार सुरक्षित हैं।

# विषय सूची

| | |
|---|---|
| *वाई.वी. रेड्डी द्वारा प्राक्कथन* | *ix* |
| *मोंटेक सिंह आहलूवालिया द्वारा प्राक्कथन* | *xiii* |
| *प्रस्तावना* | *xix* |

## शुरुआत और अंत

| | |
|---|---|
| देश की हालत 2015 | 3 |
| अंतरात्मा की स्वीकारोक्ति | 7 |

## शासन

| | |
|---|---|
| क्या गणतंत्र दिवस के बाद अभियान रुकेगा? | 13 |
| बिगुल बज चुका है | 17 |
| प्रधानमंत्री के नाम पत्र | 21 |
| हर जगह मौजूद है ग्रीक त्रासदी | 25 |
| बोलना चांदी है, मौन सोना है | 29 |
| सुषमा स्वराज, आरटीआई और संसद में सवाल | 33 |
| प्रधानमंत्री मोदी वायदे पूरे करें | 36 |
| ओआरओपी का रहस्य | 40 |
| पैटर्न को समझने की जरूरत | 44 |

## अर्थव्यवस्था

| | |
|---|---|
| सत्य, घृणित सत्य और सांख्यिकी | 51 |

| | |
|---|---|
| चौदहवां वित्त आयोगः उदारता एक गलती? | 55 |
| कौन चाहता है 40 रुपये का डॉलर? | 59 |
| थोड़ी महंगाई भी जरूरी है | 62 |
| कब तक रहेगा हवा में यह गुब्बारा? | 66 |
| सुनिए गवर्नर राजनः चिंतित होने का समय | 70 |
| 'निर्यात या विनाश'। क्या हमने 'विनाश' को चुना है? | 74 |
| कोई बताएगा, आगे क्या होने वाला है? | 78 |
| क्या हमारा कोई आर्थिक एजेंडा होगा? | 82 |
| अब गेंद सरकार के पाले में | 86 |
| सामने पहाड़ है | 90 |
| हर बदलाव सुधार नहीं | 94 |

## बजट

| | |
|---|---|
| वित्त मंत्री और 282 का आंकड़ा | 101 |
| बजट 2015: अच्छा, बुरा और बदसूरत | 105 |
| 75,000 करोड़ का झटका | 109 |
| वायदे करना और फिर भूल जाना | 113 |

## नीतियां और कार्यक्रम

| | |
|---|---|
| जन धन यूपीए के कंधों पर | 119 |
| प्राकृतिक संसाधनः धुंध को अभी साफ होना है | 123 |
| मौद्रिक नीति समितिः वोट या वीटो? | 126 |
| कूटलेखन नीतिः फैसला पहले, सोचना बाद में | 130 |

## राजनीति

| | |
|---|---|
| सबके लिए सबक हैं दिल्ली के चुनाव | 137 |
| निरंतर सतर्कता ही आजादी की कीमत | 141 |
| बनाता–बिगाड़ता 'मध्यवर्ग' | 144 |
| मैग्ना कार्टा और नागरिक आजादी | 148 |
| बढ़ती असहिष्णुता की वजहें | 152 |
| शरणार्थी, अप्रवासी और मानवता | 156 |

| | |
|---|---|
| बिहार के चुनाव में क्या लगा है दांव पर | 160 |
| सामूहिक चेतना की पुकार | 164 |
| हारें या जीतें, बिहार के चुनाव श्री मोदी की परीक्षा | 167 |
| भारत के मिजाज की जीत | 171 |

## विधि

| | |
|---|---|
| साथ खड़े हों और अपनी आवाज उठाएं | 177 |
| भूमि अधिग्रहणः निर्वाण के नौ कदम | 181 |
| मौत की कीमत पर | 185 |
| सरकार प्रस्तावित करती है, आरबीआई निरस्त करती है | 189 |
| क्या जीएसटी बनाएगा इतिहास? | 193 |
| खुली चिट्ठी वित्त मंत्री के नाम | 197 |
| एनजेएसी की पहेली | 201 |

## विदेशी मामले

| | |
|---|---|
| खोई–हुई जन्नत, क्या यह फिर से हासिल होगी? | 207 |
| कैसे हम एक दोस्त खो बैठते हैं और लोगों से पराये हो जाते हैं | 211 |
| धूमधड़ाका, चुप्पी और फिर अचानक हलचल | 215 |

# प्राक्कथन

*वाई.वी. रेड्डी*
*पूर्व गवर्नर, रिजर्व बैंक ऑफ इंडिया*

एक पेशेवर ने अर्थशास्त्री से पूछा, 'क्या किया जाना है'? एक विशुद्ध सिद्धांतवादी प्रकृति का व्यक्ति यह सोच सकता है कि संभवतः वह सुझाव देने में सक्षम नहीं है, क्योंकि किसी खास व्यावहारिक परिस्थिति में क्या किया जाना चाहिए, यह कभी भी सैद्धांतिक निष्कर्षों का सहज परिणाम नहीं हो सकता है। यह सर्वविदित है कि अर्थशास्त्री स्वयं भी अनेक तकनीकी मुद्दों पर एकमत नहीं होते हैं। यहां समस्या तथ्यों से संबंधित है, जिसके हवाले से सिद्धांतो पर विचार किया जाता है एवं उस पर आधारित कार्यवाहियों के तौर–तरीकों का निर्धारण किया जाता है।

यूनाइटेड किंगडम ट्रेजरी (वित्त मंत्रालय) के भूतपूर्व मुख्य आर्थिक सलाहकार सर एलेक केर्नक्रास ने वर्ष 1985 में रिचर्ड टी. इली लेक्चर के दौरान कहा– कि जीवन के विभिन्न अनुभवों से संबंधित तथ्य प्रायः अस्पष्ट एवं विवादित होते हैं, जिन्हें विभिन्न व्यक्तियों द्वारा जीवन के अलग–अलग अनुभवों के परिपेक्ष्य में देखा जा सकता है। ये तथ्य किसी भी सीमित आर्थिक संदर्भ से कहीं अधिक विस्तृत होते हैं, जबकि अर्थशास्त्रियों का प्रयास इसी सीमित आर्थिक संदर्भ में तथ्यों का विश्लेषण करना होता है।

एक सिद्धांतवादी अपने प्रारंभिक बिंदु से पूर्णतरू परिचित होता है एवं उस पर अपनी धारणाओं को बनाने के लिए पूरी तरह स्वतंत्र होता है। जबकि किसी भी पेशेवर का ध्यान केंद्र तुलनात्मक रूप से अधिक विशिष्ट होता है। डाटा या समंकों की प्राप्ति में संभावित देरी के अतिरिक्त प्रारंभिक गणनाओं से अंतिम गणनाओं में पुर्नलेखन जैसे विषयों को भी ध्यान में रखना होता है।

इस प्रकार कुछ हद तक किसी भी पेशेवर, जो भारत में वास्तविक समय के आधार

पर कार्यरत है, के लिए न केवल उसका भविष्य एवं उसका भूत भी अनिश्चितता से भरा हुआ है। इसलिए इससे संबंधित कुछ अनुमान एवं धारणायें अपने आप ही अवश्यंभावी हो जाते हैं। आर्थिक संबंध सदैव परिवर्तित होते रहते हैं, एवं हाल के वर्षों में ये संबंध पहले की तुलना में कहीं अधिक तीव्र गति से बदल रहे हैं।

हमें प्रायः 'तर्क करने वाले भारतीय' कहा जाता है। लेकिन हम किस बात पर तर्क–वितर्क कर रहें हैं? क्या वे विषय हैं जो आज के वर्तमान परिपेक्ष्य में महत्वपूर्ण एवं अत्यावश्यक हैं? हम अपना समय एवं ऊर्जा गरीबी का आकलन करने एवं इसके लिए कुछ करने में किस प्रकार विभाजित करते हैं।

इसके अतिरिक्त गैर–आर्थिक कारकों के मुद्दे भी हैं जैसे विशेषकर संस्थानिक एवं वैधानिक कारक। लोकनीति के पेशेवरों को वैकल्पिक नीति कार्यवाहियों के राजनीतिक परिणामों एवं समय का मूल्यांकन भी करना होता है।

एक अर्थशास्त्री के लिए आर्थिक सुधार पर विचार करना पूरी तरह स्पष्ट है लेकिन लोकनीति के पेशेवरों के लिए इस बात पर विश्वास करना अति आवश्यक है कि एक अच्छा अर्थशास्त्र भी एक अच्छी राजनीति होती है।

इसी संदर्भ में किसी अर्थशास्त्र के पेशेवर के द्वारा स्तरीय अर्थशास्त्र की व्याख्या या प्रतिपादन भी एक असाधारण महत्व की बात है। भारत में लोकनीति के पेशेवरों ने व्याख्या के तौर पर संस्मरण लिखे हैं, यदि पूर्व में हुई प्रतिरक्षा के तौर पर नहीं तो भविष्य में किसी वाद–विवाद के विषय या कार्यक्रम के रूप में व्याख्या के तौर पर संस्मरण लिखे हैं।

श्री चिदंबरम, लोक जिम्मेदारियों से मुक्त रहने के दौरान पेशेवर जानकारों के बीच, विभिन्न ज्वलनशील समसामयिक महत्व के मुद्दों पर अपना एक व्यवस्थित एवं सुसंगत मत रखने के लिए विशिष्ट स्थान रखते रहें हैं। यह अंक, जो कि निबंधों का संग्रह है, उनकी इस शैली की दूसरी किताब है।

उनके निबंधो का यह संग्रह कुछ विषयों की तरफ हमारा ध्यान आर्कषित करता है– जैसे ऐसे मुद्दे जिन पर गंभीर विचार–विमर्श की आवश्यकता है एवं लोकनीति के ऐसे विकल्प जिन पर विचार किया जाना आवश्यक है। उनके अनिवार्य राजनीतिक पूर्वाग्रहों के बावजूद भी, श्री चिदंबरम् की अभिव्यक्ति की स्पष्टता, तथ्यों एवं समंको पर उनकी पकड़ एवं चुनावी राजनीति की उनकी समझ के साथ–साथ लोकनीति से संबंधित वांछनीय, व्यवहारिक एवं उद्देश्यपूर्ण विषयों पर आपस सामंजस्य स्थापित करने की क्षमता भी प्रदर्शित होती है।

वे अर्थशास्त्र एवं राजनीति के बीच स्थापित एक जटिल कड़ी की ओर संकेत

करते हैं, जिसे केवल एक बुद्धिमान अंतरंगी, जिसे दोनों का अनुभव हो, समझ सकता है, लेकिन स्वतंत्र रूप से इसकी अभिव्यक्ति केवल तब ही हो सकती है, जब वे इन दोनों से बाहर आ जाएं।

हालांकि इस अंक में बहस के अनेक विषयों पर अनेक मत हो सकते हैं, लेकिन श्री चिदंबरम् अपनी क्षमता का प्रशंसनीय प्रदर्शन करते हुए पाठकों को अपनी बात समझाने में पूरी तरह सफल रहे हैं। मैं व्यक्तिगत तौर पर, जो कुछ भी उन्होंने लिखा है उससे लाभान्वित हुआ हूं, बिल्कुल वैसे ही जैसे पूर्व में भी उनके सहायक के तौर, एक सलाहकार के तौर, एवं लोकनीति पर बनी उनकी टीम में एक सदस्य के तौर पर उनके साथ होने वाले विचार–विमर्श के माध्यम से मैंने उनसे सीखा था।इस अंक को, श्री चिदंबरम् के भारतीय राजनीति एवं उच्च स्तरीय आर्थिक नीति–निर्माण में तीन दशकों से भी अधिक वृहद अनुभव के समाहित होने के कारण चारों तरफ से प्रशंसा एवं सराहना प्राप्त हुई है।

# प्राक्कथन

*मोंटेक सिंह आहलूवालिया*
*पूर्व उपाध्यक्ष, योजना आयोग, भारत सरकार*

पी चिदंबरम ने भारतीय राजनीति और नीति निर्माण में शानदार भूमिका निभाई है। यह मेरा सौभाग्य है कि पिछले पच्चीस वर्षों के दौरान मैंने अलग-अलग भूमिकाओं में उनके साथ काम किया। इस दौरान मैं उनकी प्रखर मेधा, जटिल मुद्दों को हल करने की उनकी असाधारण क्षमता और किसी समस्या के हर पहलू के छोटे-छोटे ब्योरों से परिचित होते हुए भी अपने दिमाग में लगातार उस मुद्दे को उसकी संपूर्णता में रखने की उनकी विशिष्टता से परिचित हुआ। उनमें विभिन्न मुद्दों, और कई बार तो परस्पर-विरोधी-सामाजिक, राजनीतिक और आर्थिक-मुद्दों में संतुलन बनाने की दुर्लभ क्षमता है-और जिस क्षमता का होना हमारे जैसे एक जीवंत और बहुलतवादी लोकतंत्र में एक राजनेता के लिए बहुत आवश्यक है। संतुलन बनाने के साथ ही, चिदंबरम में दृढ़ निर्णय लेने की क्षमता है, जिसकी वह न सिर्फ जिम्मेदारी लेते हैं, बल्कि संसद या संसद से बाहर उन लोगों को अपने द्वारा लिए गए निर्णय की व्याख्या से कायल भी करते हैं, जो उनके निर्णय से सहमत नहीं होते।

चिदंबरम ने एक बार मुझसे कहा कि दिल्ली में बैठकर इसका पता नहीं लगाया जा सकता कि जमीनी स्तर पर सरकारी योजनाएं किस तरह काम करती हैं, और न ही यह जाना जा सकता है कि जिनके लिए ये योजनाएं चलाई जाती हैं, वे इनके बारे में क्या राय रखते हैं। उन्होंने मुझे उनके चुनावी क्षेत्र शिवगंगा के एक दिन के दौरे पर आमंत्रित किया, ताकि मुझे इसका प्रत्यक्ष अनुभव मिले। उस दौरे ने मुझे एक नई दृष्टि दी। इस दौरे से मुझे उनकी प्रशंसा करने का भी अवसर मिला कि वित्त मंत्री के साथ-साथ एक कर्तव्यनिष्ठ सांसद की भूमिका निभाना उनके लिए कितना

श्रमसाध्य है, जो दिल्ली से बहुत देर अपने चुनाव क्षेत्र में जब भी जरूरत पड़ती है, जाता है। शिवगंगा जाने के लिए पहले दिल्ली से चेन्नई तक तीन घंटे की विमान यात्रा करनी पड़ती है, वहां से मदुरई जाने में विमान में एक घंटा लगता है, फिर वहां से कार में शिवगंगा पहुंचने में कुछ घंटे लगते हैं। सप्ताहांत में फाइलों के पहाड़ के बीच लौटने से पहले, जिन्हें वह रिकॉर्ड समय में निपटा देते हैं, अमूमन वह अपने चुनावी क्षेत्र का दौरा करते हैं।

चूंकि पार्टी के सत्ता में होने पर पी चिदंबरम का ज्यादातर समय राजनीति और नीति के बीच बीतता है, ऐसे में मेरी पत्नी ईशर जानने को उत्सुक थी कि एनडीए जब पहली बार सत्ता में आया था, तब उनका समय कैसे बीतता था। उनका जवाब था कि सत्ता से बाहर होने के बाद का समय एक राजनेता के लिए बहुत मूल्यवान होता है, क्योंकि यह उसे विभिन्न मुद्दों पर अपने रुख पर पुनर्विचार करने का अवसर देता है, और खासकर यह भी बताता है कि जनता की सदिच्छा से प्रेरित कई अच्छी नीतियां वांछित नतीजा देने में विफल क्यों रहीं। सत्ता से बाहर होने के आखिरी अवसर पर उन्होंने 'इंडियन एक्सप्रेस' में सिलसिलेवार कॉलम लिखे, जो बाद में एक किताब की शक्ल में आया। अखबार के लिए लिखने के अपने फायदे हैं, यह विचारों को व्यापक परिप्रेक्ष्य में रखकर देखने का अवसर देता है और नए विचारों के बारे में सोचने का मौका भी मुहैया कराता है। यह उनके इकट्ठा कॉलमों का दूसरा खंड है, जो उन्होंने 2015 में लिखे।

ये कुल 51 लेख प्रशासन, अर्थव्यवस्था, नीति तथा कार्यक्रम, राजनीति, विधेयक और विदेश नीति जैसे विभिन्न मुद्दों पर है। कांग्रेस के एक वरिष्ठ नेता होने के नाते चिदंबरम राजनीतिक मामलों में बिल्कुल निरपेक्ष ढंग से नहीं लिख रहे, लेकिन ये कॉलम आधिकारिक पार्टी प्रवक्ता की तर्ज पर भी नहीं लिखे गए हैं। इन लेखों में कोई राजनीतिक मतवाद नहीं है, न ही अपने पक्ष पर जोर दिया गया है, जिनकी राजनीतिक रंगमंच पर अपनी भूमिका है, खासकर गहन प्रतिद्वंद्विता भरे संसदीय बहसों और चुनावी मंचों के इस दौर में। इसके बजाय हमारे सामने बेहद पठनीय कॉलमों की पूरी शृंखला है, जिनमें से हर कॉलम लगभग 900 शब्दों का है, ये इन मुद्दों पर हैं, जो लिखे जाते समय अत्यंत प्रासंगिक थे, और इनमें से ज्यादातर तो अब भी उतना ही महत्व रखते हैं।

संसदीय लोकतंत्र दरअसल प्रतिद्वंद्विता के स्वरूप वाली सरकार है, जिसमें सरकार के विरोध और आलोचना करने का काम विपक्ष का है। संसदीय बहसों को आम तौर पर ऐसा होना चाहिए,जिसमें विपक्ष विभिन्न मुद्दों पर सवाल करे और सत्ता पक्ष उनका

जवाब दे, और आम जनता को खुला छोड़ दिया जाए कि वह इन बहसों के आधार पर अपना रुख तय करे। यह दुर्भाग्यपूर्ण है कि संसद ने ऐसी बहसों के लिए कम ही अवसर मुहैया कराए हैं। जागरूक नागरिक महत्व के मुद्दों के बारे में जानने के लिए टीवी कार्यक्रम देखने के लिए मजबूर होता है, जबकि निरंतर सनसनी से चालित टीवी एंकर सार्थक बहस मुहैया कराने के प्रति गंभीर नहीं हैं। नतीजा यह है कि हम वैसे कार्यक्रम देखने को विवश हैं, जिनमें टीवी स्क्रीन को छह, बल्कि कई बार आठ बॉक्स में बांट दिया जाता है, हर बॉक्स में अलग तरह से बोलने वाला एक सिर दिखता है, और इनमें से कई तो एक साथ बोल पड़ते हैं, जिनमें से ऊंची आवाज में बोलने वाले को ही सुना जा सकता है! इस दौरान संदेश के रूप में टीवी के निचले हिस्से में सिर्फ ब्रेकिंग न्यूज के टिकर चलते हैं, जो बिना किसी रुकावट के लगातार सबसे महत्वपूर्ण हालिया घटनाओं के बारे में बताते हैं।

सार्वजनिक बहस की इस कमोबेश दुरावस्था की पृष्ठभूमि में प्रिंट मीडिया ही शांत और तर्कसंगत विमर्श का एकमात्र मंच बचता है। हमारे यहां अनेक सम्माननीय स्तंभकार हैं, जो यह काम करते हैं। चिदंबरम के कॉलम से इनमें एक अनुभवी राजनेता की आवाज भी जुड़ गई है, जिन्हें शीर्ष सार्वजनिक पदों पर रहने का लंबा अनुभव है, और जो जटिल मुद्दों पर अधिकार के साथ बोल सकते हैं। जिस सहजता, और उससे भी अधिक दुर्लभ संक्षिप्तता के साथ वह लिखते हैं, वह उनकी प्रखर मेधा का ही उदाहरण है।

मैंने ऊपर जिक्र किया है कि संसदीय लोकतंत्र में आलोचना करना विपक्ष का अधिकार है, और यह एक ऐसा काम है, जिसका सबको सम्मान करना चाहिए। आलोचना करते हुए राजनेता विशुद्ध रूप से पक्षपाती राजनीति का परिचय देते हैं, और यह भी जरूरी और लाभदायक है। अलबत्ता, आलोचना का सर्वाधिक उत्पादक स्वरूप वह होता है, जो रचनात्मक और शिक्षाप्रद हो।चिदंबरम के लेख इन दोनों ही कसौटियों पर खरे उतरते हैंय वे आलोचनात्मक होते हुए भी इस अर्थ में रचनात्मक हैं कि समाधान मुहैया कराने के साथ शिक्षाप्रद हैं। कुछ उदाहरण देखिए।

जीएसटी पर उनका लेख (इतिहास बनता हुआः जीएसटी बिल) आज भी प्रासंगिक है। हमारे लोकतंत्र को ही इसका श्रेय जाता है कि कांग्रेस सरकार द्वारा उठाए गए जिस कदम की भारी प्रशंसा हुई थी, अब दलगत भावना से हटकर उसके समर्थन में आवाजें उठ रही हैं, हालांकि इसकी कुछ छोटी–मोटी समस्याओं का समाधान अभी होना है। वित्त मंत्री के तौर पर चिदंबरम ने जीएसटी विधेयक को आकार देने में बड़ी भूमिका निभाई थी, जिसे अंततः मार्च, 2011 में तत्कालीन वित्त मंत्री प्रणब मुखर्जी ने

पेश किया था। चिदंबरम ने अपने इस लेख में कई सुझाव दिए हैं, जिनसे जीएसटी के उन मुद्दों का समाधान किया जा सकता है, जो अब भी विवादास्पद हैं।

रचनात्मक आलोचना के साथ समाधान सुझाने का दूसरा उदाहरण सशस्त्र बल (विशेषाधिकार) कानून पर उनका लेख ('यहां तक कि मौत का कारण बनता हुआ') है। चिदंबरम कहते हैं कि यह कानून सिर्फ पूर्वोत्तर में बाध्यकारी था, जिसे बाद में जम्मू–कश्मीर में लागू किया गया, यह एक ऐसा कानून है, जो केवल सेना को नहीं, बल्कि केंद्रीय सशस्त्र पुलिस बलों को भी कठोर और अनुचित शक्तियां प्रदान करता है। अपने लेख में खुले तौर पर यह स्वीकार करते हुए, कि इस कानून में संशोधन करने के लिए यूपीए के भीतर समर्थन जुटाने में वह विफल रहे, उन्होंने किसी राजनीतिक पक्षपात का परिचय नहीं दिया। लेख में वह आगे कहते हैं कि अगर कोई एक फैसला जम्मू–कश्मीर से मणिपुर तक नाटकीय बदलाव ला सकता है, तो वह अफस्पा को हटाने का निर्णय और उसकी जगह एक मानवीय कानून की बहाली होगा।

राज्यों को राजस्व के स्थानांतरण वाला लेख ('इक्विटी को 75,000 करोड़ का नुकसान') शिक्षाप्रद लेख का उदाहरण है। इसमें चिदंबरम बताते हैं कि वित्त आयोग की सिफारिशों का पालन करने के कारण केंद्रीय करों का एक बड़ा हिस्सा बिना शर्त राज्यों को दिया जा रहा है। इससे उस संसाधन में कमी आई है, जिसे पहले योजना आयोग, केंद्रीय मंत्रियों द्वारा योजनागत सहायता और विभिन्न केंद्रीय योजनाओं के तहत राज्यों को दिया जाता था। राज्यों के पास अब न सिर्फ ज्यादा संसाधन हैं, बल्कि वे इसे किस तरह खर्च करेंगे, इस बारे में उन पर कोई शर्त भी आयद नहीं है। यानी इस धन को वे चाहे जिस तरह इच्छा हो, खर्च कर सकते हैं। राज्य और संघीय ढांचे समर्थक दरअसल यही चाहते थे।

जैसा कि चिदंबरम रेखांकित करते हैं, केंद्र द्वारा वित्तपोषित योजनाओं को छोटा करने और उनके साथ जुड़ी शर्तों को कम करने का काम यूपीए के दौर में शुरू हुआ। वित्त आयोग की सिफारिशों को स्वीकारते हुए एनडीए सरकार ने इस प्रक्रिया को और आगे बढ़ाया। चिदंबरम यह भी कहते हैं कि वह इस बदलाव के समर्थक हैं, लेकिन वह इस तथ्य की ओर भी हमारा ध्यान खींचते हैं कि इसकी कोई गारंटी नहीं है कि राज्य उन्हीं क्षेत्रों में यह धन खर्च करेंगे, जिन्हें केंद्र ने प्राथमिकता के तौर पर लिया था। इससे यह सवाल उठता है: क्या केंद्र अपनी भूमिका सीमित करते हुए सिर्फ राज्यों को इस बात के लिए राजी करे कि वह प्राथमिकता के आधार पर संसाधन खर्च करें या वह अपने द्वारा प्रायोजित नई योजनाएं शुरू करे? चिदंबरम इसमें कोई समाधान नहीं सुझाते, लेकिन यह लेख उत्साही पाठकों को शिक्षित करता है।

'आर्थिक सुधार क्या है, क्या नहीं' एक और शिक्षाप्रद लेख है। साल दर साल हर बजट भाषण में नई पहल की लंबी सूची होती है, और अक्सर इन्हें ही सुधार कह दिया जाता है। चिदंबरम बताते हैं कि यह सुधार नहीं है। वह सुधार उसे ही मानते हैं, 'जिसे अतीत से अलग होकर उठाया गया हो, जिसमें कोई नया कदम पुराने कदम की जगह ले, और जो नए रास्ते पर एक नए मॉडल की तरह हो।' इस लेख में 1991 के बाद लिए गए 11 बड़े फैसलों की सूची दी गई है, जो वास्तविक सुधार की शर्त पर खरे उतरते हैं। मेरा मानना है कि यह लेख सभी पाठकों, अर्थशास्त्र के छात्रों को तो खासकर, पढ़ना चाहिए।

मैं उम्मीद करता हूं कि और भी राजनेता चिदंबरम का अनुकरण करेंगे, और सत्ता राजनीति में न होने की स्थिति में महत्वपूर्ण मुद्दों पर अपने विचार प्रिंट मीडिया में साझा करेंगे। यह उन्हें अपने कामकाज के बारे में फिर से विचार करने में मदद करेगा। यह हमारे सार्वजनिक विमर्श को भी व्यापक रूप से समृद्ध करेगा। और अंततः यह लोगों को भी जागरूक बनाएगा कि वे राजनेताओं को पहचान सकें कि सत्ता से बाहर होने पर वे किस तरह के वायदों और राजनीतिक पक्षधरता का परिचय देते हैं।

7 फरवरी, 2016

## प्रस्तावना

जब भी आप किसी चीज की शुरुआत करते हैं तो वह प्रथम अवसर होता है। मैंने अपने स्तंभों का पहली बार 2006 में प्रकाशन किया था। ये स्तंभ 2001 से 2004 के दौरान तब लिखे गए थे, जब मैं संसद का सदस्य नहीं था और राष्ट्रीय राजनीति से छुट्टी मना रहा था। *ए व्यूय फ्रॉम द आउटसाइडः व्हाई गुड इकोनॉमिक्स वर्क्स फॉर एवरीवन*, अनिवार्यतः एक बाहरी व्यक्ति का दृष्टिकोण थी। हालांकि मैं कई सरकारों में मंत्री रहा और विभिन्न विभागों की जिम्मेदारियां मैंने संभालीं, लेकिन वित्त मंत्रालय में मेरा पहला कार्यकाल अपेक्षाकृत संक्षिप्त रहा, जून, 1996 से मार्च 1998 तक। इसके बावजूद उस कार्यकाल के दौरान मुझे शासन को लेकर एक अनूठा दृष्टिकोण मिला, खासकर अर्थव्यवस्था के संदर्भ में। मैंने एक बाहरी व्यक्ति की तरह अपने स्तंभ लिखे और सरकार को जिस तरीके से चलाया जा रहा था, उस पर आलोचनात्मक टिप्पणियां कीं।

इसके अलावा, 2001 से 2004 के दौरान मेरी राजनीतिक स्थिति 'निर्दलीय' जैसी थी। कुछ लोग मुझे कांग्रेसी समझते थे और जैसा कि मैं खुद भी समझता था, लेकिन आधिकारिक रूप से मैं कांग्रेस का सदस्य नहीं था। 1996 में तमिलनाडु में बड़ी संख्या में महिलाओं और पुरुषों ने, जिनमें मैं भी शामिल था, कांग्रेस से अलग होकर एक राज्य स्तरीय पार्टी बना ली थी। संभवतः इसी वजह से मेरे स्तंभों को एक असंबद्ध और अपेक्षाकृत तटस्थ स्तंभकार के लेखन के रूप में देखा जाता था।

थोड़े समय बाद ही हम लोग कांग्रेस पार्टी लौट आए। अप्रैल–मई, 2004 में हुए लोकसभा चुनाव से ऐन पहले मैं पार्टी में लौट आया था और मुझे मेरे पुराने संसदीय क्षेत्र शिवगंगा से कांग्रेस का आधिकारिक उम्मीदवार बनाया गया और मैंने वहां से अच्छे बहुमत से जीत दर्ज की। थोड़े दिनों बाद ही मैं वित्त मंत्री के रूप में मंत्रिमंडल का भी हिस्सा बन गया।

## बिना योजना के

मैं स्वीकार करता हूं कि मैंने यह सब इस तरह से नहीं सोचा था। कांग्रेस उम्मीदवार के रूप में चुनाव लड़ते हुए मैं बहुत खुश था और संसद के सक्रिय सदस्य के रूप में अपनी भावी भूमिका के साथ ही लिखने और घूमने फिरने जैसी अपनी रुचियों और अपनी वकालत के बारे में सोच रहा था, जोकि ठीक ठाक ही चल रही थी।

नई सरकार के गठन के दौरान ही एक रोचक घटना हुई। जिस दिन कांग्रेस संसदीय दल (सीपीपी) की बैठक में श्रीमती सोनिया गांधी को नेता चुना गया, उसी रात मैं लंदन के लिए निकल गया, जहां मुझे मध्यस्थता से संबंधित एक मामले में हिस्सा लेना थे, जिसकी सुनवाई की तारीख पहले से तय थी। मैं उस वक्त लंदन में ही था, जब हमें यह पता चला कि श्रीमती गांधी प्रधानमंत्री बनने की इच्छुक नहीं हैं और उन्होंने नया नेता चुनने के लिए सीपीपी की बैठक बुलाई है। चर्चा थी कि डॉ मनमोहन सिंह को नेता चुना जाएगा और वही नए प्रधानमंत्री होंगे।

सीपीपी की बैठक की तारीख घोषित होने के बाद वापस लौटने के अलावा मेरे पास कोई विकल्प नहीं था। मैंने मध्यस्थता प्राधिकरण से दो दिन के स्थगन का आग्रह किया। लेकिन तीनों मध्यस्थ, ये सभी महानुभाव सेवानिवृत्त भारतीय न्यायाधीश थे, इस पर सहमत नहीं थे कि मैं दो दिन में लौट आऊंगा। मेरे विद्वान प्रतिद्वंद्वी श्री हरीश साल्वे ने तो यहां तक घोषित कर दिया कि मैं हमेशा के लिए 'गायब' हो जाऊंगा, और नई सरकार में मंत्री बन जाऊंगा!

'नई सरकार में मंत्री' यह खयाल मेरे दिमाग में कहीं दूर–दूर तक नहीं था। मैं करीब आठ वर्ष तक कांग्रेस पार्टी से अलग था और चुनाव से ऐन पहले ही पार्टी में लौटा था। आखिरकार मैंने एक संक्षिप्त स्थगन हासिल कर लिया और दिल्ली लौट आया। सीपीपी की 18 मई, 2004 को हुई बैठक काफी हंगामाखेज थी। श्रीमती गांधी ने अपना रास्ता चुन लिया और किनारे हो गईं तथा डॉ सिंह नेता चुने गए। बैठक के बाद मैंने क्षणभर के लिए डॉ सिंह से मुलाकात की और उन्हें बधाई दी। उन्होंने मुझे अगले दिन अपने घर बुलाया। मैंने उनके इस आमंत्रण को सौजन्यतावश माना।

अगला दिन कई अर्थों में साधारण भी था और घटना प्रधान भी। मैंने डॉ सिंह के आवास 19 सफदरजंग (जोकि बाद में अगले दस वर्ष तक मेरा सरकारी आवास बन गया) पहुंचकर उन्हें पुनः बधाई और शुभकामनाएं दीं। डॉ सिंह बहुत कम बोलते हैं और उस दिन भी उन्होंने बहुत थोड़े शब्द ही कहे। उन्होंने कहा कि उन्हें सबकी मदद की जरूरत है, जिनमें मैं भी शामिल हूं। मैंने जवाब में कहा कि निश्चय ही उन्हें

सबका सहयोग मिलेगा। यह मुलाकात तब सामान्य नहीं रही, जब डॉ सिंह ने मुझसे दिल्ली में ही ठहरने और फिर मिलने के लिए कहा। मेरे दिमाग में घंटी बजने लगी!

मेरे पास मध्यस्थों से सुनवाई को एक बार और टालने का आग्रह करने के अलावा कोई विकल्प नहीं था और उन्हें मुझे उपकृत भी किया। मैं दिल्ली में रुका रहा। श्रीमती गांधी और डॉ सिंह ने मुझसे बात की और फिर 22 मई, 2004 को मैंने मंत्री के रूप में शपथ ले ली। ऐसी उम्मीद थी कि वित्त मंत्रालय प्रधानमंत्री अपने पास रखेंगे। इसके अलावा वित्त मंत्रालय संभालने वाले अनेक सक्षम दावेदार भी थे, जिनमें कई अर्थशास्त्री भी शामिल थे। मुझे उम्मीद थी कि वाणिज्य मंत्रालय दिया जाएगा, जैसा कि पिछली कांग्रेस सरकार में मैं यह जिम्मेदारी निभा चुका था। लेकिन मैं आज तक नहीं जान पाया कि मुझे वित्त मंत्रालय क्यों दिया गया। मैंने वित्त मंत्री की जिम्मेदारी दो हिस्सों में निभाई। बीच की तीन वर्ष आठ माह की अवधि के दौरान मैंने गृह मंत्री के रूप में भी काम किया।

## एक भूमिका का गढ़ना

मई, 2014 में श्री नरेंद्र मोदी की सरकार के सत्ता में आने के बाद मैं अपनी निजी जिंदगी में लौट गया और मैंने अपना साप्ताहिक स्तंभ फिर से शुरू करने का फैसला किया। 2001 की तुलना में मेरी स्थिति बिल्कुल अलग थी। मैंने दस वर्षों तक सरकार के दो महत्वपूर्ण मंत्रालयों, वित्त तथा गृह, की जिम्मेदारी संभाली थी। मैं संयुक्त प्रगतिशील गठबंधन (संप्रग) सरकारों के जाने पहचाने चेहरों में से एक था। मुझे मेरे हिस्से से कहीं अधिक प्रशंसा और आलोचना मिली थी! मुझे आगाह किया गया था कि मैं जो कुछ भी कहूंगा या लिखूंगा वह अलक्षित या बिना टिप्पणी के नहीं रह जाएगा। इसके साथ ही बार—बार यह भी याद दिलाया जाएगा कि मंत्री रहने के दौरान मैंने क्या कहा था या क्या किया था। संक्षेप में कहूं तो यह बिल्कुल स्पष्ट था कि मैं कोई साधारण स्तंभकार नहीं हूंगा और मेरे द्वारा लिखा गया हर शब्द कड़ी कसौटी में परखा जाएगा।

वास्तव में यह चुनौती थी, जिसे मैंने स्वीकार किया। कई विकल्पों को खंगालने के बाद मैंने अपने पसंदीदा प्लेटफार्म *इंडियन एक्सप्रेस* का रुख किया। हालांकि मेरे मित्र और संपादक (2001–2004) श्री शेखर गुप्ता यह अखबार छोड़ चुके थे, मगर नए संपादक श्री राजकमल झा और एडिटोरियल बोर्ड भी काफी उत्साहित लगा।

स्तंभ के शीर्षक को लेकर विचार किया गया। हमने इसका नाम, 'अक्रास द आइल' रखा। इसने मुझे मजबूती के साथ विपक्ष में (सरकार के) खड़ा कर दिया।

यह वह जगह है, जहां मैं कांग्रेस पार्टी के एक सदस्य के रूप में उपस्थित हूं। यह मेरे राजनीतिक और आर्थिक दृष्टिकोणों को भी प्रदर्शित करता है, और जैसा कि मैं मानता हूं कि यह धर्मनिरपेक्ष, उदार और मुक्त तथा प्रतिस्पर्धी अर्थव्यवस्था के पक्ष में है, यह श्री नरेंद्र मोदी की सरकार के दृष्टिकोणों से ठीक उलटा है। मैं 'निष्ठावान' विपक्ष की धारणा को खारिज करता हूं। मैं एक बहुलतावादी लोकतंत्र के वास्तविक (अराजक नहीं) विपक्ष का हिस्सा हूं। संसदीय लोकतंत्र में विपक्ष का काम सरकार का विरोध करना, बेनकाब करना और उसे सत्ता से हटाना है। ऐसे कई स्तंभकार हैं, जो सरकार का समर्थन करते हैं और यह उनका अधिकार है। मेरी भूमिका मजबूती के साथ अक्रास द आइल है, जो जगह विपक्ष के लिए नियत है।

मैंने अपनी भूमिका को पूरी गंभीरता से लिया, लेकिन सोशल मीडिया में उठने वाले अनेक स्वर ऐसे हैं, जोकि विपक्ष की जरूरत और उसकी भूमिका को नहीं समझते। मैं ठोस शोध और गहरे विचार के बाद ही लिखता हूं। मैं अपने शब्दों का चयन बहुत सावधानीपूर्वक करता हूं। मैं कभी कठोर या अभद्र भाषा का प्रयोग नहीं करता और न ही अपशब्दों और मिथ्यारोपों का सहारा लेता हूं। चूंकि मैं संसद का सदस्य नहीं हूं तो यह स्तंभ मेरा मंच है जहां मैं ऐसे मुद्दे उठाता हूं, मुझे लगता है कि जो संसद में उठाए जाने या सार्वजनिक बहस के लायक हैं।

मैं यह दावा कर सकता हूं कि मैं विगत एक वर्ष के दौरान सरकार के विरोध में निरंतर, संयमित ढंग से आवाज उठाने वालों में शामिल हूं। मेरे लिए यह सुखद आश्चर्य है कि मैंने कुछ मुद्दों पर कांग्रेस पार्टी की नीतियां बनाने में सहयोग किया है, जिनमें गलत इरादे से लाया गया भूमि अधिग्रहण पुनर्वास और पुनर्स्थापन अधिनियम में संशोधन से संबंधित अध्यादेश और वस्तु तथा सेवा कर विधेयक शामिल है।

मैंने अपने विषय का चुनाव इस आधार पर किया कि कौन–सा विषय सामयिक या प्रासंगिक है। आमतौर पर ऐसे विषय अर्थव्यवस्था, या बजट या सरकार की नीतियों और कार्यक्रमों से संबंधित होते हैं। कई स्तंभ समकालीन राजनीतिक मुद्दों और शासन से संबंधित मुद्दों पर केंद्रित हैं। पीछे मुड़कर देखता हूं तो पाता हूं कि अर्थव्यवस्था का खराब प्रबंधन, बढ़ती असहिष्णुता और राष्ट्रीय जनतांत्रिक गठबंधन (राजग) सरकार तथा भाजपा का बहुलतावादी नजरिया ऐसे मुद्दे थे, जिनकी गूंज बार–बार सुनाई देती रही।

आप देखेंगे कि मैं तब आवाक रह दया, जब सरकार ने अनेक मुद्दों पर पूरी तरह से पलटी खा ली। मैं दुखी थी कि हमने अतीत से सीखा पाठ भुला दिया। आर्थिक रुझानों को समझने में सरकार की नाकामी को लेकर मैं चिंतित हुआ। मैं यह देखकर खुश हुआ कि जिस कार्यक्रम को कभी बकवास बता दिया गया वही नई सरकार का

प्रमुख कार्यक्रम बन गया। सार्वजनिक विमर्श का स्तर देखकर मैं भयभीत भी हुआ, क्योंकि इसमें मंत्रियों से लेकर सांसद तक शामिल थे। प्रतिबंधों की जिस तरह से झड़ी लगा दी गई, उससे मैं हैरान था। रोहित वेमुला की खुदकुशी ने मुझे हिलाकर कर रख दिया। हर हफ्ते का यह लेखन मेरे लिए मेरी गहरी आस्था और दृष्टिकोण को व्यक्त करने का मंच था। मैंने हर हफ्ते देश की स्थिति को, जैसा मैंने देखा, अभिव्यक्त करने का पूरा प्रयास किया। वर्ष के अंत में यह देखकर मेरा खुश होना स्वाभाविक था कि 11 जनवरी, 2015 से शुरू कर पूरे 51 हफ्तों तक मैंने लगातार लेखन किया।

मुझे ढेर सारी प्रतिक्रियाएं मिलीं। मित्रों ने सोशल मीडिया में व्यक्त की जा रही प्रतिक्रियाओं से भी मुझे अवगत कराया। ऐसा अक्सर हुआ जब एकदम अप्रत्याशित जगह से या किसी अनजान व्यक्ति की ओर से दिल को छू लेने वाली प्रतिक्रिया मिली। प्रशंसा और आलोचना से इतर मेरे लिए राहत की बात यह है कि मेरा कॉलम व्यापक रूप में पढ़ा गया। यह अपने आपमें किसी पुरस्कार से कम नहीं, और इससे यह विश्वास भी मजबूत हुआ कि इन निबंधों को यदि संग्रह के रूप में प्रकाशित कर दिया जाए तो ये और अधिक पाठकों तक पहुंच सकेंगे।

### क्या हास्य मर गया?

वर्ष 2015 के दौरान क्या कुछ ऐसा हुआ जिसकी वजह से मुझे अफसोस हो? हां, भारत में सार्वजनिक विमर्श में हास्य की मौत हो चुकी है। लोग न तो खुद पर और न ही दूसरों पर हंसने को तैयार हैं। ऐसा लगता है कि हम व्यंग्य को भूल रहे हैं। मैंने दो स्तंभ व्यंग्यात्मक शैली में लिखे थे, जिन पर पाठकों की बहुत तीखी प्रतिक्रिया मिली। इनमें से एक था एक काल्पनिक 'औसत नागरिक' की ओर से लिखा गया प्रधानमंत्री के नाम खुला पत्र। इससे कई जाने माने लेखक,पत्रकार भड़क उठे और यहां तक कह डाला कि मैं एक औसत नागरिक नहीं हूं!

2016 में भी मैंने अपना स्तंभ लिखना जारी रखा है। लेखन आत्मानुशासन का पहला और महत्वपूर्ण कदम है। यह व्यक्ति को सोचने को, विश्वसनीय सूचनाएं एकत्र करने को मजबूर करता है ताकि वह खुद को ठीक से अभिव्यक्त कर सके। मेरा लिखा हुआ लोग पढ़ें यही अपने आपमें एक बडा पुरस्कार है, उन्हें मुझसे सहमत होने की जरूरत नहीं है। यह पुरस्कार तब और बड़ा हो जाता है, जब मेरा लेखन, लोगों को प्रेरित करे, नीतियों में बदलाव करे और अच्छे के लिए कोई परिवर्तन लेकर आए।

विपक्ष में बैठते हुए मैं किसी का दुश्मन नहीं बन गया, सरकार का तो बिल्कुल

नहीं। अपने देश से प्रेम करने के अपने अधिकार कभी नहीं खोना चाहूंगा, मुझे मेरे सिद्धांत और विचार पसंद हैं और मैं स्पष्ट करना चाहता हूं कि लिखने का मेरा उद्देश्य लोगों को प्रभावित करना है, ताकि उनके विचार और व्यवहार में भी बदलाव आए। इस संग्रह का अभिप्राय नियमित पाठकों का दायरा बढ़ाने से है। यदि आपके हाथों में यह किताब है, तो मैं चाहूंगा कि आप भी इसका हिस्सा बनें।

किताब आपके पास है आप इसे पढ़िये। आप तय करें कि 2015 में देश की स्थिति को प्रस्तुत करने में मैं कितना सफल हुआ।

# शुरूआत और अंत

# देश की हालत 2015

11 जनवरी 2015

मैं खुश हूं कि यहां लौटा हूं और बातचीत शुरू कर रहा हूं।

लोकसभा चुनाव की शुरुआत और चुनाव अभियान के दौरान हम देश की अर्थव्यवस्था की स्थिति के बारे में चिंतित थे। लोकसभा चुनाव के बाद केंद्र में नई सरकार के आए हुए जब सात महीने हो चुके हैं, तब भी अर्थव्यवस्था के बारे में हमारी चिंता खत्म नहीं हुई है। बल्कि अब अर्थव्यवस्था से जुड़े नए प्रश्न और सरकार की नीति पर हर रोज नए सवाल खड़े हो रहे हैं।

2013 के मध्य में, अर्थव्यवस्था सुधार के रास्ते पर थी। लेकिन तब बेन बर्नान्के (फेडरल रिजर्व के तत्कालीन चेयरमैन) ने वित्तीय प्रोत्साहन कार्यक्रम को वापस लेने से संबंधित एक बेतुका बयान दिया, जबकि फेडरल रिजर्व ने वह कदम कई महीने बाद उठाया। इसके बावजूद हमारी सरकार ने वित्तीय घाटे के लक्ष्य को पूरा किया, चालू खाते के घाटे को नियंत्रण में रखा और सार्वजनिक निवेश तथा सामाजिक क्षेत्र के महत्वपूर्ण कार्यक्रमों के लिए धन का आवंटन किया, साथ ही, 2014–15 में आर्थिक विकास दर में बढ़ोतरी का वायदा भी किया।

2014 के कैलेंडर वर्ष को यूपीए और एनडीए सरकार के कार्यकालों में बांटा जा सकता है। पर हम दोषों को बांट नहीं सकते, न ही श्रेय देने में कंजूसी कर सकते हैं।

## अर्थव्यवस्था

एक साल पहले विकास दर गिर रही थी और वित्त वर्ष 4.7 फीसदी की असंतोषजनक

विकास दर के साथ खत्म हुआ।* आज 2014 की पहली और दूसरी तिमाही में क्रमशः 5.7 और 5.3 प्रतिशत की विकास दर के बावजूद अर्थव्यवस्था के गति पकड़ने का कोई भरोसा नहीं है।

नवंबर, 2013 के अंत के बाद गैर-खाद्यान्न कर्ज की वृद्धि दर जहां 14.7 प्रतिशत थी, वहीं नवंबर, 2014 के बाद यह मात्र 11 फीसदी थी।

मुद्रास्फीति की दर में गिरावट नवंबर, 2013 में शुरू हुई (ग्राफ देखिए), जब यूपीए सरकार केंद्र की सत्ता में थी। तेरह महीने बाद मुद्रास्फीति में यह गिरावट सिर्फ जारी ही नहीं रही, बल्कि अंतरराष्ट्रीय बाजार में कच्चे तेल की गिरावट को देखते हुए मुद्रास्फीति में गिरावट और तेज हो गई, जो एनडीए सरकार के लिए वरदान थी।

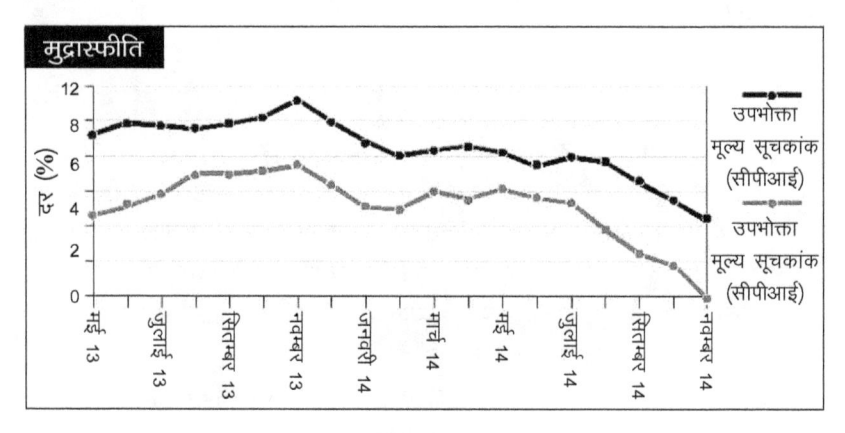

पिछले साल, ठीक इस समय, कच्चे तेल की कीमत करीब 99 अमेरिकी डॉलर प्रति बैरल थी। इस साल यह लगभग 53 अमेरिकी डॉलर प्रति बैरल है, और इसकी कीमत निरंतर गिर रही है। इस मौके पर एनडीए सरकार अच्छा पुलिस वाला और बुरा पुलिस वाला, दोनों तरह की भूमिकाएं बखूबी निभा रही है। उसने पेट्रोल और डीजल के दाम घटाए हैं, साथ ही, इन दोनों पर शुल्क भी बढ़ाए हैं।

2013 के आखिर में रेपो दर (जो रिजर्व बैंक तय करता है) 7.75 प्रतिशत थी। 2014 के अंत में यह आठ फीसदी थी। फिर रुपया प्रति डॉलर 61.90 था। अब यह प्रति डॉलर 63.33 है। एक साल पहले, रिजर्व बैंक का विदेशी मुद्रा भंडार (एफसीए) 268 अरब अमेरिकी डॉलर था। इस साल की शुरुआत में ही यह बढ़कर 295 अरब

---

*हालांकि जीडीपी की नई परिभाषा के तहत यह विकास दर संशोधित होकर 6.6 प्रतिशत हो गई।

अमेरिकी डॉलर हो गया है। प्रधानमंत्री मोदी 'मजबूत' रुपये के पक्षधर हैं—उनकी पार्टी ने रुपये को प्रति डॉलर 40 करने का तर्क दिया था—लेकिन आज रिजर्व बैंक रुपये की क्रमिक गिरावट देख खुश है! मैं पक्के तौर पर कह सकता हूं की रिजर्व बैंक डॉलर खरीद–खरीदकर रुपये को गिरने दे रहा है। श्रीमान मोदी और रुपया, दोनों की स्थिति एक जैसी है—एक 64 की उम्र पार कर रहा है, दूसरा इसे छू रहा है।

एक जनवरी, 2014 को मैं उदास था की भारतीय जनता पार्टी (भाजपा) ने बीमा अधिनियम (संशोधन) विधेयक, 2008 को रोक दिया, और संसद में हमारे पास इतना संख्याबल नहीं था की इस पर एक अध्यादेश ला सकें या इस विधेयक को पारित कराने के लिए संसद के दोनों सदनों का संयुक्त अधिवेशन बुला सकें। एक जनवरी, 2015 को श्रीमान जेटली उदास थे कि विपक्ष ने राज्यसभा में बीमा अधिनियम (संशोधन) विधेयक रोक दिया है। ऐसे में उन्होंने संसद में अपने संख्याबल को देखते हुए एक अध्यादेश पारित किया, और इसके भी संकेत दिए, की अगर जरूरत पड़ी, तो इस विधेयक को पारित कराने के लिए संसद के दोनों सदनों का संयुक्त अधिवेशन बुलाया जाएगा।

एक जनवरी, 2014 को मैं जीएसटी (समान वस्तु एवं कर प्रणाली) लागू कराने के लिए गुजरात, मध्य प्रदेश और तमिलनाडु को मनाने की उम्मीद छोड़ चुका था। मैं संविधान संशोधन विधेयक का मसौदा और जीएसटी विधेयक का एक अपूर्ण मसौदा छोड़ आया था। एक जनवरी, 2015 को श्रीमान जेटली ने यह उम्मीद जताई की गुजरात, मध्य प्रदेश और तमिलनाडु को जीएसटी पर सहमत होने के लिए मना लिया जाएगा।

2014 में 'आधार' की खिल्ली उड़ाई गई और नंदन नीलेकणि चुनाव मैदान में थे। 2015 में 'आधार' बरकरार रहा, लेकिन नीलेकणि को भुला दिया गया।

### राजव्यवस्था

2014 की शुरुआत से पहले राष्ट्रीय आतंकवाद–विरोधी केंद्र (एनसीटीसी) के विचार को गैरकांग्रेसी राज्य सरकारों ने मूर्खतापूर्ण ढंग से खारिज कर दिया था। लेकिन 2015 की शुरुआत के साथ एक गैरकांग्रेसी केंद्र सरकार ने अचानक एनसीटीसी की जरूरत महसूस की। 2014 के शुरुआती महीनों में खुफिया ब्यूरो के विरोध और गृह मंत्रालय के अपर्याप्त समर्थन के कारण राष्ट्रीय खुफिया ग्रिड (नेटग्रिड) लड़खड़ा रहा था। लेकिन 2014 के अंत तक आते–आते प्रधानमंत्री कार्यालय के उत्साहपूर्ण समर्थन से नेटग्रिड को मजबूती मिल गई और खुफिया ब्यूरो के अधिकारी इसके प्रमुख बने। 2014 की शुरुआत में अंतरराष्ट्रीय सीमाएं और भारत–पाकिस्तान के बीच की

नियंत्रण रेखा तुलनात्मक रूप से शांत थीं। 2015 की शुरुआत से ही भारत–पाकिस्तान सीमा में गोलाबारी तेज हो गई थी। 2014 में संघर्ष विराम समझौते के उल्लंघन की 500 घटनाएं हुईं। सुरक्षा बल के करीब 400 जवान गोलाबारी में मारे गए या घायल हुए, सीमा के 113 गांवों को खाली कराया गया, और लगभग 30,000 लोग अपने घरों से बेघर हुए।

एक साल पहले, देश के चारों ओर जो आवाजें गूंजती थीं, वे विकास, निवेश और रोजगार की थीं। आज लोगों के बीच जो मुहावरे गूंज रहे हैं, वे 'घर वापसी', 'लव जेहाद' और 'रामजादा बनाम हरामजादा' के हैं।

2014 कटुता का वर्ष था। 2015 आदिवर्णिक शब्दों (एक्रोनिम्स) का वर्ष साबित हुआ। 2014 की शुरुआत इस संदेश के साथ हुई थी की 'श्रीमान मोदी देश को कुछ दे सकते हैं।' 2015 की शुरुआत इस प्रश्न के साथ हुई कि क्या 'श्रीमान मोदी देश को कुछ दे सकते हैं?'

# अंतरात्मा की स्वीकारोक्ति

27 दिसंबर 2015

### अंततः सच सामने आया

मैंने इस स्तंभ की शुरुआत जनवरी 2015 में संघ (यूनियन) की स्थिति पर एक लेख के साथ शुरू की थी। एक वर्ष के आकलन की जहमत मुझे नहीं उठानी पड़ी है। यह काम प्रशंसनीय तरीके से भारत सरकार के वित्त मंत्रालय के आर्थिक मामलों के विभाग के अंतर्गत आने वाली आर्थिक शाखा करती आई है। ईश्वर की मेहरबानी से हमने उन्हें वार्षिक आर्थिक सर्वे के साथ ही मध्यावधि आर्थिक समीक्षा प्रस्तुत करने की स्वतंत्रता और स्वायत्तता दे रखी है।

वर्ष 2015–16 की मध्यावधि समीक्षा पिछले हफ्ते पेश की गई, जिसमें की गई स्वीकारोक्तियों से हमें नरेंद्र मोदी सरकार के प्रदर्शन के बारे में इतनी जानकारी मिलती है, जितनी कि विद्वान टिप्पणीकारों के सारे आकलनों से नहीं मिलती। इनमें से कुछ इस तरह हैं:

### यूपीए के कार्यकाल में थी धूम

हम यह आकलन तीन समयावधि पर केंद्रित कर रहे हैं: धूम या तेजी वाले वर्ष 2004–05 से 2011–12, 2014–15 और 2015–16 की पहली छमाही। यदि अतीत से इस वर्ष की तुलना करें तो पता चलता है कि भारतीय अर्थव्यवस्था को अब निजी उपभोग और

सरकारी निवेश से ताकत मिल रही है। यह तेजी वाले वर्षों के ठीक उलट है, जब अर्थव्यवस्था को मांग से संबंधित चारों घटक ताकत दे रहे थे। इस तरह यह स्वीकार किया गया है कि निजी निवेश और निर्यात सुस्त पड़े हैं। यह ऐसा है, मानो कोई कार दो पहियों पर चल रही है।

इसी से जुड़ी एक और स्वीकारोक्ति यह भी है, 'तेजी वाले वर्षों में निर्यात मांग 1.9 फीसदी की दर से बढ़ रही थी, वहीं 2015–16 में निर्यात मांग –1.1 फीसदी की दर से गिर रही है। इसी तरह निजी निवेश 3.2 फीसदी की दर से मांग बढ़ा रहा था, वहीं वर्तमान वर्ष में यह दर गिरकर एक फीसदी रह गई है।'

## निजी क्षेत्र में तनाव

निजी क्षेत्र की मरणासन्न स्थिति एक ऐसी सरकार की सबसे बड़ी नाकामी है, जिसे कारोबार समर्थक माना जाता है और जिसे बड़े कारोबारी घरानों का समर्थन भी हासिल है। इस समीक्षा में स्वीकार किया गया है, 'निजी निवेश कमजोर क्यों है? कॉरपोरेट बैलेंस शीट बहुत तंग रही हैं... इनका निर्धारित औसत ब्याज अनुपात सितंबर 2014 में 2.5 से घटकर 2.3 हो गया। इसी अवधि में इनका कर्ज भार बढ़ने से इनके ईबीआईडीटीए (ब्याज, कर, अवमूल्यन और परिशोधन से पहले अर्जित आय) का कर्ज अनुपात भी 2.8 से बढ़कर 2.9 हो गया। कर अदायगी के बाद कॉरपोरेट सेक्टर का संपूर्ण रूप से मुनाफा वित्त वर्ष 2014 के मुकाबले वित्त वर्ष 2015 में कमोबेश बराबर ही रहा। नतीजतन जीडीपी के हिस्से के रूप में पूंजीगत खर्च में भी कमी आई और यह जीडीपी के 5.4 से कम होकर 5.2 प्रतिशत रह गई।'

जून से सितंबर, 2015 के दौरान पिछले वर्ष की इसी अवधि से तुलनात्मक रूप से फर्म्स की शुद्ध या निवल बिक्री में 5.3 फीसदी की गिरावट आई। खासतौर से विनिर्माण क्षेत्र में शुद्ध बिक्री में 12 फीसदी की गिरावट के साथ सुस्ती देखी गई। गैर खाद्य ऋण में 8.3 फीसदी की दर से वृद्धि हुई, जोकि बीस वर्ष में सबसे धीमी है। उद्योग जगत के ऋण में 4.6 फीसदी की वृद्धि हुई, जबकि मध्यम किस्म के उद्योग क्षेत्र में ऋण 9.1 फीसदी सिकुड़ गया।

## ग्रामीण क्षेत्र में तनाव के कारण

समीक्षा में स्वीकार किया गया कि 'ग्रामीण मजदूरी और न्यूनतम समर्थन मूल्य में–यह

महंगाई के महत्वपूर्ण निर्धारक हैं—बढ़ोतरी सुस्त बनी हुई है।' इसके पीछे सरकार की नीतियां जिम्मेदार हैं। मानसून ने किसानों की परेशानी बढ़ाई है। और जैसा कि समीक्षा में रेखांकित किया गया है, रबी के मौसम में पिछले वर्ष की इसी अवधि की तुलना में इस वर्ष बुआई का क्षेत्र घटा हैय यदि पिछले लगातार चार मौसम में हुई कम बारिश के कारण उत्पादक पर पड़े प्रतिकूल प्रभाव को इसके साथ देखें तो इस वित्त वर्ष में कृषि उत्पादन का जोखिम बढ़ गया है।' किसानों की आत्महत्या की खबरों को इससे जोड़कर देखना चाहिए। यह कृषि क्षेत्र के लिए किसी सुसंगत नीति के अभाव का नतीजा है और इससे यह भी पता चलता है कि ग्रामीण क्षेत्र में हताशा और नाराजगी क्यों है।

## आखिर नौकरियां कहां हैं?

अधिकांश लोगों और परिवारों के मन में यह सवाल घुमड़ रहा है कि आखिर नौकरियां कहां हैं। अप्रैल से जून 2015 के बीच किए गए 26 वें त्रैमासिक रोजगार सर्वे के मुताबिक पिछली तिमाही की तुलना विनिर्माण और निर्यात आधारित क्षेत्र में कुल 43,000 नौकरियां घट गईं। पिछले छह वर्ष के दौरान यह सबसे खराब प्रदर्शन है। 2014 की इसी तिमाही में इन क्षेत्रों ने 1,82,000 नौकरियां जोड़ी थीं। समीक्षा नौकरियों के बारे में मौन है। यह मौन अपने आपमें ही स्वीकारोक्ति है।

## वित्तीय घाटा एक चुनौती है

सबसे दुखद स्वीकारोक्ति यह है कि 'बजट के अनुमान की तुलना में जीडीपी की वृद्धि में गिरावट, यह वित्तीय घाटे को जीडीपी के 3.9 फीसदी पर रखने के लक्ष्य को हासिल करने की राह में सबसे बड़ी चुनौती साबित होगी। जीडीपी की अनुमानित वृद्धि दर से कम रहने (बजट के 11.5 फीसदी के अनुमान की तुलना में 8.2 फीसदी) के कारण घाटे का लक्ष्य जीडीपी का 0.2 फीसदी बढ़ जाएगा।' इसके बावजूद मुझे लगता है कि इस वर्ष सरकार 3.9 फीसदी के लक्ष्य को हासिल कर लेगी। लेकिन अगले वित्त वर्ष में क्या होगा? अनिष्टकारक चेतावनी यह है कि यदि सरकार वित्तीय समेकन की राह पर चलती है तो इससे मांग कम होगी।

अच्छे दिन दूर हैं

चूंकि दूसरी तिमाही में जीडीपी की विकास दर सिर्फ छह फीसदी थी, वित्त वर्ष 2015–16 के लिए अनुमानित 8.2 फीसदी की विकास दर हासिल करना बहुत कठिन लगता है। सात से साढ़े फीसदी की विकास दर का अनुमान अपेक्षाकृत कम है। बहुत चतुराई से समीक्षा में 2016–17 के लिए विकास दर का कोई दावा नहीं किया गया है।

# शासन

# क्या गणतंत्र दिवस के बाद अभियान रुकेगा?

25 जनवरी 2015

कई मामलों में भारत अमेरिका की तरह दिखने लगा है। उदाहरण के लिए, हमारे चुनावों को ही लीजिए। चुनाव अभियानों को दिशा देने में बराक ओबामा का कोई जवाब नहीं था। नरेंद्र मोदी भी जल्दी सीखने-समझने वालों में से हैं। 2014 से पहले भारतीय चुनावों में कभी भी संगठन की ताकत, धनबल और तकनीक (भाजपा के ही आधिकारिक आंकड़ों के अनुसार, इसमें 487 करोड़ रुपये खर्च हुए) का ऐसा सामूहिक इस्तेमाल नहीं हुआ। इसने अमेरिकी राष्ट्रपति चुनाव की याद दिला दी।

अमेरिका का राष्ट्रपति चुनाव अभियानों से कभी नहीं भागता। उसका अभियान हमेशा चलता रहता है। उसके पास कोई विकल्प नहीं होता। अमेरिकी प्रतिनिधि सभा हर दूसरे साल चुनी जाती है। नवंबर में विजेता की घोषणा होती नहीं कि उसे अगले दो साल बाद दोबारा चुनाव का सामना करना पड़ता है। अगर एक अमेरिकी राष्ट्रपति अपने विधायी एजेंडे को अपने नियंत्रण में रखना चाहता है, तो उसे इस बारे में आश्वस्त करना पड़ेगा कि उसकी पार्टी का प्रतिनिधि सभा में बहुमत हो। इस तरह, एक अमेरिकी राष्ट्रपति हमेशा अभियानों में व्यस्त रहता है।

भारत में चुनाव हर पांच साल पर होते हैं। आजादी के बाद शुरुआती कुछ दशकों तक लोकसभा और विधानसभा के चुनाव एक साथ होते थे। लेकिन 1970 से यह परंपरा बदल गई। हमारे यहां लोकसभा के चुनाव हर पांच साल पर होते हैं (हालांकि 1977 / 1980, 1989 / 1991, और 1996 / 1998 / 1999 इसके अपवाद रहे)। विधानसभा चुनावों में देश के प्रधानमंत्री शायद ही कभी भाग लेते हैं। नरेंद्र मोदी के आने के बाद यह परंपरा टूट गई है।

## चुनावी अभियान के मोड में

सितंबर, 2013 में भाजपा के प्रधानमंत्री पद के उम्मीदवार के रूप में नाम घोषित होने के बाद से ही नरेंद्र मोदी ने चुनाव अभियान की बागडोर अपने हाथ में ले ली। मोदी को इसका श्रेय तो दिया ही जाना चाहिए कि प्रचारक की भूमिका में वह कभी थकते नहीं हैं–चाहे वह अभियान भारत के किसी शहर में हो या काठमांडू में या न्यूयॉर्क में हो, टोक्यो में या सिडनी में। मोदी का हर भाषण–चाहे वह वैज्ञानिकों को संबोधित हो या छात्रों को, बैंकरों को संबोधित हो या कारोबारियों को–प्रचार का भाषण होता है। वह लगातार अपने श्रोताओं को भाजपा को वोट देने के लिए रिझाते हैं, चाहे चुनाव किसी भी स्तर का क्यों न हो!

मोदी की विदेश यात्राएं भी इससे अलग नहीं हैं। इन यात्राओं में विदेश नीति पर शायद ही कोई बात होती है, न ही विदेश नीति से संबंधित उपलब्धियों के बारे में बताया जाता है। विदेशों में उनके लक्षित दर्शक भी (भारतीय मूल के लोगों के जमावड़े के अतिरिक्त) हमेशा घरेलू दर्शक ही होते हैं।

पिछले आठ महीनों में मोदी ने जिन महत्वपूर्ण विदेशी नेताओं से मुलाकात की है, वे जापान, ऑस्ट्रेलिया, रूस, चीन और अमेरिका के शासनाध्यक्ष थे। आइए, हम इन मुलाकातों का वस्तुनिष्ठ आकलन करें।

## मांग सूची बढ़ रही है

अटल बिहारी वाजपेयी और डॉ. मनमोहन सिंह द्वारा भारत–अमेरिकी रिश्ते को रणनीतिक महत्व तक सीमित रखने के बावजूद, इन दोनों के दौर में, दोतरफा रिश्ते में महत्वपूर्ण प्रगति हुई। मोदी के अब तक के प्रयासों के बावजूद दोनों देशों के बीच हुए असैन्य परमाणु समझौते की तरह की एक भी उपलब्धि हासिल नहीं हुई है। यहां तक कि उस समझौते में भाजपा तथा दूसरी पार्टियों के दबाव में परमाणु उत्तरदायित्व का प्रावधान की व्यवस्था के कारण वह समझौता भी अब तक व्यावसायिक सहयोग में नहीं बदल पाया है। दोनों देशों के बीच कई मुद्दों, जैसे पाकिस्तान को अमेरिकी मदद, एशिया में शक्ति संतुलन, जलवायु परिवर्तन, रक्षा तकनीक स्थानांतरण, डेविड हेडली तक पहुंच, बौद्धिक संपदा अधिकार (आईपीईआर) की प्रायोरिटी वॉच लिस्ट, द्विपक्षीय निवेश संधि, सोलर पैनल आयात, और दोहरे कराधान पर छूट आदि में खाई बढ़ती ही जा रही है।

इस दौरान दूसरे देशों के साथ बातचीत और निकटता से भी कोई बड़ी उपलब्धि

हासिल नहीं हो पाई है। मोदी के जापान दौरे में जिस टोक्यो घोषणापत्र पर दस्तखत हुए, उसे बार-बार 'संवाद' कहा गया। जापान के साथ असैन्य परमाणु सहयोग, जापान द्वारा निर्मित यूएस-2 एम्फीबियन एयरक्राफ्ट, जो आसमान और समुद्र, दोनों जगह राहत कार्य चला सकता है, या शिंकनसेन रेल (बुलेट ट्रेन) पर कोई समझौता नहीं हुआ।

ऑस्ट्रेलियाई प्रधानमंत्री टॉनी एबोट अपना यूरेनियम बेचने के एकमात्र लक्ष्य के साथ भारत आए। और परमाणु ऊर्जा के शांतिपूर्ण उपयोग पर एक ठोस समझौता करने के बाद वह भारत से लौटे। उससे कहीं महत्वपूर्ण व्यापक आर्थिक सहयोग समझौता अब भी बहुत दूर है।

व्लादिमीर पुतिन की भारत यात्रा के दौरान हुई संयुक्त घोषणा में, जिसे द्रजभा-दोस्ती नाम दिया गया, लक्ष्य लंबे थे, लेकिन कोई ठोस समझौता नहीं था। न तो कुडनकुलम में बने परमाणु रिएक्टर की कीमत पर कोई समझौता हुआ, न ही एक और जगह बनने वाले परमाणु रिएक्टर के बारे में कोई बात हुई।

## चीन के साथ शह-मात का खेल

सबसे रहस्यपूर्ण साझा बयान तो तब जारी किया गया, जब 2014 के मध्य सितंबर में शी जिनपिंग भारत आए थे। शाब्दिक अर्थों में यह गुजरात राज्य में जिनपिंग का आधिकारिक दौरा था, और चीन लौटते हुए वह दिल्ली में रुके थे। उस समय जो एकमात्र समझौता हुआ, वह दो औद्योगिक पार्कों की घोषणा से संबंधित था, जिसमें से एक पार्क गुजरात में बनना था और दूसरा महाराष्ट्र में (जहां 15 अक्तूबर को चुनाव की तारीख थी)। जब दोनों नेता झूले पर बैठे, और इस खबर की पुष्टि हो गई कि करीब 1,000 चीनी सैनिक चुमुर सेक्टर में पांच किलोमीटर अंदर तक घुस आए हैं, तब दोनों तरफ के अधिकारी एक साझा बयान तैयार करने में व्यस्त थे, जो भारत-चीन सीमा विवाद के एक बेहतर, संतुलित और दोनों पक्षों को स्वीकार्य होने की कसौटी पर खरा उतरे। पर इस संबंध में विशेष प्रतिनिधियों की बैठक की तारीख तय नहीं हो पाई।

दूसरे देशों और उनके नेताओं के साथ बेहतर संबंध बनाने के लिए स्पष्टता, रणनीति और धैर्य की जरूरत पड़ती है। चूंकि ऐसा नहीं है, ऐसे में, अमेरिकी राष्ट्रपति बराक ओबामा की भारत यात्रा रणनीतिक छल या फिर परिवार के साथ घूमने-फिरने के एक अवसर के रूप में बदल जाती है। हमें नतीजे का इंतजार करना ही होगा। ओबामा के भारत दौरे से बनने वाला आभामंडल दिल्ली के चुनाव में भाजपा की स्थिति अनुकूल बना सकता है, लेकिन जल्दी ही प्रधानमंत्री मोदी को अपनी इस शाश्वत अभियान की

द्वारपाल • 15

भूमिका से पीछा छुड़ाकर विदेशी दौरों का ठोस हासिल बताना होगा और जनता से किए गए वायदे भी पूरे करने होंगे।

# बिगुल बज चुका है

19 अप्रैल 2015

जैसा कि मैंने पहले भी कहा था कि 2015—16 के बजट में राज्यों की योजनाओं के लिए केंद्रीय सहायता में 2014—15 के संशोधित बजट की तुलना में 75 हजार करोड़ रुपये से भी ज्यादा की कटौती की गई है। अगर 2014—15 के लिए बजट अनुमान से 2015—16 के बजट अनुमान की तुलना करें, तो तकरीबन 1,35,000 करोड़ रुपये की यह कटौती काफी सख्त है। चौदहवें वित्त आयोग ने ऐसी कोई कटौती की बात ही नहीं की थी। ऐसे में सवाल उठता है कि राज्य सरकारों की कौन—सी योजना बेहतर ढंग से संचालित है, और किस योजना को आगे बढ़ाने के लिए अब भी केंद्र सरकार की सहायता की जरूरत है? अफसोस की बात है कि राज्यों की विभिन्नताओं का ख्याल रखे बगैर इस तरह का निरंकुश फैसला लिए जाते वक्त यह सवाल पूछने की जरूरत भी नहीं समझी गई।

## पुलिस आधुनिकीकरण पर असर

चिंता पैदा करने वाला सवाल यह भी है कि इस कटौती का गुणात्मक असर क्या होगा व्यय में की जा रही यह कटौती क्या योजना के कुछ महत्वपूर्ण पहलुओं को नकारात्मक ढंग से प्रभावित नहीं करेगी? जवाब बिल्कुल स्पष्ट है। इससे न सिर्फ योजना के महत्वपूर्ण आगतों या उसके प्रसार या योजना की अवधि पर असर पड़ेगा, बल्कि कई मामलों में तो योजना को बंद तक करने की नौबत आ जाएगी। इस कटौती के घातक नतीजों के बारे में जैसे—जैसे लोग जागरूक होते जाएंगे, सरकार के भीतर

और बाहर, दोनों ओर से ज्यादा से ज्यादा आवाजें उठने लगेंगी।

बजट में जिन केंद्र प्रायोजित योजनाओं को मिलने वाली केंद्रीय मदद से अलग किया गया है, उनमें से एक है, पुलिस और दूसरे बलों के आधुनिकीकरण की राष्ट्रीय योजना। 2014–15 के संशोधित बजट में इस योजना पर 1,433 करोड़ रुपये का प्रावधान किया गया था, मगर इस वर्ष ऐसा कोई प्रावधान नहीं किया गया है। मतलब यह कि अब इस मद पर खर्च करने के लिए राज्यों को अपनी व्यवस्था खुद करनी होगी। नीति में बदलाव की तथाकथित वजह यह है कि कानून और व्यवस्था राज्य सूची का विषय है।

पुलिस और महिला पुलिस की संख्या, वाहन, हथियार, संचार उपकरण, फोरेंसिक प्रयोगशालाएं, प्रशिक्षण केंद्र, आतंकवाद निरोधी दस्ते, आपदा राहत बल व दूसरे विशेष बल, पुलिसिया कुत्ते, क्राइम रिकॉर्ड्स इत्यादि क्षेत्रों में विभिन्न राज्यों के पुलिस तंत्र में बड़ा फर्क मौजूद है। इसके अलावा पुलिस व्यवस्था का अंतरराज्यीय पहलू भी है। अपराधियों खासकर आतंकवादी के लिए राज्यों की सीमाएं कोई मायने नहीं रखतीं। ऐसे में, राज्यों की सीमाओं और तटीय क्षेत्रों में पुलिस तंत्र को मजबूत बनाने की काफी जरूरत है। जाहिर है कि फंडिंग के जरिये ही केंद्र सरकार इन मामलों पर नजर रखने के सिवाय पूरे तंत्र में समन्वय रख पाती है।

## सीसीटीएनएस का विचार

पुलिस सुधार से जुड़ी एक दूसरी समस्या यह थी कि एक राज्य की पुलिस शायद ही कभी दूसरे राज्य की पुलिस के साथ या खुद अपने तंत्र के भीतर वार्ता की गुंजाइश रखती हो। हर पुलिस स्टेशन एक द्वीप की तरह होता था, और पुलिस स्टेशन में रिकॉर्ड्स मैनुअली रखे जाते थे। राष्ट्रीय अपराध रिकॉर्ड्स ब्यूरो और उसके बाद राज्यों में अपराध रिकॉर्ड्स ब्यूरो का गठन आंकड़ों को एकत्र, साझा और उस तक पहुंच को आसान बनाने की ओर पहला कदम था। मगर यह पहल तकनीकी नजरिये से शैशवावस्था में थी। दरअसल, तकनीकी आधारित मजबूत नेटवर्क बनाने की जरूरत थी, जिसके जरिये पुलिस स्टेशन एक–दूसरे से तुरंत संपर्क कर सकें। यहीं से क्राइम ऐंड क्रिमिनल ट्रैकिंग नेटवर्क ऐंड सिस्टम (सीसीटीएनएस) के गठन का विचार पैदा हुआ। इस सिस्टम में किसी पुलिस स्टेशन में, एक से ज्यादा पुलिस स्टेशनों के बीच, जिला या राज्य मुख्यालय के बीच, दो राज्यों की पुलिस के बीच या आईबीए सीबीआई या केंद्रीय पुलिस संगठनों समेत केंद्र सरकार के बीच आंकड़ों और जानकारी

का संग्रहण, विश्लेषण और स्थानांतरण मुमकिन हो सका। हालांकि इस व्यवस्था को हार्डवेयर, सॉफ्टवेयर, सिक्यूरिटी, विशेषाधिकार और सबसे बढ़कर भाषागत अड़चनों जैसी अड़चनों से पार पाना था।

महीनों तक चलने वाली वार्ताओं, पुलिस प्रशिक्षण, पुलिस अभ्यास और वित्तीय सहयोग के वायदे के साथ सभी राज्यों को एक मंच पर लाया जा सका था। कुछ विलंब के साथ इस महत्वाकांक्षी योजना की शुरुआत हुई। हालांकि योजना की कामयाबी पर्याप्त फंड की समय पर उपलब्धताएं निकट पर्यवेक्षण और समन्वय पर निर्भर करेगी। समझने वाली बात है कि यह एक राष्ट्रीय तंत्र के गठन का विचार था, न कि महज 29 राज्यों के तंत्रों को संगठित करने का। इसके अलावा जरूरी यह भी है कि पूरी व्यवस्था को नई तकनीकों, उपकरणों और सॉफ्टवेयरों की मदद से समय-समय पर विकसित भी किया जाता रहे। मगर यह तभी मुमकिन है, जब एक पर्यवेक्षण तंत्र मौजूद हो, जो यह सुनिश्चित कर सके कि श्सभी' राज्य एक गति से आगे बढ़ें और व्यवस्था के हर पहलू पर सहमत हों।

ऐसे महत्वपूर्ण समय में सरकार ने सीसीटीएनएस के लिए फंड में कटौती करने का फैसला किया है। मुझे यह रोजमर्रा की नौकरशाही प्रक्रिया की तरह लगता है, जिसमें सरकार के उच्च स्तर पर फैसला लेते समय ज्यादा सोच-विचार नहीं किया गया।

## विरोध के स्वर

जो कुछ भी मैंने सीसीटीएनएस के बारे में कहा, वह दूसरी कुछ योजनाओं पर भी लागू होगा, जिनके लिए केंद्रीय फंड पूरी तरह से रोक लिया गया है। नक्सल प्रभावित क्षेत्रों के लिए स्पेशल इंफ्रास्ट्रक्चर स्कीम (एसआईएस) इसी का उदाहरण है। मुझे उम्मीद है कि योजना आयोग की पूर्व सचिव सुधा पिल्लई या अपने कार्यकाल में एसआईएस को क्रियान्वित करने वाले कुछ जिला कलक्टर इस बारे में कुछ कहेंगे या लिखेंगे, कि दशकों तक संबंधित राज्य सरकारों की अनदेखी झेलने वाले क्षेत्रों में इस स्कीम की बदौलत क्या बदलाव आए।

अच्छी बात यह है कि पुलिस बलों के आधुनिकीकरण, सीसीटीएनएस और एसआईएस के लिए फंड को रोकने के बारे में गृह मंत्रालय भीतर से हो रहे विरोध के चलते कोई फैसला नहीं ले पा रहा है। मीडिया रिपोर्ट्स के मुताबिक गृह सचिव एल सी गोयल इस मामले में वित्त मंत्रालय को कई पत्र लिख चुके हैं। मैं उम्मीद करता हूं कि ये पत्र गृह मंत्री राजनाथ सिंह की मंजूरी से लिखे गए होंगे।

गृह मंत्री ने विरोध का पहला बिगुल बजाया है। अब स्वास्थ्य, मानव संसाधन विकास, सामाजिक न्याय और सशक्तिकरण तथा महिला व शिशु विकास मंत्रियों की बारी है कि वे अपने प्रभार वाली महत्वपूर्ण राष्ट्रीय योजनाओं के लिए फंड बंद करने या उनमें कमी लाने के विरोध में आवाज उठाएं।

# प्रधानमंत्री के नाम पत्र

31 मई 2015

प्रिय प्रधानमंत्री जी,

मैं बहुत साधारण-सा नागरिक हूं। एक सामान्य परिवार से ताल्लुक रखता हूं। मेरी शिक्षा-दीक्षा भी बेहद आम ढंग से हुई है। एक साधारण से शहर में रहता हूं और मामूली-सी नौकरी करता हूं। मेरी महत्वाकांक्षाएं भी कोई बहुत ऊंची नहीं हैं। हालांकि मुझे अच्छे से पता है कि चूंकि मैं स्कूल के एक शिक्षक का पुत्र हूं, सेकेंड क्लास ही सही, मगर ग्रेजुएट हूं और एक अदद नौकरी में हूं, इसलिए मेरी जिंदगी औसत के पैमाने से कहीं ऊपर हो सकती है। मगर इससे जाहिर होता है कि एक आम आदमी की जिंदगी का औसत किस कदर नीचे गिर चुका है।

अभी पिछले हफ्ते मेरे साथी नागरिकों और मुझ पर संपादकीय, लेखों, वक्तव्यों, साक्षात्कारों, ब्लॉगों, ट्वीटों और न जाने किस-किस की बौछार हुई। इससे मैं तो चकरा ही गया। पहले मुझे लगा था कि 26 मई को जो आपने चिट्ठी लिखी थी, और जो सभी अखबारों में छपी भी थी, उससे सारी चीजें साफ हो जाएंगी। मगर उसे पढ़कर तो मैं और चक्कर में पड़ गया। इसलिए मेरा आग्रह है कि मैं आपसे कुछ सवाल करूं तो आप उसे सहजता से लें और मेरी पीड़ा समझें।

### आखिर नौकरियां हैं कहां?

मेरा पहला सवाल है कि हमारी अर्थव्यवस्था के क्या हालचाल हैं? मैं, मेरे बच्चे और

हमारी गलियों में जितने भी परिवार आप देख रहे हैं, उन सभी की सबसे अहम चिंता 'नौकरी' को लेकर है। क्या आप हमें यह बतलाने का कष्ट करेंगे कि आपकी सरकार के इस पहले वर्ष में कितनी नौकरियां पैदा की गईं? जो मुझे दिख रहा है, उसके मुताबिक बीते साल की हर तिमाही में एक लाख से कुछ ज्यादा नौकरियां पैदा हुईं। यानी पूरे साल भर में कुल मिलाकर चार से पांच लाख, बस इतनी ही नौकरियां। मैंने यह भी पढ़ा है कि केवल तमिलनाडु के रोजगार कार्यालयों में 85 लाख लोग पंजीकृत हैं। अगर इससे पूरे देश के आंकड़ों का अनुमान लगाया जाए, तो आपको नहीं लगता कि यह स्थिति बेहद खतरनाक है? इसलिए कृपा करके नौकरियों के बारे में जो सच है, वह हमें बतलाइए।

हालांकि इससे मेरे दिमाग में एक दूसरा सवाल भी कौंधने लगा है। (आखिर इन नौकरियों को पैदा कौन कर रहा है?) मेरी एक पड़ोसी हैं, जो स्थानीय सरकारी कॉलेज में अर्थशास्त्र पढ़ाती हैं। उन्होंने मुझे बताया कि कृषि के क्षेत्र में कोई नई नौकरी पैदा हो ही नहीं सकती। उनका ऐसा मानना है कि अगर ज्यादा से ज्यादा संख्या में लोग नए बिजनेस शुरू करें और ऊर्जा, स्टील, कार, मोबाइल फोन या किसी भी चीज के बड़े-बड़े प्लांट लगाए जाएं, तभी प्रत्यक्ष या अप्रत्यक्ष तौर पर नौकरियां पैदा हो सकेंगी। उन्होंने कहा है कि सबसे जरूरी 'निवेश' है। उन्होंने यह भी बोला है कि मैं आपसे पूछूं कि पिछले एक साल में सरकारी और निजी उपक्रमों ने निवेश में कितनी राशि खर्च की है, उत्पादन शुरू होने पर उन्हें अपनी परियोजनाओं से कितनी नौकरियां पैदा होने की उम्मीद है, और कब तक? वैसे एक बात तो बताइए, आजकल 'भूमिपूजा' या हजारों-करोड़ों की लागत वाली बड़ी परियोजनाओं के उद्घाटन के विज्ञापन नहीं दिखते, जैसा कि कुछ वर्ष पहले तक होता था। आखिर माजरा क्या है?

## हर शख्स परेशान क्यों है?

मेरे एक रिश्तेदार हैं, जो एक छोटा-सा बिजनेस चलाते हैं। उन्होंने मुझे बताया कि बैंक कर्ज देना ही नहीं चाह रहे हैं। अपने हालिया लेख में डॉ रंगराजन ने भी लिखा है कि इसी के चलते सैकड़ों सरकारी और निजी परियोजनाएं अटकी पड़ी हैं। एक पत्रकार ने मुझे बताया कि पिछले पांच महीनों में बिजली के उपभोग में कोई इजाफा नहीं हुआ है। उपभोक्ता सामान बनाने वाली कंपनियां कहती हैं कि 'समग्र मांग' में गिरावट आई है। अब इसकी क्या वजह हो सकती है, यह मेरी समझ से बाहर है। हालांकि मुझे यकीन है कि आप सब कुछ समझ रहे होंगे। मैंने टेलीविजन पर एक

वकील को यह कहते भी सुना है कि ऊर्जा, कोयला, तेल व गैस, एयरपोर्ट, सड़क, दूरसंचार और फार्मास्युटिकल क्षेत्र की बड़ी कंपनियां मुकदमेबाजी के पचड़े में फंसी पड़ी हैं। अगर यही सच है तो प्रधानमंत्री जी, आप किसी विदेशी या भारतीय निवेशक से भी किस आधार पर देश में निवेश करने की उम्मीद लगाए बैठे हैं?

वित्त मंत्री भले ही यह सफाई दें कि ये मुद्दे उन्हें पिछली सरकार से विरासत में मिले हैं। मगर मेरा भोला–सा मन भी यह समझता है कि ये तो हर सरकार के साथ होता है। हर सरकार को विरासत में कुछ चुनौतियां मिलती हैं, जिन्हें सुलझाना उसका कर्तव्य होना चाहिए। अगर आप बुरा न मानें, तो एक बात आपको याद दिलाना चाहता हूं। आप गुजरात मॉडल; यह क्या था, मैं नहीं जानता? को लागू करने और 'अच्छे दिन' के वायदे के साथ सत्ता में आए थे। सोए बहानेबाजी की तो कोई गुंजाइश ही नहीं है।

स्वास्थ्य शिक्षाए मध्याह्न भोजन, पेयजल, समन्वित बाल विकास सेवा योजना (आईसीडीएस), राष्ट्रीय कृषि विकास योजना (आरकेवीवाई) और अनुसूचित जाति व जनजाति कल्याण की योजनाओं के लिए आवंटित फंड में हुई भारी कटौती ने मेरी चिंताएं बढ़ा दी हैं। मैंने यह भी पढ़ा है कि इसको लेकर कई मुख्यमंत्रियों के साथ ही अब तो आपके कुछ मंत्री भी शिकायत कर रहे हैं। मुझे यह भी पता चला है कि इन सबके नतीजे वर्ष के अंत तक सामने आने लगेंगे।

## बांटने वाले मुद्दों पर जोर क्यों?

इस दौरान हुए कुछ वाकयों ने लोगों को खौफजदा कर दिया है। इससे सरकार पर से लोगों का भरोसा भी कम हुआ है। एक ग्रेजुएट को नौकरी देने से इन्कार कर दिया जाता है। एक नौकरीशुदा महिला को उसके किराये के फ्लैट से निकाल दिया जाता है। वजह यह कि दोनों मुसलमान थे। अल्पसंख्यकों, गैर सरकारी संगठनों (एनजीओ), और सिविल सोसाइटी के कार्यकर्ताओं के खिलाफ लगातार बढ़ रही असहिष्णुता पर सेवानिवृत्त पुलिस अधिकारी जुलियो रिबेरो अफसोस जता चुके हैं। जिन राज्यों में भाजपा की सरकार है, वहां गौ–मांस के विक्रय या उपभोग पर प्रतिबंध लगाया गया है। मगर क्या एक खुले वैश्वीकृत समाज में किसी चीज पर प्रतिबंध मुमकिन है? अगर हां, तो आखिर किस–किस चीज पर प्रतिबंध लग सकता है, मांस, किताबें, विदेश यात्रा, वृत्तचित्र, फिल्मों में प्रयोग होने वाली भाषा, एनजीओ? आखिर क्यों ऐसे मुद्दों पर अपनी ऊर्जा बर्बाद की जा रही है, जो न केवल लोगों में दरारें पैदा करते हैं, बल्कि जिनसे कुछ मिलने वाला भी नहीं?

मेरा आखिरी सवाल। लोकसभा चुनाव में हमने आपकी पार्टी को जो पूर्ण बहुमत दिया, उससे आप कर क्या रहे हैं? आपके कुछ सांसद शर्मिंदगी पैदा करने के सिवाय कुछ नहीं कर रहे। इस मामले में सियोल में आपका वह बयान भी कम नहीं था, जब आपने 'भारत में जन्म लेना पाप सरीखा' बताया। मुझे लगा था कि आप नीतियों, कार्यक्रमों और उन्हें जमीनी स्तर पर लागू करने के तरीकों में बदलाव लाने में खुद को मिले जनादेश का उपयोग करेंगे। मगर मुझे सिर्फ एक हाथ में सिमटती सत्ता दिख रही है। मुझे काम कम और बातें ज्यादा होती दिख रही हैं। इकोनोमिस्ट पत्रिका आपको ऐसा 'वन मैन बैंड' बता रही है, जिसे नए सुर की जरूरत है। उम्मीद है कि आप अपने उन आलोचकों की बातों पर जरूर ध्यान देंगे, जो पूरे दिल से देश का कल्याण चाहते हैं।

सिर्फ आपका,
एक परेशान नागरिक

# हर जगह मौजूद है ग्रीक त्रासदी

12 जुलाई 2015

तब प्लेटो और अरस्तू थे, और अब श्रीमान सिप्रास हैं। आखिर ग्रीस का इतना पतन कैसे हो गया?

ग्रीस कोई अराजक देश नहीं है। इसने आतंकी गुटों को पनाह नहीं दी है। न ही वह विस्तारवादी महत्वाकांक्षा पाले हुए है। ग्रीस एक प्यारा देश है और दुनिया की सबसे पुरानी सभ्यताओं में से एक की जन्मस्थली भी है। गणित, दर्शन और शासनकला के क्षेत्र में दिए गए अपने योगदान पर उसे गर्व है। ग्रीस से भारत के रिश्ते की शुरुआत युवा योद्धा एलेक्जेंडर के समय हुई थी। 1960 के दशक की शुरुआत में ग्रीस के तत्कालीन सम्राट जब भारत आए थे, तब बताया जाता है कि तत्कालीन राष्ट्रपति राधाकृष्णन ने उनकी अगवानी कुछ इन शब्दों के साथ की थी, 'महामहिम भारत के आमंत्रण पर यहां आने वाले ग्रीक के पहले नरेश हैं!'

ग्रीस को दुर्दिन देखने पड़ रहे हैं, क्योंकि उसने चुकाने की अपनी क्षमता से अधिक कर्ज ले लिया। यह ऐसा ही कृत्य है जैसा कि लाखों आम लोग और कुछ देश भी करते हैं। साल दर साल वह बढ़ते वित्तीय घाटे और बढ़ते चालू खाता घाटे के भंवर में डूबता चला गया। उसका संकट इस घाटे को पाटने के लिए और अधिक कर्ज लेने से बढ़ता ही चला गया। हालत यह है कि जीडीपी के अनुपात में उसका कर्ज 150 फीसदी हो गया।

## संकट की जड़

और अब पाठक समझ गए होंगे आखिर क्यों मैं लगातार इन दोनों घाटों को नियंत्रित करने के पक्ष में तर्क देता रहा हूं। ये दोनों सारे संकट की जड़ हैं। व्यावहारिक रूप में घाटों के स्तर के आधार पर हर चीज का आकलन किया जा सकता है। महंगाई, ब्याज दर, विनिमय दर, विदेशी निवेश, घरेलू बचत दर से लेकर संप्रभु देशों की क्रेडिट रेटिंग तक।

दरअसल ग्रीक संकट खराब मैक्रो इकोनॉमिक प्रबंधन से संबंधित है। एक समय था जब ग्रीस में पूंजी आ रही थी, लेकिन 2008 के वैश्विक संकट के साथ ही सब कुछ बदल गया। उस संकट का विशेष रूप से चार यूरोपीय देशों पुर्तगाल, आइसलैंड, ग्रीस और स्पेन पर गहरा प्रभाव पड़ा। इसकी गूंज भारत समेत दूसरी जगहों में भी सुनाई दी। लेकिन मेरे ऐसा कहने के बावजूद तथ्य यह है कि भारत ने बहुत ही कुशलता से उस संकट का प्रबंधन किया। इस पर इंडियन एक्सप्रेस की संडे मैगजीन आई (26 सितंबर, 2010) की कवर स्टोरी 'हाउ दे सेव्ड इंडिया स्टोरी' पढनी चाहिए। इसमें संदेह नहीं कि संकट के लिए कर्जदार को अपनी जिम्मेदारी माननी चाहिए। लेकिन कर्जदाताओं को भी अपनी जिम्मेदारी स्वीकार करनी चाहिए। श्रीमान सिप्रास अपेक्षा करते हैं कि उनके साथ सम्मानजनक व्यवहार होना चाहिए, क्योंकि वे एक संप्रभु देश के निर्वाचित नेता हैं। लेकिन कर्जदाता भी तो संप्रभु हैं या फिर संप्रभुता संपन्न सेंट्रल बैंक हैं। दोनों पक्ष कड़ा रुख अपनाए हुए हैं। मैं उम्मीद करता हूं कि वे किसी ऐसी योजना पर सहमत हो जाएंगे, जिसमें कर्जदाताओं की ओर से बेलआउट शामिल होगा और कर्जदार भी बड़े सुधारों के लिए राजी होगा।

लेकिन कर्जदाता सिर्फ एक शब्द पर जोर दे रहे हैं और वह है मितव्ययिता। मितव्ययिता अपने आपमें एक अच्छा सिद्धांत है, लेकिन आप किसी ऐसे देश पर कितनी मितव्ययिता थोप सकते हैं, जिसकी अर्थव्यवस्था पिछले पांच वर्षों के दौरान 30 फीसदी सिकुड़ गई हो, जहां 25 फीसदी लोग बेरोजगार हैं और जहां युवा बेरोजगारी पचास फीसदी हो?

मैंने खुद मितव्ययिता का हिमायती रहा हूं। मैंने इसे वित्तीय अनुशासन कहा था। मैंने जब यह पाया कि लगातार तीन वर्षों से सरकारी खर्च स्वीकार्य सीमा से अधिक हो रहा है, और उच्च खर्चे के चलते उच्च विकास दर कायम रखने के लिए सरकार की सराहना हो रही है, मैंने यूपीए सरकार को अपना रास्ता बदलने के लिए राजी किया। हमने केलकर कमेटी का गठन किया और वित्तीय मजबूती का नया रास्ता

तलाशा और आलोचनाओं के बावजूद 2012—13 और 2013—14 के दौरान उस पर कायम रहे। 28 फरवरी, 2013 को हमने बजट भाषण में कहा, "हम 2016—17 तक अपने वायदों को हकीकत में बदल देंगे और वित्तीय घाटे को तीन फीसदीए राजस्व घाटे को डेढ़ फीसदी और प्रभावी राजस्व घाटे को शून्य पर ले आएंगे।"

## मितव्ययिता बनाम अभाव

यही वह चीज है, जिसे लेकर हम नैतिक दुविधा में हैं। हमने 2004—14 के दौरान 14 करोड़ लोगों को गरीबी से उबारने में कामयाबी हासिल की, लेकिन करोड़ों भारतीय आज भी गरीब हैं। सामाजिक आर्थिक और जाति जनगणना ने लोगों के अभाव के स्तर को सामने लाया है। ग्रामीण भारत की तस्वीर बेहद भयावह है। 17.91 करोड़ परिवारों के 62 फीसदी लोग वंचित हैं। 13.34 करोड़ परिवार (4.5 फीसदी) की मासिक आय पांच हजार रुपये या उससे भी कम है। 6.86 करोड़ परिवार (38.27 फीसदी) श्रमिक के तौर पर शारीरिक मेहनत कर अपनी आजीविका चलाते हैं। 2.37 करोड़ परिवार (13.3 फीसदी) एक कमरे के कच्चे घर में रहते हैं। जबकि शहरी भारत के 6.47 करोड़ परिवारों से संबंधित आंकड़े जारी नहीं किए गए हैं।

## तीन स्तरीय समस्या

मितव्ययिता के नाम पर आखिर कब तक सरकारें अभावग्रस्तता की समस्या से निपटने के लिए धन देने से इन्कार करती रहेंगी? आखिर सरकार कितने लंबे समय तक लोगों को अपना निजी शौचालय, अच्छे स्कूल तक पहुंच या फिर अस्पताल के लिए इंतजार करने को कह सकती है? आखिर लोग पीने के साफ पानी या हर मौसम में साथ देने वाली अच्छी ग्रामीण सड़क या सुरक्षित नौकरी के लिए कब तक इंतजार करेंगे? इसका उत्तर है कि लोग अधिक समय तक इंतजार नहीं कर सकते और एक दिन उनका गुस्सा फूट पड़ेगा। दरअसलए हमारी समस्या तीन स्तरीय है:

1. पर्याप्त फंड न होना।
2. नतीजे देने वाली सिविल सेवा की कमी
3. संपन्न लोगों की सरकार के बोझ में हिस्सेदारी बंटाने में अरुचि

मितव्ययिता का संबंध पहली समस्या से है। लेकिन पर्याप्त कोष उपलब्ध कराए जाने

के बावजूद, दूसरी समस्या मौजूद है जिसकी वजह से अपेक्षित नतीजे नहीं मिलेंगे। गंगा सफाई अभियान या जल निकायों से जुड़े आरआरआर यरिपेयर रेनोवेशन ऐंड रिस्टोरेशनद्ध प्रोजेक्ट या फिर त्वरित सिंचाई लाभ कार्यक्रम में इसे देखा जा सकता है। हालांकि पोलियो उन्मूलन और एजुकेशन लोन इसका अपवाद हैं। तीसरी समस्या वह संपन्न वर्ग है, जिसने कर देने से इन्कार कर या फिर अपनी सामाजिक जिम्मेदारी यस्कूल और शौचालय बनाने का वायदाद्ध को पूरा नहीं कर देश को नीचा दिखाया है।

दीर्घकालीन आर्थिक स्थिरता के लिए जरूरी है कि मितव्ययिता को अभावग्रस्तता से निजात पाने के लिए किए जाने वाले लक्षित खर्च के साथ संतुलित किया जाए। लेकिन अक्सर सरकारें सही संतुलन बनाने में सफल नहीं होतीं।

# बोलना चांदी है, मौन सोना है

19 जुलाई 2015

एक मशहूर उक्ति है, 'बोलना चांदी है, मगर मौन रहना सोना है'। इस कहावत का संबंध दरअसल प्राचीन मिस्र, जेन बुद्धिज्म और थॉमस कार्लाइल से है। मगर एक मसखरे ने हाल ही में दावा किया है कि अब इस कहावत का कॉपीराइट माननीय नरेंद्र मोदी के पास है। पूरे चुनावी अभियान के दौरान मोदी जी की वाक्पटुता देखकर मैं वाकई हैरत में था। बोले गए शब्दों पर अपनी प्रवीणता के जरिये पूरी भीड़ के समर्थन को अपनी ओर मोड़ लेने में उन्हें महारत हासिल है। इसमें संदेह नहीं कि शातिर रणनीतियों, असरदार तर्कों और शानदार जुमलों को तैयार करने के पीछे उनकी पूरी टीम काम कर रही थी। मगर, यह मोदी जी की वाकपटुता थी, जिसने लोगों को सम्मोहित कर लिया। ऐसा मालुम हो रहा था, मानों उनके पास हर सवाल का जवाब तैयार था और कोई भी चीज उन्हें हतोत्साहित करने का माद्दा नहीं रखती थी। चुनावी अभियान का अंत आने तक तो उन्होंने वन टु वन इंटरव्यू देने की भी हिम्मत जुटा ली थी। हालांकि उस वक्त तक वह अपनी जीत की दस्तक सुन चुके थे।

मोदी जी की संप्रेषण शैली पूरी तरह से एकमार्गी है। वह बोलते हैं और आप सुनते हैं। वह अपनी बात कहते हैं और फिर मंच छोड़ देते हैं। इसमें न तो किसी मीडिया कॉन्फ्रेंस की जगह है, न बगैर सोची–विचारी टिप्पणी की और न ही किसी साउंड बाइट की। वह जो भी संप्रेषण करते हैं, उस पर अपना पूरा नियंत्रण रखते हैं। प्रधानमंत्री बनने के बाद भी उन्होंने अपनी इस शैली को जारी रखा है।

## बातें, बातें और बातें

तमाम जगहों पर तमाम विषयों पर तमाम तरह की बातें करना मोदी जी का शगल है। मुझे लगता है कि बतौर प्रधानमंत्री वह हर हफ्ते औसतन तीन या चार आयोजनों का हिस्सा तो बन ही जाते हैं। उन्होंने भारत में अपनी बाते कही हैं और इसी तरह से 26 दूसरे देशों में भी। उन्होंने हिंदी में बोला है और अंग्रेजी में भी। उन्होंने रिकॉर्डेड संदेशों और ट्वीट्स के जरिये भी विभिन्न मंचों तक अपनी बातें पहुचाई हैं। उन्होंने बहुत–से विषयों पर बोला है, मसलन, भारत के विकास से लेकर भारतीय रक्षा तंत्र पर, स्वच्छ भारत से लेकर वाइब्रेंट इंडिया पर, मेक इन इंडिया से लेकर स्किल इंडिया पर, वैश्विक आतंकवाद से लेकर जलवायु परिवर्तन पर और योग से लेकर योगियों पर।

जब वह भ्रष्टाचार के मुद्दे पर बोल रहे होते, तब उनकी वाक्पटुता अपने चरम पर होती थी। खासकर यूपीए के दस वर्षों के कथित भ्रष्टाचार के मुद्दे पर तो उन्होंने पूरी तैयारी की हुई थी। प्रधानमंत्री को चांदी के रथ पर सवार सफेद लिबास वाले योद्धा की तरह पेश किया जा रहा था, जिन्हें दिल्ली आकर भ्रष्टाचार के दानव का खात्मा करना था। उनके शब्दकोश में 'भ्रष्टाचार' एक व्यापक शब्द था, जो अपने में किसी भी तरह के अनुचित व्यवहार, सत्ता के दुरुपयोग, हितों के टकराव, कालाधन, रिश्वत, गैर कानूनी संपत्ति और उन सभी चीजों को समेटे था, जो संदेह के घेरे में आती थीं। उनके मुताबिक ऐसा हर आदमी अपराधी है, जिसे भाजपा दोषी मानती हो।

## न बुरा सुनूंगा, न देखूंगा

काश कि ये सारी बातें पुरानी यादों का हिस्सा होतीं। मगर अफसोस, ऐसा नही है। आज हमारे पास ऐसे प्रधानमंत्री हैं, जो न बुरा देखेंगे और न बुरा सुनेंगे, खासकर तब, जबकि वह मामला उनकी कैबिनेट के मंत्रियों से जुड़ा हो, या फिर भाजपा शासित राज्यों के मुख्यमंत्रियों व मंत्रियों या फिर उनके मित्रों और साथी स्वयंसेवकों से जुड़ा हो। अब चूंकि वह न बुरा देखेंगे और न सुनेंगे, इसलिए ऐसे मामलों में वह कुछ बोलेंगे भी नहीं। दरअसल, मोदी जी की सारी वाक्पटुता फिलहाल यूपीए के समय से चली आ रही योजनाओं को फिर से लॉन्च करने में खर्च हो रही है, (जिसका ताजा उदाहरण राष्ट्रीय कौशल विकास मिशन है) इसलिए अब उन्होंने मौन को अपना नया हथियार बनाया है।

अब ललित मोदी वाले मामले को ही लें। जब सीधे आरोप लगने लगे, तब ललित

मोदी लंदन चले गए। प्रवर्तन निदेशालय के नोटिस के बावजूद वह सामने नहीं आए। विदेश मंत्रालय द्वारा उनका पासपोर्ट रद्द किए जाने के बावजूद वह लंदन में जमे रहे। दूसरी जगहों पर यात्रा करने की अनुमति पाने के लिए उन्हें एक खास दस्तावेज की जरूरत थी, जिसके लिए उन्होंने अपनी 'पारिवारिक मित्र' सुषमा स्वराज के पास गुहार लगाई। लेकिन उस वक्त श्रीमती स्वराज केवल ललित मोदी की पारिवारिक मित्र ही नहीं, वह विदेश मंत्री भी थीं। लेकिन वह 'मानवीय आधार' पर उनकी मदद करना चाहती थीं। श्रीमती स्वराज ने विदेश सचिव, अपने मंत्रालय और भारतीय उच्चायुक्त को अंधेरे में रखते हुए ब्रिटिश हाई कमिश्नर को बताया कि अगर इंग्लैंड ललित मोदी को यात्रा दस्तावेज जारी करता है, तो इसमें भारत को कोई आपत्ति नहीं है। दरअसल, यह उनकी गलती थी, जिसकी बदौलत ललित मोदी को न केवल पुर्तगाल (अपनी बीमार पत्नी के पास होने के लिए), बल्कि पूरी दुनिया में कहीं भी घूमने की अनुमति मिल गई।

**तमाम सवाल, पर जवाब नहीं**

इन जाहिर तथ्यों के आधार पर हम पूछते हैं–

1. आखिर क्या वजह थी कि मंत्री महोदया ने सभी को अंधेरे में रखते हुए सीधे ब्रिटिश हाई कमिश्नर से बात कर ली? क्या यह सत्ता का दुरुपयोग नहीं है?
   जवाबः मौन
2. मंत्री महोदया ने ललित मोदी को यह सलाह क्यों नहीं दी कि वह लंदन में भारतीय हाई कमीशन में अस्थायी यात्रा दस्तावेज के लिए आवेदन कर सकते हैं? इसके बजाय उन्होंने ललित मोदी के लिए सीधे ब्रिटिश हाई कमिश्नर से बात क्यों की? क्या यह पक्षपात या भाई–भतीजावाद का मामला नहीं है?
   जवाबः मौन
3. पासपोर्ट रद्द करने के मामले में हाई कोर्ट में ललित मोदी की जो वकील थीं, वह मंत्री महोदया की पुत्री थीं। इस मामले में जवाबदेह था विदेश मंत्रालय। जाहिर है ललित मोदी को कामयाब होना ही था। मंत्रालय ने कोर्ट के फैसले के खिलाफ अपील न करने का फैसला किया (या कोई फैसला नहीं किया)। किसी भी स्थिति में नतीजा यही होना था। सोचने वाली बात है कि विदेश मंत्रालय में फैसले के खिलाफ न जाने का (या कोई फैसला न करने का) निर्णय किसने लिया होगा? इस मामले में जवाबदेह चूंकि मंत्री महोदया थी,

इसलिए क्या यह उनका फैसला नहीं था? क्या मंत्री महोदया को इस मामले से खुद को अलग नहीं कर लेना चाहिए था, क्योंकि उनकी पुत्री ललित मोदी की वकील थी। क्या यह हितों के टकराव का मामला नहीं है?

जवाबः मौन

ललित मोदी–सुषमा स्वराज की यह कहानी सत्ता के दुरुपयोग, पक्षपात और हितों के टकराव में डूबी हुई है। प्रधानमंत्री ने पहले से जो 'चांदी' वाले मानक स्थापित किए हुए हैं, उस हिसाब से तो मंत्री महोदया का इस्तीफा बनता था। मगर अब प्रधानमंत्री जी गोल्ड यानी 'सोने' वाला मौन मानक अपना लिया है। उन्हें उम्मीद है कि कुछ दिनों में यह तूफान गुजर जाएगा। आगे क्या होगा, यह तो भविष्य बताएगा, मगर इससे संसद का तकरीबन पूरा सत्र जरूर बर्बाद हो जाएगा।

# सुषमा स्वराज, आरटीआई और संसद में सवाल

26 जुलाई 2015

मुझसे यह अपेक्षा नहीं की जाती कि मैं ललित मोदी-सुषमा स्वराज विवाद पर अपने हर कॉलम में लिखूं। लेकिन यह मुद्दा मीडिया और सार्वजनिक बहस के साथ ही पिछले पूरे हफ्ते संसद में भी छाया रहा। प्रधानमंत्री और सरकार की इच्छा के विपरीत यह मुद्दा जल्दी ठंडा नहीं पडने वाला।

14, जून 2015 को एक समाचार चौनल ने एक स्टोरी ब्रेक की थी। इसके तीन दिन बाद मैंने एक प्रेस कॉन्फ्रेंस बुलाई थी और उसमें एक बयान पढ़ा था, जिसमें सरकार से सात सवाल किए गए थे। इन सवालों के सीधे जवाब दिए जा सकते थे, लेकिन जब मंशा साफ न हो, तो ऐसा संभव नहीं होता। अब तक उन सवालों के जवाब नहीं मिले हैं और शोर-शराबे के जरिये इसे दबाने की कोशिश हो रही है।

## आरटीआई की अर्जी

रेयो नामक एक नागरिक ने उन सात सवालों को आधार बनाकर 18 जून, 2015 को सूचना के अधिकार के तहत एक अर्जी लगाई और इन सवालों के जवाब मांगे। 26 जून, 2015 को विदेश मंत्रालय के अंडर सेक्रेटरी (आरटीआई) ने उन्हें एक जवाब भेजा। शुरुआती तीन सवालों में उन तथ्यों की जानकारी मांगी गई थी, जिनसे विदेश मंत्री सुषमा स्वराज बखूबी वाकिफ थीं: सरकार ने वित्त मंत्री और ब्रिटेन के चांसलर के बीच हुए पत्राचार को सार्वजनिक क्यों नहीं किया? श्रीमती स्वराज ने ललित मोदी को भारत की यात्रा से संबंधित अस्थायी दस्तावेज के लिए आवेदन करने की सलाह

क्यों नहीं दी? श्रीमती स्वराज ने यात्रा संबंधी दस्तावेज जारी करने के लिए ललित मोदी के समक्ष पहले भारत आने की शर्त क्यों नहीं रखी?

साफ है कि इन सवालों के जवाब श्रीमती स्वराज ही दे सकती थीं। हां, उन्होंने इनका जवाब दिया। मगर विदेश मंत्रालय के अंडर सेक्रेटरी की ओर से जो जवाब दिया गया, वह कुछ इस तरह थाः 'विदेश मंत्री के कार्यालय ने सूचित किया है कि आपकी आरटीआई अर्जी के प्रश्न क्रमांक एक से तीन, ऐसा लगता है कि आरटीआई ऐक्ट 2015 के दायरे में नहीं आते।'

सुषमा स्वराज के मुताबिक ब्रिटिश उच्चायुक्त के साथ उनकी बातचीत और ललित मोदी को भारत लौटने और यात्रा संबंधी दस्तावेज के लिए आवेदन करने की उनकी नाकाम सलाह आरटीआई ऐक्ट के दायरे में नहीं आती!

यदि इस जवाब से आपने होश न खो दि, हों तो आरटीआई के अगले चार सवालों के जवाब भी देख लीजिए। ये सवाल थेः हाई कोर्ट के आदेश के बाद सुप्रीम कोर्ट में अपील नहीं करने और ललित मोदी को नया पासपोर्ट जारी करने का फैसला किसका था? क्या सरकार ने ब्रिटिश सरकार के समक्ष नए सिरे से विरोध दर्ज कराया है? ललित मोदी के खिलाफ प्रत्यर्पण निदेशालय द्वारा जारी समन की तामीली के लिए सरकार ने कौन से कदम उठाए हैं? यदि ललित मोदी भारत लौटते हैं, तो क्या सरकार उनके जीवन की रक्षा करने में अक्षम है?

इन चार सवालों के जो जवाब दिए गए, उनसे आपका सिर घूम जाएगा। जवाब देखिएः

'क्रमांक चार से सात तक के प्रश्नों के संदर्भ में विदेश मंत्री के कार्यालय के पास कोई सूचना उपलब्ध नहीं है। हालांकि प्रश्न क्रमांक चार से सात के संदर्भ में आपके आवेदन को वित्त मंत्रालय, गृह मंत्रालय और विदेश मंत्रालय के सीपीवी विभाग को अग्रेषित किया जा रहा है।' हर कोई देख सकता है कि उनकी मंशा कैसी है। ऊपर दिए गए दोनों ही जवाबों से समझा जा सकता है कि इन्हें तैयार करने वाली श्रीमती स्वराज ही हैं।

## ...और संसद में सवाल जवाब

सौभाग्य से कहानी यहीं खत्म नहीं हुई। सांसद अरविंद कुमार सिंह ने राज्यसभा में प्रश्न क्रमांक 33 पूछा। इस प्रश्न के चार हिस्से थे। उनके प्रश्न का सार था, पिछले तीन वर्षों के दौरान कितने पासपोर्ट रद्द किए गए, कितने पुनः जारी किए गए, ऐसे

मामलों की सूची, जिनमें सरकार ने हाई कोर्ट के फैसले के खिलाफ अपील नहीं की और ताजा मामले में अपील दायर नहीं करने का फैसला किसने लिया? ये प्रश्न किसी भी तरह से नुकसानदेह नहीं। ये सवाल आरटीआई के तहत नहीं, बल्कि संसद में पूछे गए थे और सरकार इनके जवाब देने को बाध्य है। 24 जुलाई, 2015 को विदेश मंत्रालय ने इसका जवाब दिया। विदेश मंत्रालय ने अपने जवाब में स्पष्ट तौर पर इशारा किया कि श्रीमती स्वराज ने गलती की है। विदेश मंत्रालय ने स्पष्ट तौर पर स्वीकार किया कि वह 'संबंधित जांच एजेंसी के आग्रह पर' पासपोर्ट रद्द कर सकता है।

अपील दायर नहीं करने पर विदेश मंत्रालय ने स्वीकार किया कि 'हाई कोर्ट के किसी आदेश के विरुद्ध सम्मानित सर्वोच्च न्यायालय में अपील करने के बारे में विदेश मंत्रालय का सीपीवी विभाग, संबंधित जांच एजेंसी के आग्रह और विधि तथा न्याय मंत्रालय की सलाह पर निर्णय कर सकता है।२

इससे यह स्थापित हो गया है कि विदेश मंत्रालय के सीपीवी विभाग ने ही हाई कोर्ट के फैसले के विरुद्ध सुप्रीम कोर्ट में अपील न करने और ललित मोदी के लिए नया पासपोर्ट जारी करने का फैसला लिया। क्या ये फैसले संबंधित जांच एजेंसी के कहने पर लिए गए? मैं दावे से कह सकता हूं कि इसका जवाब 'ना' में है। क्या विधि और न्याय मंत्रालय की सलाह ली गई? मुझे संदेह है कि इसका जवाब 'हां' में हो सकता है।

## तीन मंत्री कठघरे में

साफ है कि विभिन्न तरह के जो प्रश्न उठे हैं, तीन मंत्रियों को उनके जवाब देने होंगे। ये मंत्री हैं, सुषमा स्वराज जो कि सांविधानिक रूप से सीपीवी विभाग के निर्णयों के प्रति जवाबदेह हैं। जांच एजेंसी प्रवर्तन निदेशालय की ओर से सम्मानित अरुण जेटली और अनभिज्ञ कानून मंत्री सदानंद गौड़ा।

किसी भी तरह के आक्षेप या उपहास से इस तथ्य को झुठलाया नहीं जा सकता कि ललित मोदी–सुषमा स्वराज की कहानी प्राधिकार के दुरुपयोग, भाई–भतीजावाद और हितों के टकराव की कहानी है, जिसे दीवार पर लिखी इबारत की तरह पढ़ा जा सकता है। जेटली ने विपक्ष से पूछा है कि आखिर स्वराज ने कौन सा अपराध कर दिया? उन्हें भ्रष्टाचार निरोधक अधिनियम की प्रति खोलनी चाहिए और अनुच्छेद 13 (1)(डी)(ii) और (iii) के अंतर्गत दिया गया 'आपराधिक कदाचार' पढना चाहिए।

# प्रधानमंत्री मोदी वायदे पूरे करें

16 अगस्त 2015

प्रधानमंत्री मोदी ने 15 अगस्त को लाल किले के प्राचीर से देश को संबोधित किया था। मैंने उनका भाषण ध्यान से सुना और मैं जितनी हिंदी जानता हूं, उससे उसे समझने की कोशिश भी की। अगली सुबह मैंने इसके बारे में अखबारों में भी पढ़ा। उनके इस भाषण को एक वर्ष पूरे हो गए हैं (मैं 15 अगस्त, 2014 को दिए गए उनके भाषण का जिक्र कर रहा हूं)। इसलिए यही सही समय है, जब यह देखा जाए कि उन्होंने जो वायदे किए थे, उनमें से कितनों को उन्होंने पूरा किया। यहां वायदे को (वा) से और उपलब्धि को (उ) पढ़ा जाए:

**वाः** हम गंभीरता के साथ शपथ लेते हैं कि हम गरीबों, उत्पीड़ितों, दलितों, शोषितों और पिछड़े लोगों के कल्याण के लिए काम करेंगे।

**उ.** वर्ष 2014–15 और 2015–16 के बजट अनुमानों के बीच गरीबों, महिलाओं, बच्चों, दलितों और पिछड़े लोगों को लक्षित करने वाले महत्वपूर्ण कार्यक्रमों के आवंटन में 135,000 करोड़ रुपये की कटौती कर दी गई। 2014–15 के पुनरीक्षित अनुमानों और 2015–16 के बजट अनुमानों के बीच 75,000 करोड़ रुपये कम कर दिए गए। इससे समता को गहरा धक्का लगा।

### स्वच्छ भारत, जन धन

**वाः** देश के सभी स्कूलों में शौचालय की व्यवस्था की जाएगी, जिसमें लड़कियों के

लिए अलग से शौचालय बनाए जाएंगे। यह लक्ष्य एक वर्ष में पूरा हो जाना चाहिए और अगले वर्ष 15 अगस्त तक हम इस स्थिति में पहुंच सकते हैं, जब हम घोषणा कर सकेंगे कि भारत में अब एक भी ऐसा स्कूल नहीं है जहां लड़कियों और लड़कों के लिए अलग शौचालयों की व्यवस्था न हो।
**उ.** मई के अंत तक 4.19 लाख शौचालयों के निर्माण का लक्ष्य था, लेकिन 1.21 लाख शौचालय ही बन सके। चार अगस्त, 2015 को मानव संसाधन मंत्री ने दावा किया था कि 3.64 लाख शौचालयों का निर्माण हो चुका है। सिर्फ ऑडिट से ही पता लग सकेगा कि इनमें से कितने में पानी की व्यवस्था है, कितने में रोजाना सफाई होती है और कितने उपयोग के लायक हैं और रोजाना जिनका उपयोग भी हो रहा है।

**वाः** मैं देश के निर्धनत व्यक्ति को बैंक खाते से जोड़ना चाहता हूं। प्रधानमंत्री जन धन योजना के तहत खाता खोलने वालों को एक लाख रुपये बीमा की गारंटी दी जाएगी।
**उ.** यूपीए सरकार के वित्तीय समायोजन कार्यक्रम का ही नाम बदल कर जन धन योजना किया गया है। यूपीए शासनकाल में मार्च, 2014 तक 24.3 करोड़ खाते खोले जा चुके थे। 11 अगस्त, 2015 तक 17.29 करोड़ अतिरिक्त खाते खोले गए हैं। इनमें से करीब आधे खातों (46.91 फीसदी) में एक भी पैसा नहीं है और वे निष्क्रिय हैं, इसलिए ये खातेदार बीमा कवर या जैसाकि वादा किया गया था, पांच हजार रुपये की निकासी के पात्र नहीं हैं।

## निर्णायक नहीं, विभाजक

**वाः** मैं देश के सभी लोगों से आह्वान करता हूं कि जातिवाद का जहर हो, सांप्रदायिकता का जहर हो, क्षेत्रीयता, सामाजिक और आर्थिक आधार पर किए जाने वाले भेदभाव का जहर हो, हम ऐसे सारे कृत्यों पर दस वर्ष के लिए पाबंदी लगा देते हैं।
**उ.** यदि कुछ हुआ है तो वह यह कि सांप्रदायिकता और विभाजनकारी गतिविधियां ही तेज और मुखर हुई हैं। घर वापसी और लव जिहाद जैसी गतिविधियों, कभी किताबों पर तो कभी जींस पर कभी चौनलों पर कभी वेबसाइट्स पर प्रतिबंध, चर्चों पर हमले, आवास और नौकरी को लेकर भेदभाव और नैतिक पुलिस जैसे कृत्य बढ़ गए हैं और उनका विस्तार हुआ है। वास्तव में किसी भी हमलावर को सजा नहीं दी गई है। इसके बजाए इन्हें राष्ट्रीय स्वयं सेवक संघ (आरएसएस), भाजपा और मोदी सरकार के संरक्षण से बढ़ावा ही मिला है।

गृह मंत्रालय के आंकड़ों के मुताबिक जनवरी और मई, 2015 के बीच सांप्रदायिक हिंसा की घटनाओं में 2014 की इसी अवधि की तुलना में 24 फीसदी की वृद्धि हुई। 2014 में जहां ऐसी 232 घटनाएं हुई थीं, वहीं 2015 में 287 घटनाएं हुईं। सांप्रदायिक हिंसा में मरने वालों की संख्या भी 26 से बढ़कर 43 हो गई।

वाः देश के विकास को तेज करना है, तो स्किल डेवलपमेंट (कौशल विकास) और स्किल्ड इंडिया (कुशल भारत) यह हमारा मिशन है।
उ. द नेशनल स्किल डेवलपमेंट मिशन (राष्ट्रीय कौशल विकास अभियान) की शुरुआत 2010 में की गई थी, 14 जुलाई, 2015 को इसे फिर से शुरू किया गया! सिर्फ स्टार योजना को छोड़कर स्किल कौंसिल्स (कौशल परिषद), प्रशिक्षण संस्थान, पुरस्कार और चेयरमैन तक वही है।

## आर्थिक तनाव के संकेत

वाः यदि आयात और निर्यात में संतुलन कायम करना है, तो हमें मैन्यूफैक्चरिंग सेक्टर को मजबूत करना होगा। इसलिए मैं अपील करता हूं कि कम मेक इन इंडिया (आइये, भारत में निर्माण कीजिए)। आप चाहे अपना माल कहीं भी बेचिये निर्माण यहां कीजिए।
उ. जून, 2015 लगातार ऐसा सातवां महीना था, जब निर्यात में गिरावट आई। इन सात महीनों के दौरान निर्यात 14.11 फीसदी सिकुड़ गया। द फेडरेशन ऑफ इंडियन एक्सपोर्ट्स ऑर्गनाइजेशन ने चेतावनी दी है कि निर्यात में भारी गिरावट आ सकती है, जिससे छंटनी बढ़ेगी।

आर्थिक तनाव के अन्य संकेत भी मिल रहे हैं। साल दर साल जून, 2015 में (जून, 2014 के 8.4 फीसदी की तुलना में) कोर सेक्टर में वृद्धि 3 फीसदी दर्ज की गई थी। गैर खाद्य ऋण में 8.4 फीसदी की वृद्धि हुई (जबकि पिछले वर्ष यह 13.5 फीसदी थी) यह पिछले 20 वर्षों में सबसे कम है।

वा. हम जल्द ही योजना आयोग की जगह नए शरीर, नई आत्मा, नए सोच और नई आस्था के साथ एक नया संस्थान बनाएंगे जो देश को नई दिशा में ले जा सके।
उ. योजना आयोग को खत्म कर दिया गया। लंबे अंतराल के बाद नीती आयोग की स्थापना की गई। इससे वे अधिकार ले लिए गए जो कि योजना आयोग के पास थे, जिनमें राज्य सरकारों और केंद्र सरकार के मंत्रालयों और विभागों को योजनागत कोष का आवंटन जारी करने का अधिकार भी था। मौजूदा पंचवर्षीय योजना 2017 में पूरी

हो गई, लेकिन इस बात की कोई स्पष्टता नहीं है कि क्या कोई अगली पंचवर्षीय योजना होगी। यदि कोई योजना होगी, तब भी यह स्पष्ट नहीं है कि योजना बनाने के लिए कौन जिम्मेदार होगा और कौन संसाधनों के आवंटन के लिए जिम्मेदार होगा।

मैं यह कॉलम शुक्रवार को लिख रहा हूं, मुझे उनके एक और भाषण का और वायदों का इंतजार है! स्वतंत्रता दिवस की बधाई।

# ओआरओपी का रहस्य

13 सितंबर 2015

हमारी स्क्रीन पर एक रहस्यकथा चल रही है, वन रैंक वन पेंशन (ओआरओपी)।

वास्तव में इसमें कोई रहस्य है ही नहीं। सभी तथ्य प्रमाणित हैं और लिखित में हैं। हालांकि श्रेय लेने की दौड़ में (और आलोचना से बचने के लिए) ओआरपीओ के मुद्दे को एक बड़े विवाद के रूप में पेश किया जा रहा है और उसे रहस्य के आवरण में लपेट दिया गया है।

**अपने तथ्य दुरुस्त कीजिए**

पहले तथ्यों को ठीक कीजिए। भारतीय सशस्त्र बल एक स्वैच्छिक बल है। इसमें कोई अनिवार्य भरती नहीं होती। पुरुष और महिलाएं जवान या अधिकारी के रूप में इन बलों में शामिल होते हैं, जिसके पीछे अनेक कारण होते हैं, जिनमें रोजगार की सुरक्षा एक बड़ी वजह है। हालांकि यहां नौकरी यथोचित ढंग से सुरक्षित होती है, मगर यह रोजगार, पूरी कामकाजी उम्र के लिए नहीं होता। कोश्यिरी कमेटी की रिपोर्ट के मुताबिक 85 फीसदी सैन्य बल के कर्मचारी 38 वर्ष की उम्र में सेवानिवृत्त होते हैं, जबकि अगले 10 फीसदी 46 वर्ष की उम्र में। जीवनयापन के लिए उन्हें अगले कुछ और वर्षों तक करना जरूरी है, लेकिन सेवानिवृत्ति के बाद रोजगार की कोई गारंटी नहीं है। कम उम्र में सेवानिवृत्त होना सैन्य बल को युवा और लड़ाई के लिए तंदरुस्त रखने के लिहाज से अच्छा भी है और आवश्यक भी। इसीलिए ऐसे कर्मचारियों की पेंशन सम्मानजनक होनी चाहिए।

इसके अलावा पेंशन को इस सेवा की आकर्षक शर्त बनाने के पीछे एक और कारण है, जिसकी ओर पर्याप्त ध्यान नहीं गया है: इससे नए स्वयंसेवक जुड़ने चाहिए। सेवा छोड़ने वालों की दर और रिक्तियों का स्तर खतरनाक तरीके से काफी ऊपर है। इसलिए यदि सैन्य बलों को स्वैच्छिक बलों के रूप में ही रखा जाना है, तो फिर भरतियां भी तेज होनी चाहिए। सम्मानजनक पेंशन भरती के लिए एक महत्वपूर्ण कारक है।ओआरओपी एक सम्मानजनक पेंशन है। ओआरओपी के गुणदोष पर बहस करने का समय बीत चुका है। इसका निर्णय यूपीए सरकार ने लिया था, जिसे एनडीए सरकार ने दोहराया। इसका श्रेय दोनों को साझा करना चाहिए।

लेकिन कुछ अविवादित तथ्य हैं: 17 फरवरी, 2014 को 2014—15 का अंतरिम बजट पेश करते हुए मैंने कहा था, "यूपीए सरकार के कार्यकाल के दौरान प्रतिरक्षा सेवा से संबंधित पेंशन नियमों में किए गए परिवर्तनों को तीन मौकों पर 2006 में, 2010 और 2013 में अधिसूचित किया गया था। नतीजतन 2006 से पहले सेवानिवृत्त होने वाले और 2006 के बाद सेवानिवृत्त होने वालों में से चार रैंकों में अंतर कम था (कुछ असंगतियां थीं, जिन्हें दूर किया जाना था)। ये रैंक थीं, हवलदार, नायब सूबेदार, सूबेदार और सूबेदार मेजर। इसलिए सरकार ने और आगे जाकर सभी रैंकों के सेवानिवृत्तों में अंतर को खत्म करने का फैसला लिया। मैं यह घोषणा करते हुए खुश हूं कि सरकार ने प्रतिरक्षा सेवा में वन रैंक वन पेंशन को सैद्धांतिक रूप से स्वीकार कर लिया है।"

## ओआरओपी क्या है?

26 फरवरी, 2014 को रक्षा मंत्रालय ने ओआरओपी को परिभाषित किया और सेना के तीनों अंगों के प्रमुखों को इसके बारे में सूचित किया गया: "ओआरपीओ से तात्पर्य है कि सैन्य बलों के सेवानिवृत्त होने वाले एक ही रैंक और समान अवधि तक सेवा देने वाले कर्मचारियों को चाहे उनकी सेवानिवृत्ति की तारीख कभी की भी हो समान पेंशन दी जाएगी और भविष्य में पेंशन की दरों में होने वाली बढ़ोतरी उनकी पेंशन में स्वतः ही जुड़ जाएगी। इससे वर्तमान और पहले सेवानिवृत्त हुए कर्मचारियों की पेंशन का अंतर खत्म हो जाएगा और भविष्य में होने वाली बढ़ोतरी भी स्वतः ही पूर्व में सेवानिवृत्त हुए कर्मचारियों को मिलने लगेगी।"

चार पेज और 12 पैराग्राफ वाले इस पत्र ने जो कुछ किया जाना है उसे लेकर कोई संदेह नहीं छोड़ा। शर्तों, तौर तरीकों और इसके अमल के बारे में विस्तार से स्पष्ट कर दिया गया था। 22 अप्रैल, 2014 को रक्षा लेखा महानियंत्रक की अध्यक्षता

में एक कार्य समूह की स्थापना की गई,जिसे जो जिम्मेदारी दी गई थी, उसमें विस्तृत वित्तीय प्रभाव का आकलन करना भी शामिल था। इसमें स्पष्ट किया गया था कि चूंकि ओआरओपी, एफए (डीएस) के मद में खर्च में पर्याप्त बढ़ोतरी अपेक्षित है, इसलिए आवश्यकता अनुसार अतिरिक्त फंड की जरूरत होगी।

काफी कुछ कहा गया कि अंतरिम बजट में सिर्फ पांच सौ करोड़ रुपये दिए गए। जैसा कि मैंने पहले कहा था कि यह एक अनुमान है और यह 'यूपीए सरकार की प्रतिबद्धता का बयाना' था। श्री अरुण जेटली ने 10 जुलाई, 2014 को अपने बजट भाषण में यह प्रतिबद्धता दोहराई। और उन्होंने कितनी राशि उपलब्ध कराई? उन्होंने कहा, "हम इस वर्ष की जरूरतों को पूरा करने के लिए एक हजार करोड़ रुपये का अलग से प्रस्ताव करते हैं!"

तो फिर सरकार क्योंकि इसमें किंतु–परंतु जोड़ रही है? सरकार इसमें ऐसे अड़ेंगे या शर्तें क्यों लगा रही है जिससे दो उत्तरोत्तर सरकारों की 'प्रतिबद्धता' कमजोर हो?

## आपत्तियों का नकार

इसमें रुकावट की सबसे बड़ी वजह नौकरशाही की अड़ंगेबाजी और आपत्तियों को अस्वीकार करने की सरकार की अक्षमता है। वायदे को आपत्तियों पर तरजीह देनी चाहिए, बावजूद इसके कि कुछ आपत्तियां सही क्यों न हो। वायदा किया गया था ओआरपीओ को एक अप्रैल, 2014 को लागू करने का, न कि एक जुलाई, 2014 को। वायदा किया गया था समान अवधि की सेवा के बाद समान रैंक से सेवानिवृत्त होने वाले समान कर्मचारियों को समान पेंशन देने का, न कि सेवानिवृत्ति का कारण देखने के बाद समान पेंशन देने का। वायदा था कि भविष्य में पेंशन की दरों में होने वाली बढ़ोतरी स्वतः ही पूर्व पेंशनरों को दे दी जाएगी, न कि हर पांच वर्ष में समायोजन कर देने का।

ओआरओपी एक परिभाषित पेंशन लाभ है और यह राष्ट्रीय पेंशन योजना (एनपीएस) से अलग है, जोकि अंशदान पर आधारित है। सैन्य सेवा में कम अवधि की नौकरी में कोई व्यक्ति सम्मानजनक पेंशन हासिल करने के लिए पर्याप्त योगदान नहीं कर सकता। इसीलिए ओआरपीओ की व्यवस्था है।

ओआरपीओ को लागू करने के लिए जैसे भी संसाधनों की जरूरत हों, तलाशे जाने चाहिए। 2010–11 में भारतीय रिजर्व बैंक ने (आरबीआई) ने सरकार को अधिशेष 15,009 करोड़ रुपये स्थानांतरित किए थे। किसने सोचा था कि आरबीआई 2015–16

में 65,896 करोड़ रुपये स्थानांतरित करेगा? यदि इच्छा हो तो कोई न कोई रास्ता तलाशा जा सकता है।

# पैटर्न को समझने की जरूरत

20 दिसंबर 2015

कहते हैं कि बगैर सोचे-विचारे जो काम किए जाते हैं, उनमें भी एक पैटर्न होता है।
बिहार चुनाव सभी के लिए सीख जैसे हैं। भाजपा को यह सीखने को मिला कि मोदी कोई तुरुप का इक्का नहीं है, जो हर राज्य में उसे जीत दिला दे। कांग्रेस को यह सीखने को मिला कि वह हर परिस्थिति में अकेले लड़ाई नहीं कर सकती। जनता दल (यूनाइटेड) और राष्ट्रीय जनता दल ने यह सीखा कि राजनीति में कोई स्थायी मित्र या स्थायी शत्रु नहीं होता और यह भी कि आपसी मित्रता बनाए रखने के लिए उनकी मशक्कत चुनाव के बाद भी जारी रहने वाली है।

इस चुनाव ने राज्य के क्षेत्रीय दलों को यह सीख दी कि अगर कोई पार्टी एक राज्य तक ही सीमित है, तो उसे अपनी पूरी ताकत उस राज्य में अपनी जड़ें मजबूत करने में लगानी चाहिए। कई वर्ष पहले यह सीख द्रविड़ मुनेत्र कषगम, ऑल इंडिया अन्ना द्रविड़ मुनेत्र कषगम और बीजू जनता दल को मिल गई थी। कालांतर में यही सीख अकाली दल और शिवसेना जैसे दलों को मिली। समाजवादी पार्टी और तृणमूल कांग्रेस को भी यह सीख मिल चुकी है और आम आदमी पार्टी भी जल्द ही इसे समझ लेगी।

सामान्य तौर पर उम्मीद यही की जा रही थी कि पूरे संयम के साथ राज्य के सभी अंग अपने कर्तव्यों को निभाएंगे।

### वैश्विक डर

संदर्भ को समझने के लिए जरूरी है कि वैश्विक हालातों पर गौर फरमाया जाए। 13

नवंबर, 2015 को पेरिस में और 2 दिसंबर, 2015 को अमेरिका के सैन बर्नाडिनो में आतंकवादी हमले के बाद दुनिया के हर देश ने खुद को असुरक्षित समझते हुए खुद को बाहरी दुनिया से समेट लिया। अफसोस की बात है कि अब आतंकवाद को अप्रवासी लोगों से जोड़ कर देखा जाने लगा है। कोई व्यक्ति अगर अश्वेत है, या उसने दाढ़ी बढ़ाई हुई है या फिर वह मुसलमान है, तो उसे संदेह की नजर से देखा जाता है। रूस और फ्रांस के बाद इंग्लैंड और अब तो जर्मनी भी अपनी सीमाओं के पार जाकर देश के दुश्मनों को सबक सिखाने के लिए सहमत हैं।

दुनिया के जितने समृद्ध और सैन्य तौर पर मजबूत देश हैं, उन सबके लिए आतंकवाद का एजेंडा सबसे ऊपर है। इन देशों का कुछ समय तो जलवायु परिवर्तन और वैश्विक व्यापार से जुड़े मुद्दों पर खर्च होता है। इन मुद्दों पर एक बार ये देश समझौते कर लेते हैं, तब वे फिर से आतंकवाद के मुद्दे पर लौट आएंगे। खासकर आईएसआईएस जैसे आतंकवादी समूहों की पहुंच और ताकत को देखते हुए इस मुद्दे पर आतंकवाद से सर्वाधिक पीड़ित देशों के नजरिये में खामियां ही दिखती हैं। ऐसे वैश्विक हालात में अगर किसी मोर्चे पर भारत को गिरावट का सामना करना पड़ता है, तो दुनिया उसे शायद ही नोटिस करे। फिलहाल भारत में यही हो रहा है।

26 नवंबर, 2015 से शुरू हुए संसद के सत्र में सरकार और विपक्ष के बीच संबंधों को मजबूत बनाने का सुनहरा मौका था। वस्तु एवं सेवा कर के मामले को आसानी से सुलझाया जा सकता था। मुख्य आर्थिक सलाहकार की अध्यक्षता वाली समिति की रिपोर्ट के जरिये तीन महत्पूर्ण बिंदुओं पर सहमति का मार्ग प्रशस्त किया जा सकता था। एक प्रतिशत अतिरिक्त कर को समाप्त होना ही था। विवाद प्रबंधन तंत्र के लिए भी कोई राज्य पूरी तरह से असहमत नहीं था और थोड़े–से कौशल के साथ एक रेट कैप भी बनाई जा सकती थी।

### नेशनल हेराल्ड मामला

एक सरकार को हमेशा अप्रत्याशित के लिए तैयार रहना चाहिए। मगर नेशनल हेराल्ड मामले में ऐसा लगता है, मानों जो हुआ, वह सरकार पहले ही उम्मीद कर रही थी। मानों सरकार को अदालत के फैसले का पूर्वानुमान था। फैसला आने के हफ्तों पहले सरकार हरकत में आ चुकी थी। एक निजी शिकायतकर्ता के पत्र के आधार पर सरकार ने प्रवर्तन निदेशालय के निदेशक को न केवल पदच्युत किया, बल्कि एक पुराना केस फिर से खोल दिया, जिसे पूर्व निदेशक बंद कर चुके थे। इन्हीं तैयारियों की वजह से

ही जब अदालत का फैसला सामने आया, तब सरकार और भाजपा के प्रवक्ता कांग्रेस पर आग उगलने के लिए तैयार बैठे थे।

फिर जब शब्दों के बाण चलने लगे, तो सत्य को घायल होना ही था। नेशनल हेराल्ड मामले में सत्य दरअसल ये था–

- एसोसिएट जर्नल्स लिमिटेड (AJL) की आय और संपत्ति एजेएल के पास ही सुरक्षित रही।
- एजेएल को कर्ज मुहैया कराने वाली कांग्रेस पार्टी थी, जिसके लिए उसने कांग्रेस नियंत्रित गैर लाभकारी कंपनी यंग इंडिया (YI) को कर्ज उपलब्ध कराया।
- यंग इंडिया ने इक्विटी के लिए एजेएल को कर्ज उपलब्ध कराया और एजेएल में वह बड़ी शेयरधारक बनी।
- एक भी रुपया एजेएल से बाहर निकाला गया। न एक भी रुपया यंग इंडिया को मिला और न ही एक भी रुपया यंग इंडिया ने किसी दूसरे को दिया।

इस लड़ाई में सरकार का कूदना जाहिर तौर पर बेवजह था।

## और भी मूर्खताएं

जब नेशनल हेराल्ड का मामला अदालत की ओर बढ़ रहा था, तभी सीबीआई ने दिल्ली के मुख्यमंत्री अरविंद केजरीवाल के कार्यालय में छापा मारा। सीबीआई का दावा था कि वह शिक्षा, स्वास्थ्य और सूचना प्रौद्योगिकी विभागों से जुड़ी पुरानी फाइलों की खोजबीन कर रही थी, जिनमें मुख्यमंत्री के सचिव ने कुछ वर्ष पहले काम किया था। सवाल यह उठता है कि इतनी पुरानी और दूसरे विभागों की फाइलों के मुख्यमंत्री ऑफिस में होने की उम्मीद भी सीबीआई कैसे कर सकती है। शायद इसका कोई जवाब नहीं है। अंततः सीबीआई को केजरीवाल के ऑफिस में वे फाइलें नहीं मिलीं और एक बार फिर से वह पिंजरे में बंद तोते वाली छवि पर खरी उतरी।

केजरीवाल के कार्यालय पर छापा मारने का मामला तूल पकड़ ही रहा था, ठीक तभी भाजपा द्वारा नियुक्त अरुणाचल प्रदेश के राज्यपाल ने राज्य की कैबिनेट की सलाह लेने की रिवाज की परवाह करे बगैर स्पीकर को पदच्युत करने के लिए विधानसभा की बैठक बुलाने का असाधारण फैसला लिया। इसके पीछे मंशा यही थी कि कांग्रेस के बागी विधायकों का सहारा लेकर राज्य में भाजपा की सरकार कायम की जाए।

नेशनल हेराल्ड मामले का अपराधीकरण, किसी मुख्यमंत्री के कार्यालय पर छापा

मारने का फैसला और एक संवदेनशील सीमावर्ती राज्य में सरकार को अस्थिर करने के लिए राज्यपाल का उपयोग करना मेरे ख्याल से पागलपन के सिवाय कुछ नहीं। क्या कोई इस पागलपन के पीछे छिपे पैटर्न की खोज कर सकता है।

# अर्थव्यवस्था

# सत्य, घृणित सत्य और सांख्यिकी

8 फरवरी 2015

सत्य दिल दुखाता है। यूपीए सरकार ने वह सुनहरा अवसर खो दिया, जो मई, 2004 में सत्ता से बाहर होने वाली एनडीए सरकार ने उसे भारतीय अर्थव्यवस्था को विकास के रास्ते पर मजबूती से खड़ा करके दिया था। वाजपेयी सरकार का आखिरी साल, 2003–04, आर्थिक बेहतरी के लिहाज से अब तक का सबसे अच्छा दौर था—सिर्फ 1947 के बाद से ही नहीं, बल्कि पिछली शताब्दी, ईस्ट इंडिया कंपनी के दौर, अकबर और अशोक के दौर, और उस दौर से भी अच्छा, जब हमारे पूर्वजों ने पाइथोगोरस के सिद्धांत की खोज की थी, और जब उन्होंने अंग प्रत्यारोपण और दूसरे ग्रहों में विमान भेजने में महारत हासिल की थी।

हमें अतीत को भूल ही जाना चाहिए। लोकतंत्र में स्मृतियां खतरनाक होती हैं। हमें अपनी स्मृतियों को हमारी व्यक्तिगत या राजनीतिक वरीयताओं के प्रिज्म से छानना चाहिए, ताकि हम अपनी धारणाएं निर्मित कर सकें।

## जीडीपी विकास दर को भूलो

हम 2004–05 से 2011–12 के बीच की जीडीपी विकास दर के आंकड़े को भूलकर शुरुआत करते हैं। लोगों को यह कहने दें कि जीडीपी देश की विकास दर को मापने की त्रुटिपूर्ण कसौटी है, यह भी कि हमारी विकास दर 2008–09 में गिर गई, और उसके बाद से अर्थव्यवस्था में सुधार नहीं लाया जा सका है, और यह भी कि अच्छे दिन आने वाले हैं। लोगों को यह कहने दें कि चीन ने अपनी बेहतरीन विकास दर

पिछले 10 वर्षों में हासिल की, जिसका मतलब यह भी है कि इस दौरान भारत की विकास दर सबसे नीचे थी। चूंकि भारत की तुलना संभव है, इसलिए दूसरे देशों के बारे में चिंतित होने की जरूरत नहीं है।

## जीडीपी की तुलना

### यूपीए–1 के दौरान विकास दर (% साल दर साल)

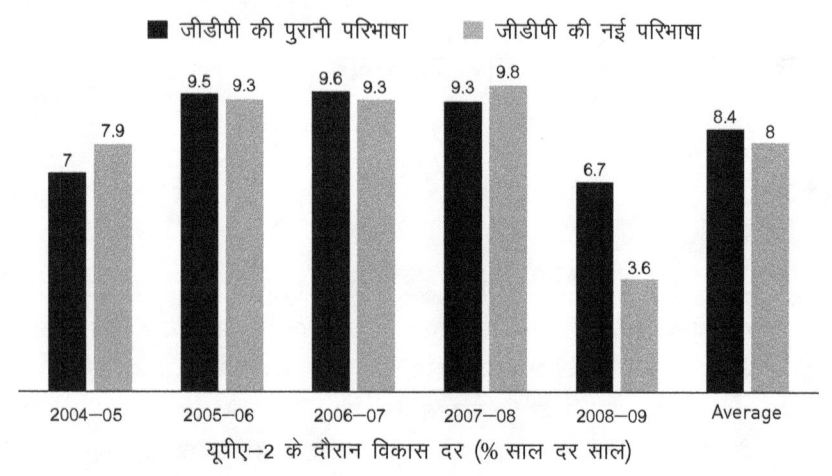

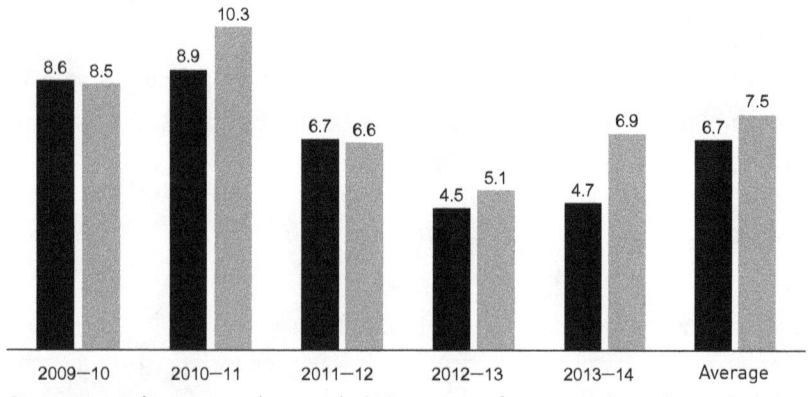

■ जीडीपी की पुरानी परिभाषा   ▨ जीडीपी की नई परिभाषा

| वर्ष | पुरानी | नई |
|---|---|---|
| 2004–05 | 7 | 7.9 |
| 2005–06 | 9.5 | 9.3 |
| 2006–07 | 9.6 | 9.3 |
| 2007–08 | 9.3 | 9.8 |
| 2008–09 | 6.7 | 3.6 |
| Average | 8.4 | 8 |

### यूपीए–2 के दौरान विकास दर (% साल दर साल)

■ जीडीपी की पुरानी परिभाषा   ▨ जीडीपी की नई परिभाषा

| वर्ष | पुरानी | नई |
|---|---|---|
| 2009–10 | 8.6 | 8.5 |
| 2010–11 | 8.9 | 10.3 |
| 2011–12 | 6.7 | 6.6 |
| 2012–13 | 4.5 | 5.1 |
| 2013–14 | 4.7 | 6.9 |
| Average | 6.7 | 7.5 |

नोट—2012–13 और 2013–14 के नए नंबरों के लिए आधार वर्ष 2011–12 और पुराने आंकड़ों के लिए 2004–05 है। बाकी के लिए आधार वर्ष 2004–05 है।
स्रोत—एमओएसपीआई

यह भूल जाएं कि सितंबर, 2008 में लेहमान ब्रदर्स के ध्वस्त होने के साथ मंदी की शुरुआत हुई थी। दीवालिया होना कोई असाधारण चीज नहीं है, इसलिए इस पर इतना हायतौबा मचाने की क्या जरूरत है? बल्कि हमें खुद को यह कहने दें कि वह मंदी दरअसल आर्थिक विकास का दौर थी, और फिर यह मंदी ही तो थी, 1930 की महामंदी तो नहीं थी। इसके बावजूद यूपीए सरकार 2012–13 और 2013–14 में 5 फीसदी से नीचे की ही आर्थिक विकास दर हासिल कर सकी। (हालांकि इसे एक साथी अनंत द्वारा संशोधित कर क्रमशः 5.1 और 6.9 कर दिया गया है)।

हम खुद को मूर्ख न बनाएं कि 5.1 प्रतिशत से 6.9 की विकास दर तक पहुंचना एक 'सुधार' था। हम यह भी भूल जाएं कि यूपीए के 10 वर्षों में औसत विकास दर 7.5 फीसदी (या साथी अनंत के मुताबिक 7.7 प्रतिशत) थी। यह आजादी के बाद किसी एक दशक में हासिल सर्वाधिक विकास दर थी। पर उससे क्या? वैदिक काल में हमने इससे भी ऊंची विकास दर हासिल की है, जिसे भारतीय विज्ञान कांग्रेस में पढ़े गए एक पर्चे में निर्णायक ढंग से साबित भी किया गया है। अगली भारतीय मिथक कांग्रेस में पढ़े जाने वाले एक दूसरे पर्चे में इसे फिर से साबित किया जाएगा। बहरहाल, 7.5 फीसदी या 7.7 फीसदी जो भी विकास दर यूपीए के दौर में हासिल की गई, वह एनडीए सरकार के दौर में 2003–04 में हासिल 7.9 प्रतिशत की विकास दर से कम है। इससे भी कोई फर्क नहीं पड़ता कि एनडीए की वह विकास दर एक साल में हासिल की गई, जबकि यूपीए की वह दर एक दशक की औसत विकास दर है। लोग औसत अंक के बजाय किसी एक अंक के बारे में ढिंढोरा पीटना ज्यादा पसंद करते हैं, क्योंकि वे सरल अंक को ज्यादा पसंद करते हैं।

## उपलब्धियों को भूल जाएं

इन आंकड़ों को भूल जाएं, जो कहते हैं

1. कि 2003–04 में खाद्यान्न उत्पादन 20.20 करोड़ टन थी, जो 2013–14 में बढ़कर 26.40 करोड़ टन हो गई।
2. कि बिजली उत्पादन की स्थापित क्षमता मार्च, 2004 के 1,12,683 मेगावाट से बढ़कर मार्च, 2014 में 2,43,028 मेगावाट हो गई।
3. कि टेली घनत्व मार्च, 2004 में प्रति सौ लोगों में 7 थी, जो मार्च, 2014 में प्रति सौ में 75 लोग हो गया।
4. कि यूपीए के सत्ता में आने के समय गरीबी का अनुपात जो भी रहा हो, उसके दौर में गरीबी 15 फीसदी घटी।

साथी अनंत का आंकड़ा भी यह कहता है कि यूपीए के कार्यकाल में जीडीपी में सरकार खर्च का अनुपात घटा। 2003–04 में सार्वजनिक कर्ज जीडीपी का 61.1 प्रतिशत था, जो 2013–14 में घटकर 49.4 फीसदी रह गया। जबकि चालू खाते का घाटा जीडीपी के 1.7 फीसदी पर बरकरार रहा। मार्च, 2014 के अंत में देश की वित्तीय सेहत अच्छी, बल्कि मजबूत थी। उस समय मैन्यूफैक्चरिंग क्षेत्र की हिस्सेदारी जीडीपी का 17.3 प्रतिशत थी, 12.9 फीसदी नहीं, जैसा कि यकीन किया जाता है। यह बताना गलत है कि 2013–14 में मैन्यूफैक्चरगि और खनन क्षेत्र का प्रदर्शन खराब था।

जबकि उनकी वास्तविक विकास दर क्रमशः 5.4 और 5.3 फीसदीथी। श्मेक इन इंडियाश की तब तक शुरुआत हो चुकी थी।

## नए विचारों को भूल जाएं

यह भूल जाएं कि सत्ता में रहते हुए यूपीए सरकारफर्टिलाइजरों के लिए पोषक आधारित सब्सिडी, आधार और डाइरेक्टबेनिफिट ट्रांसफर (डीबीटी) जैसे नए विचार लाई थी। इसने गुड्स ऐंड सर्विस टैक्स (जीएसटी) तथा डाइरेक्ट टैक्स कोड जैसे विकास दर बढ़ाने वाले सुधारों का खाका तैयार किया था। आइए, इस पर हंसें कि (संसद में बहुमत न होने के कारण) यूपीए इन सुधारों पर तेजी से अमल नहीं कर पाई, इसलिए उसका राजनीकित जनाधार मजबूत नहीं हो पाया।

ये असुविधाजनक सच हैं, इसलिए बेहतर यही होगा कि इन्हें अपनी स्मृति की किसी गुफा में छोड़ दिया जाए। उस कलमघ़िस्सू की अनदेखी कर दें, जिसने अपने संपादकीय में लिखा था, 'पिछली सरकार ने अर्थव्यवस्था के मोर्चे पर शानदार काम किया था, लेकिन वह खुद इसका नोटिस नहीं ले पाई, न ही इस बारे में जनता को बता पाई।'

आइए, सच को भ्रष्टाचार के आरोपों से ढक दें। ऐसा करें कि हम कुछ न करें–कम से कम तय प्रक्रिया के तहत तो नहीं ही–हम 'एक जादू–टोना करने वाली' और 'जबरन जला देने वाली' के बीच रहें।

सचकी आलोचना होनी चाहिए। जबकि सांख्यिकी झूठ होते हैं।

यह समय अनंत, अविनाश चंदर और सुजाता सिंह को जाने के लिए कहने का है।

# चौदहवां वित्त आयोगः उदारता एक गलती?

1 मार्च 2005

असहमति बहस की आत्मा है। अमेरिकी सुप्रीम कोर्ट के जस्टिस फेलिक्स फ्रेंकफर्टर और भारत के सर्वोच्च न्यायालय के न्यायमूर्ति के सुब्बा राव ने असहमत होने वाले कई चर्चित फैसले लिखे हैं। भारतीय न्यायपालिका के इतिहास में असहमति का सबसे बड़ा फैसला एडीएम जबलपुर मामले में न्यायमूर्ति एच आर खन्ना ने लिखा था। अमेरिकी सुप्रीम कोर्ट के चीफ जस्टिस ह्यूजेस के मुताबिक, 'अदालत जैसे आखिरी दरवाजे में असहमति कानून की विचारशील भावना से, भविष्य के एक दिन से अपील है, जब बाद का एक निर्णय संभवतः गलती को सुधार दे...।'

अभिजीत सेन को शायद इससे थोड़ी राहत मिलेगी कि चौदहवें वित्त आयोग (एफएफसी) की रिपोर्ट पर चार पेज का अपना असहमति पत्र लिखते हुए वह अकेले नहीं थे। एफएफसी के चेयरमैन और दूसरे सदस्यों ने अभिजीत सेन की चिट्ठी का जवाब एक पैराग्राफ में लिखकर उनकी आशंकाओं को जिस तरह खारिज कर दिया था, उसका उत्तर बेहद सुचिंतित ढंग से लिखा जाना जरूरी है।

यह उसी का जवाब है, यहां हम इस मुद्दे पर वस्तुनिष्ठ ढंग से विचार करते हैं।

### राज्यों को फंड का स्थानांतरण

क्या केंद्र सरकार द्वारा राज्य सरकारों को ज्यादा संसाधन स्थानांतरित करना चाहिए? मेरा विचार है कि हां, जरूर। संसाधनों का स्थानांतरण चार मदों में होता है। ये हैं–

1. करों और शुल्कों में राज्यों की हिस्सेदारी (संविधान के अनुच्छेद 270 के तहत यह अनिवार्य है);
2. गैरयोजनागत आवंटन और कर्ज (विवेकाधीन, मंत्रालयों और विभागों के विवेक पर आधारित)
3. राज्यों की योजनाओं में केंद्रीय सहायता (योजना आयोग और संबंधित राज्यों के बीच के समझौते पर आधारित);
4. केंद्र सरकार की योजनाओं के लिए केंद्रीय सहायता (विवेकाधीन, लेकिन बोझ सहन करने के सिद्धांत पर आधारित)।

लंबे समय से मेरा यह मानना रहा है कि करों और शुल्कों में राज्यों की हिस्सेदारी, जो कि केंद्र द्वारा वसूला जाता है, बढ़नी चाहिए। मेरा यह भी मानना रहा है कि केंद्र सरकार की योजनाएं बहुत कम होनी चाहिए, और इन योजनाओं की पूरी फंडिंग केंद्र द्वारा की जानी चाहिए। अगर ऐसा वाकई होता, तो फिर कोई विवाद ही नहीं रहता। तब राज्य सरकारें करों और शुल्कों के बढ़े हुए हिस्से और अपने स्तर पर पैदा किए गए संसाधनों के बूते जो चाहे, करतीं।

लेकिन ऐसा नहीं हुआ। दरअसल केंद्र चाहता था कि राज्य सरकारें उनकी योजनाएं लागू करेय केंद्र यह भी चाहता था कि राज्य सरकारें अपनी योजनाएं रोक दें। राज्यों ने इसके लिए पैसे मांगे, तो कुल बजटीय समर्थन की शुरुआत हुई, और योजना आयोग मध्यस्थ की भूमिका में सामने आया। इसके अलावा जैसे केंद्र के पास गैर योजनागत परियोजनाएं होती हैं, वैसे ही राज्यों के पास गैर योजनागत परियोजनाएं होती हैं, लिहाजा इनके लिए भी उन्होंने केंद्र से पैसे मांगने शुरू किए। ऐसे में संविधान का अनुच्छेद 275 काम आया। सहयोगी संघवाद की जगह, केंद्र और राज्य सरकारें संविधान के अनुच्छेद 275 के तहत फंड के स्थानांतरण के लिए झगड़ने लगीं।

## यूपीए ने शुरुआत की

दो जनवरी, 2013 को यूपीए सरकार ने संविधान के अनुच्छेद 280 के तहत चौदहवें वित्त आयोग का गठन किया। इसके गठन के पीछे 'उन सिद्धांतों पर अमल करना था, जिन्हें राज्यों में राजस्व के अनुदान—और मदद को दिशा देनी चाहिए।' इसके अलावा, 17 फरवरी, 2014 को अंतरिम बजट पेश करते हुए मैंने यह घोषणा की थी कि केंद्र द्वारा वित्तपोषित योजनाओं को (सीएसएस) कुल 66 योजनाओं में पुनर्गठित किया

गया है, जिनके लिए राज्यों को फंड का आवंटन केंद्रीय सहायता के तौर पर किया जाएगा। नतीजतन राज्यों की योजनाओं में केंद्रीय सहायता 2013–14 के 1,36,254 करोड़ रुपये से बढ़कर 2014–15 में 3,38,562 करोड़ रुपये हो गई। जाहिर है, राज्यों को सहायता बढ़ाने की शुरुआत यूपीए ने की। जुलाई, 2014 में नियमित बजट पेश करते हुए अरुण जेटली ने भी राज्यों को मदद के मद में बढ़ी राशि को बरकरार रखा।

चौदहवें वित्त आयोग ने इस प्रक्रिया को और गति दी। पुरानी परंपरा से अलग हटते हुए इसने राज्यों के करों और शुल्कों की हिस्सेदारी 32 प्रतिशत से बढ़ाकर 42 फीसदी कर दी। इसने सिर्फ राजस्व घाटा, आपदा राहत और स्थानीय निकायों के लिए ही अनुदानों को स्वीकृति दी। बाकी सभी अनुदानों पर इसने कैंची चला दी। इसके बजाय चौदहवें वित्त आयोग ने स्वास्थ्य, शिक्षा, पेयजल और साफ–सफाई के मद में अनुदान के लिए अलग से एक सांस्थानिक प्रबंध की सिफारिश की। इसका नतीजा–राज्यों को ज्यादा एकीकृत फंड मिलने लगे। और उम्मीद–राज्यों के कंधों पर ज्यादा वित्तीय जिम्मेदारी डाल दी गई।

## सेन की सहमति और असहमति

अभिजीत सेन ने चौदहवें वित्त आयोग की मूलभूत सिफारिशों से असहमति नहीं जताई है। उनकी मुख्य चिंता इस पर है कि 'अतीत की व्यवस्था में इतना बड़ा बदलाव योजनाओं के स्थानांतरण को बाधित करेगा और इसका असर पहले साल ही दिखने लगेगा।' इसलिए उन्होंने यह सिफारिश की है कि करों में राज्यों की हिस्सेदारी तब तक 38 प्रतिशत ही रखी जाए, जब तक दूसरे सांस्थानिक प्रबंध पर सहमति नहीं बन जाती। श्री सेन का कहना है कि एक बार सहमति हो जाने के बाद राज्यों की हिस्सेदारी बढ़ाकर 42 फीसदी कर देनी चाहिए।

वित्त आयोग के चेयरमैन व दूसरे सदस्यों ने इसका जवाब यह दिया कि 'परिवर्तन की प्रक्रिया और उसके लिए सही व्यवस्था क्या होगी, यह तय करना जिम्मेदार प्राधिकरण का काम है।' इस पूरे मामले में केंद्र सरकार अपने को बचाते हुए आगे बढ़ी है। उसने करों और शुल्कों में राज्यों की हिस्सेदारी बढ़ाकर 42 प्रतिशत करने पर अपनी सहमति दे दी है, लेकिन राजस्व के अनुदान–और मदद तथा राजस्व घाटा के समय मदद से संबंधित सिफारिशों पर सिर्फ 'सैद्धांतिक सहमति' ही जताई है। सरकार ने उपयुक्त सांस्थानिक व्यवस्था बनाने का भी वायदा किया है।

यह सारा कुछ रहस्यपूर्ण लगता है। श्री सेन ने सामान्य केंद्रीय सहायता (योजना

में), राष्ट्रीय कृषि विकास योजना और पिछड़ा क्षेत्र सहायता कोष का जो खासकर उल्लेख किया है, वह वाकई एक महत्वपूर्ण हस्तक्षेप है। श्री सेन ने 'भविष्य के एक समझदारी भरे दिन' से अपील की है। वह दिन बीता हुआ कल था, और जब आप रविवार को यह कॉलम पढ़ेंगे, तब आप जानेंगे कि सरकार को एक संतोषजनक समाधान मिला है या नहीं।

# कौन चाहता है 40 रुपये का डॉलर?

5 अप्रैल 2015

आखिर कौन एक अमेरिकी डॉलर का मूल्य चालीस रुपये चाहता है? प्रधानमंत्री नरेंद्र मोदी ऐसा नहीं चाहते। न ही सुषमा स्वराज (जिन्होंने अगस्त 2013 में बेहद चर्चित ट्वीट किया था, 'रुपया अपना मूल्य खो चुका है और प्रधानमंत्री अपनी चमक')। अब चीजें बर्दाश्त के बाहर हैं। ऐसे में उन्हें चुनावी अभियान के दौरान किए गए वायदे की याद दिलाना शिष्टता नहीं होगी। वैसे हमें खुश होना चाहिए कि सरकार ने अपना वह वायदा पूरा नहीं किया। वित्त मंत्री अरुण जेटली उस वक्त विवेक की प्रतिमूर्ति की भांति दिखे थे, जब कुछ दिन पहले उन्होंने कहा था, 'सरकार यह जरूर चाहेगी कि रुपया अपना वास्तविक मूल्य प्रतिबिंबित करे।' हालांकि वह इस तथ्य से वाकिफ थे कि वित्तीय वर्ष 2014.15 में यूरो की तुलना में रुपये का 20 प्रतिशत से कुछ ज्यादा अधिमूल्यन हुआ है। गौरतलब है कि छह देशों की मुद्राओं की तुलना में रियल इफेक्टिव एक्सचेंज रेट (आरईईआर) यानी व्यापार भारित वास्तविक प्रभावी दर फरवरी, 2014 के 109.58 से बढ़कर फरवरी, 2015 में 124.34 हो गया। समझने वाली बात है कि आरईईआर में बदलाव विभिन्न देशों की मुद्राओं की चयनित सूची की तुलना में रुपये के सापेक्षिक मूल्य में बदलाव को दर्शाता है। हालांकि ऐसा कभी-कभार ही होता है कि कोई मुद्रा वर्ष के हर दिन अपने वास्तविक मूल्य में व्यापार करती हो। मगर यह बिल्कुल स्वाभाविक है कि हर मुद्रा को वक्त-वक्त पर अधिमूल्यन या अवमूल्यन के थपेड़ों का सामना करना पड़ता है। लेकिन लंबे समय में हर मुद्रा अपने वास्तविक मूल्य को प्रतिबिंबित जरूर करती है।

## रुपये का मूल्य बदलेगा

उल्लेखनीय है कि बहुत से कारक रुपये के मूल्य को प्रभावित करते हैं। इनमें सबसे प्रमुख कारक है कि मुख्य व्यापारिक सहयोगी देशों में मुद्रास्फीति की दरों के सापेक्ष हमारे देश में यह दर क्या है। दूसरा कारक वे अंतर्प्रवाह और बर्हिप्रवाह हैं, जो मुद्रा को मजबूत या कमजोर बनाने की ताकत रखते हैं। तीसरा कारक भारत में उत्पादकता में बदलाव से जुड़ा है। प्रमुख विकसित देशों की मौद्रिक नीतियां भी भारत जैसे विकासशील देशों की मुद्रा पर असर डालती हैं। 2014 का वर्ष कई मायनों में असामान्य रहा। जहां निम्न मुद्रास्फीति व नीची विकास दर और तेल व कमोडिटी के मूल्य में अभूतपूर्व गिरावट से विकसित अर्थव्यवस्थाएं जूझती रहीं। वहीं भारत की ऊंची ब्याज दरों ने विदेशी फंड को काफी मात्रा में आकर्षित किया। चालू खाता घाटा नियंत्रित रहा और राजकोषीय सुदृढ़ीकरण भी अपनी दिशा से नहीं भटका। रुपये का मूल्य काफी हद तक स्थिर रहा खासकर डॉलर के मुकाबले। मगर यहीं से नई समस्याएं पैदा होने लगीं। दूसरी मुद्राओं के मुकाबले रुपये का अधिमूल्यन शुरू हुआ, जिससे निर्यात पर असर पड़ा। फरवरी 2015 में निर्यात में पिछले वर्ष की तुलना में 15 फीसदी की गिरावट आई। यह गिरावट का लगातार तीसरा महीना था। इस दौरान चर्म व चर्म उत्पादों और इंजीनियरिंग व इलेक्ट्रॉनिक्स उत्पादों समेत विनिर्मित वस्तुओं के निर्यात में भी पिछले वर्ष के मुकाबले नकारात्मक वृद्धि हुई। ऊंची विकास दरों के साथ अपनी समस्याएं जुड़ी थीं। विनिर्माताओं और निर्यातकों की प्रतिस्पर्द्धी क्षमता खत्म–सी होने लगी। खासकर पूंजी बाजारों में विदेशी फंड के ज्यादा अंतर्प्रवाह ने रिजर्व बैंक को विदेशी मुद्राएं (खासकर डॉलर) खरीदने को मजबूर कर दिया, ताकि रुपये के अधिमूल्यन पर अंकुश लगाया जा सके। गौरतलब है कि अगर विनिमय दर के प्रबंधन को वरीयता दी जाने लगती है, तो मुद्रास्फीति से निपटने के प्रयासों को आघात पहुंचता है।

## आशंकाओं के बादल

सवालों के बादल मंडरा रहे हैं। अमेरिकी फेडरल रिजर्व क्या करेगा? क्या वह ब्याज दरों में बढ़ोतरी करेगा? दूसरा संकट निर्यात में गिरावट का है। दरअसल निर्यात से होने वाली आय विदेशी विनिमय का स्थायी स्रोत है। निर्यात में बढ़ोतरी से विनिर्माण क्षेत्र सशक्त होता है, विविध सेवाओं की मांग बढ़ती है और रोजगार सृजन में भी मदद मिलती है। मुझे आशंका है कि हम 2014–15 के निर्यात लक्ष्य को पाने में पीछे रह

सकते हैं। यह भी आशंका है कि हम शायद 2013—14 के निर्यात मूल्य (312 अरब डॉलर) की ही बराबरी कर पाएं। प्रमुख निर्यातों, मसलन टेक्सटाइल, बहुमूल्य रत्न व आभूषण और ड्रग व फॉर्मास्युटिकल्स की कुल निर्यात में भागेदारी में कमी आई है। तीसरी चिंता बुनियादी क्षेत्रों में कमजोर प्रदर्शन की है। ऐसे आठ क्षेत्रों में वृद्धि की समग्र दर फरवरी, 2014 में 6.1 प्रतिशत की तुलना में, फरवरी, 2015 में 1.4 फीसदी रह गई। इन आठ क्षेत्रों में से केवल कोयला, सीमेंट और विद्युत क्षेत्र ने क्रमशरू 11.6, 2.7 और 5.2 प्रतिशत की बढ़ोतरी दर्शाई। इस्पात क्षेत्र में आई गिरावट खास चिंता का सबब बनी हुई है। फरवरी 2014 के अंत में 11.5 प्रतिशत से फरवरी, 2015 में यह (—)4.4 प्रतिशत रह गई है। इसके अलावा पश्चिम एशिया के हालात और इससे तेल के मूल्यों पर जो दबाव पड़ेगा, वह भी सरकार के लिए चिंता का विषय होना चाहिए। फिर बेमौसम बरसात ने 106 लाख हेक्टेयर भूमि पर फसलों को प्रभावित किया है। निजी मिल मालिकों ने ऑस्ट्रेलिया से 80 हजार मीट्रिक टन गेहूं के आयात के लिए तमाम समझौते किए हैं।

## बाधाओं को दूर करें

इन हालात के बीच रुपये का मूल्य सबसे कम चिंता की बात होनी चाहिए, खासकर तब, जबकि घोषित नीति यह है कि बाजार ही विनिमय दर का निर्धारण करेंगे। दुर्भाग्य की बात है कि चुनावों के दौरान की जाने वाली बड़ी—बड़ी बातों और तथाकथित गर्व की भावना में यह मुद्दा धुंधला पड़ गया था। अगर वाकई विनिमय दर ही राष्ट्रीय गर्व का पैमाना है, तो भारत की तुलना में जापान में यह भावना केवल आधी होनी चाहिए, जहां एक डॉलर का मूल्य 120 येन है। वहीं चीन में राष्ट्रीय गर्व की भावना भारत से दस गुना ज्यादा होनी चाहिए, क्योंकि वहां एक डॉलर का मूल्य 6.2 युआन है। मेरी सलाह है कि जब तक असामान्य अस्थिरता की स्थिति न हो, रुपये को नहीं छेड़ा जाना चाहिए। सरकार और रिजर्व बैंक के काम अलग—अलग निर्धारित हैं। प्रधानमंत्री महोदय को सख्ती के साथ सभी व्यवधानों (धर्मांतरण, गौ—हत्या पर प्रतिबंध, संसद का संयुक्त सदन, गुजकोका और विदेश यात्राओं) से निपटते हुए अर्थव्यवस्था पर ध्यान फोकस करना चाहिए। निर्यात में बढ़ोतरी, विद्युत उत्पादन, इस्पात, स्टील व उर्वरक का विनिर्माण, सड़क व रेलवे जैसी बुनियादी संरचनाओं के विकास की गति तेज करने और हर क्षेत्र में उत्पादकता में बढ़ोतरी करने पर ही हालात में सुधार निर्भर हैं। खोने के लिए हमारे पास बिल्कुल समय नहीं है।

# थोड़ी महंगाई भी जरूरी है

26 अप्रैल 2015

महंगाई में आई कमी को लेकर हर कोई संतुष्ट दिख रहा है।
 महंगाई की दर में गिरावट नवंबर 2013 से शुरू हुई थी। यही वह महीना था, जब उपभोक्ता मूल्य सूचकांक और थोक मूल्य सूचकांक महंगाई की दरें अपने शिखर पर थीं। हालांकि महंगाई में गिरावट एक जैसी नहीं रही। नवंबर 2014 में थोक मूल्य सूचकांक महंगाई की दर शून्य तक पहुंच गई। मार्च 2015 में प्रकाशित आंकड़ों में थोक मूल्य सूचकांक की दर को –2.33 फीसदी और उपभोक्ता मूल्य सूचकांक को 5.17 फीसदी अनुमानित किया गया।

## प्रसन्न शहरी उपभोक्ता

इस वक्त जो हालात हैं, उनमें खासकर शहरी उपभोक्ता सबसे ज्यादा खुश हैं। इनमें भी सबसे ज्यादा खुश परिवार की महिला है, क्योंकि उसी को परिवार के लिए ज्यादातर चीजें और सेवाएं खरीदनी पड़ती हैं। हालांकि कुछ खाद्य वस्तुओं की बढ़ी हुई कीमतों के चलते वह थोड़ी नाखुश भी है। अगर वर्ष दर वर्ष महंगाई की बढ़ी हुई दर की बात करें तो दालों के मामले में यह 2.32 प्रतिशत, दूध और दुध आधारित उत्पादों में 8.35 प्रतिशत, सिब्जयों में 11.26 प्रतिशत, फलों में 7.41 प्रतिशत और मांस, मछली व मुर्गी में 5.11 प्रतिशत रही
 गौरतलब है कि हर उत्पाद या सेवा के पीछे एक उत्पादनकर्ता या सेवा प्रदाता होता है। इस समय जो हालात हैं, उनमें सामान्य तौर पर उपभोक्ता तो खुश हैं, मगर

उत्पादक वर्ग परेशान है। इनमें सबसे बुरी हालत तो किसानों की है। कुछ किसानों को छोड़कर (कठोर कानूनों के बावजूद जिन्होंने अपनी जमीनें बचाई हुई हैं) ज्यादातर किसान छोटे और गरीब हैं। नेशनल सेम्पल सर्वे ऑफिस द्वारा जारी कृषिगत परिवारों पर किए गए एक सर्वे के मुताबिक देश के 40 फीसदी परिवार कृषि क्षेत्र से ताल्लुक रखते हैं। इनकी अनुमानित संख्या नौ करोड़ से ज्यादा है और इनमें भूमिहीन कृषि श्रमिक परिवार शामिल नहीं हैं। सर्वे के मुताबिक 70 फीसदी ऐसे परिवारों के पास एक हेक्टेयर से भी कम जमीन है।

तय मान लीजिए कि वर्तमान हालात में ये छोटे किसान हमेशा ही गरीब बने रहेंगे, बशर्ते अपने खेत में कोई दबा सोना या तेल का स्रोत इनके हाथ न लग जाए। इन्हें दरअसल मदद की जरूरत है। अपनी कृषिगत आय बढ़ाने के लिए इन किसानों को जरूरत है, अपनी गैर कृषिगत आय बढ़ाने की। खुद को या फिर अपने बच्चों को गैर कृषिगत गतिविधियों में लगाने के लिए उन्हें मदद की जरूरत है। उनके बच्चों को शिक्षा और खेती के अलावा दूसरे कौशल सीखने की जरूरत है। यह अफसोस की बात है कि अगर विकल्प हों, तो ऐसे किसान तुरंत खेती छोड़ना चाहते हैं। मगर ज्यादातर किसानों के पास विकल्प नहीं हैं। सोचिए कि कल अगर ये किसान खेती किसानी छोड़ देंगे, तो करेंगे क्या।

### निराश उत्पादक-किसान

बाकी देश के लिए यह जरूरी है कि ये किसान अपनी खेती जारी रखें। किसानों के खेती छोड़ने का ख्याल ही उनके लिए किसी भयावह सपने जैसा है। पिछले कृषि वर्ष में देश में 96 मिलियन टन गेहूं, 103 मिलियन टन धान, 18.4 मिलियन टन दालें, 355 मिलियन टन गन्ना और कपास की 35 मिलियन गांठों का उत्पादन किया गया। अगर हमारे किसानों ने खेती छोड़ दी, तो इन सबका उत्पादन कौन करेगा। मूल्यों में गिरावट के चलते कृषि क्षेत्र संकट में है। भारतीय अर्थव्यवस्था पर्यवेक्षण केंद्र के आंकड़ों पर जरा नजर डालें। इसमें मार्च 2014 से मार्च 2015 के दौरान भारत के विभिन्न बाजारों के औसत मासिक थोक मूल्यों का उल्लेख किया गया है। उत्पादक इन्हीं मूल्यों को पाने की उम्मीद कर सकता है।

मूल्यों में गिरावट ने उत्पादक किसानों को हालत और खस्ता कर दी और उन पर कर्ज का बोझ भी बढ़ा दिया। इतना ही नहीं, बेमौसम बरसात, सूखा, ओले (22 अप्रैल को बिहार में) और मानसून की कमी के मौसम पूर्वानुमानों ने किसानों की परेशानियों

को बढ़ाया है। इस मामले में सरकार भी कोई कम जवाबदेह नहीं है। न्यूनतम समर्थन मूल्य में आंशिक बढ़ोतरी, अपर्याप्त खरीद, उर्वरकों के दामों में बढ़ोतरी, फसल में होने वाले नुकसानों के लिए कम भुगतान इत्यादि कारकों के चलते सरकार ने भी किसानों की मुश्किलों को बढ़ाया है।

|  |  | प्रति क्विंटल मूल्य |
|---|---|---|
|  | मार्च 2014 | मार्च 2015 |
| गेहूं | 1,645 | 1,545 |
| धान | 1,470 | 1,445 |
| चीनी | 3,249 | 3,057 |
| कपास | 5,014 | 4,060 |
| रबर | 14,151 | 10,723 |

हालांकि यह भी सच है कि ये हालात एक दम से पैदा नहीं हुए हैं। गौरतलब है कि हर सरकार को ऐसी मुश्किलों से जूझना पड़ता है। यूपीए सरकार ने भी अपने ढंग से इनका समाधान ढूंढने की कोशिश की थी। मसलन, 2006 में किसानों को वैकल्पिक आय उपलब्ध कराने के लिए महात्मा गांधी राष्ट्रीय ग्रामीण रोजगार गारंटी अधिनियम की शुरुआत, कर्ज से आंशिक राहत दिलाने के लिए 2008 में किसानों की दी गई कर्ज राहत और 2004 से 2014 तक न्यूनतम समर्थन मूल्य में उल्लेखनीय बढ़ोतरी। खाद्य सुरक्षा अधिनियम, 2013 किसानों की आय बढ़ाने का एक अप्रत्यक्ष साधन था। भूमि अधिग्रहण पुनर्वास और पुनर्स्थापन कानून 2013 ने भी एक रास्ता सुझाया था, जिससे छोटे किसान अपनी मर्जी से कृषि छोड़कर अर्थव्यवस्था के दूसरे क्षेत्रों को अपना सकें। सरकार की इन कोशिशों का ही फल था कि 2009-14 के दौरान कृषि क्षेत्र में 4.06 फीसदी का रिकॉर्ड विकास देखने को मिला। हालांकि इसके बाद भी किसानों के लिए काफी कुछ करना बाकी था, जिसे पूरा करना उत्तरवर्ती सरकार का दायित्व था।

## अपस्फीति और इसके प्रभाव

महंगाई में कमी की तमाम वजहे हैं। फिलहाल इसकी सबसे बड़ी वजह तो कच्चे तेल और कमोडिटी के अंतरराष्ट्रीय मूल्यों में आई तेज गिरावट है। पर्याप्त मांग का न होना भी इसकी बड़ी वजह है। हालांकि उत्पादकता के बढ़ने से आपूर्ति में बढ़ोतरी

और फिर मूल्यों में कमी आ सकती है, मगर कृषि और विनिर्माण क्षेत्र में उत्पादकता में एकाएक बढ़ोतरी के तो कोई संकेत मिले नहीं हैं। ज्यादातर विचारकों का मानना है कि मांग में उल्लेखनीय कमी दिख रही है, जिसके प्रमाण हैं— बैंक कर्ज की विकास दर में कमी (2014—15 में 12.6 प्रतिशत), व्यापारिक निर्यात में कमी (पिछले वर्ष के 314 अरब अमेरिकी डॉलर की तुलना में 2014—15 में 310 अरब अमेरिकी डॉलर) और इसके अलावा सबसे पुख्ता प्रमाण है नए निवेशों का अभाव।

उपभोक्ताओं को दरअसल उत्पादकों को लेकर अपने नजरिये को बदलने की जरूरत है। उत्पादकों को अपने हिस्से का मुनाफा मिलना ही चाहिए। अगर उन्हें घाटा सहना पड़ेगा तो जाहिर है कि वे उत्पादन करना ही बंद कर देंगे। मुनाफा होने पर ही उत्पादन, रोजगार और नए निवेश को प्रेरित किया जा सकता है। खासकर किसानों को अपने उत्पादन का उचित मूल्य मिलना ही चाहिए और अगर इसकी वजह से कुछ महंगाई बढ़ती है, तो उपभोक्ताओं को इसे विकास की पूर्व शर्त मानकर स्वीकार करना चाहिए। जाहिर है अपस्फीति हमेशा गुणकारी नहीं होती। कभी—कभी यह महंगाई से भी ज्यादा हानिकर साबित होती है।

# कब तक रहेगा हवा में यह गुब्बारा?

24 मई 2015

2014 के चुनावों में कांग्रेस को हार का मुंह देखना पड़ा और नरेंद्र मोदी ने जीत का स्वाद चखा। मेरे यह कहने की वजह है। दरअसल, जो वायदे भाजपा ने अपने चुनावी घोषणा पत्र में किए थे या फिर जो वायदे पार्टी के वरिष्ठ नेताओं ने उस वक्त किए थे, वे किसी को भी याद नहीं रह गए हैं। पार्टी के अध्यक्ष के तौर पर राजनाथ सिंह ने उस वक्त जो भी चुनावी वायदे किए और कहा, वह किसी को भी याद नहीं है। राजनाथ सिंह को लेकर जो एक घटना याद आती है, जब वह एक इश्तेहार के साथ सामने आए थे, जिसमें लिखा था, 'अबकी बार, भाजपा सरकार'। इसके कुछ ही मिनट के बाद यह इश्तेहार वेबसाइट से हटा लिया गया और स्लोगन को बदला गया, 'अबकी बार, मोदी सरकार'।

पूरे चुनाव की जो तस्वीर उभर कर सामने आई, उसमें मोदी, उनकी शख्सियत, उनके भाषण और विभिन्न मुद्दों पर, मसलन, चीन के अतिक्रमण से आतंकवाद तक, काला धन लाने से लेकर रुपये के मूल्य तक उनका पक्ष छाए हुए थे। नरेंद्र मोदी ने अकेले दम पर भाजपा और तकरीबन उनके सभी नेताओं के लिए यह चुनाव जीता। वह जहां भी गए, वहां उन्होंने खुद को प्रोजेक्ट किया और विकास और नौकरियों के वायदे किए। उनका प्रमुख वायदा तो यह था कि अगर आप मोदी को वोट करते हैं, तो अच्छे दिन बस आने वाले हैं।

## विकास और नौकरियां

अब एक वर्ष बाद जरूरी है कि सरकार के काम की समीक्षा की जाए। राजनीतिक परिदृश्य में मोदी आज भी पूरी तरह छाए हुए हैं। भाजपा, सरकार, मीडिया और सार्वजनिक संवादों पर उनका पूरा नियंत्रण है। हालांकि संसद पर उनकी छाप कम ही दिखती है। यह अफसोस की बात है कि एक संसदीय लोकतंत्र में संसद के भीतर प्रधानमंत्री शक्तिशाली नहीं बने रह पाते। मगर नरेंद्र मोदी ऐसे पहले प्रधानमंत्री नहीं हैं, जिनके साथ ऐसा हुआ है। मीडिया से दूर रहने के लिए भी वह खासे मशहूर हैं। खासकर प्रेस सम्मेलनों और वन टु वन साक्षात्कारों से तो वह दूरी बना कर चलते हैं। संवाद का उनका तरीका पूरी तरह से एकमार्गी है।

ऐसे में, अगर आर्थिक प्रगति को मापना हो, तो उसके दो ही पैमाने हैं, विकास और रोजगार। स्पष्ट आंकड़े इकट्ठा करने में तो समय लगता है। तो इसका सबसे अच्छा तरीका यही है कि लोगों से यह पूछा जाए कि उनकी नजर में मोदी सरकार की सबसे बड़ी उपलब्धि क्या रही है। टाइम्स ऑफ इंडिया के एक सर्वे (16 मई, 2015) के अनुसार स्वच्छ भारत अभियान इस मामले में काफी आगे चल रहा है, जबकि जन धन और मेक इन इंडिया योजनाएं एक बड़े अंतर के साथ दूसरे और तीसरे नंबर पर रहे हैं। मावेन मैग्नेट के संवाद आधारित अनुसंधान (इकोनॉमिक टाइम्स, 17 मई, 2015) के अनुसार सर्वाधिक अनुकूल प्रतिक्रियाएं पानी वाली योजनाओं में टॉप तीन पर जन धन (73 फीसदी), मेक इन इंडिया (70 फीसदी) और स्वच्छ भारत (69 फीसदी) रहीं।

चलिए विश्लेषण की शुरुआत विभिन्न सर्वे के आंकड़ों से की जाए। गौरतलब है कि न तो स्वच्छ भारत और न ही जन धन योजना चुनाव के समय मोदी जी के भाषणों में शामिल थीं। रोजगार सृजन पर उनका जोर था, मगर 15 अगस्त, 2014 से पहले तक उन्होंने मेक इन इंडिया की बात नहीं की थी। स्वच्छ भारत और जन धन को आर्थिक सुधार योजनाओं में शुमार नहीं किया जा सकता। हां, कुछ हद तक विकासात्मक और रोजगार सृजन से जुड़ी पहलों से इन्हें जरूर जोड़ा जा सकता है। स्वच्छ भारत एक सामाजिक कार्यक्रम है, जिसका ठीक वैसे ही स्वागत होना चाहिए, जैसा इसकी पूर्ववर्ती योजना निर्मल भारत अभियान का हुआ था। शून्य बैलेंस खाते की तरह जन धन एक तरह से प्रशासनिक उपाय है। इसके तहत खुलने वाले 12 करोड़ खातों का हम ठीक उसी तरह से स्वागत करते हैं, जैसे हमने 31 मार्च, 2014 तक यूपीए के शासन में खुले 24 करोड़ खातों का किया था। मेक इन इंडिया बेहद चतुराई से गढ़ा गया एक स्लोगन है, जिसके लिए इसे गढ़ने वाले को श्रेय मिलना

चाहिए। यह विकास और रोजगार सृजन दोनों ही क्षेत्रों में विनिर्माण क्षेत्र के महत्व को दर्शाता है।

## विरोधीभासी दावे

अब जरा उन आंकड़ों पर नजर दौड़ाएं, जो 'विकास' और 'रोजगार' की सही तस्वीर पेश करते हैं (तालिका देखें)

|  | 2013-14 | 2014-15 |
|---|---|---|
| विनिर्माण' | 5.65% | 5.38% |
| निर्माण' | 2.96% | 4.6% |
| व्यापार, होटल, परिवहन, संग्रहण और संचार' | 11.52% | 8.42% |
| वित्तीय सेवाएं, रियल एस्टेट और व्यापार सेवाएं' | 8.63% | 13.71% |
| बुनियादी क्षेत्र से जुड़ी सेवाएं | 4.2% | 3.5% |
| गैर खाद्य कर्ज विकास | 14.2% | 8.6% |
| मर्चेंडाइज निर्यात विकास | 4.91% | 1.48% |
| वर्ष के दौरान रोके गए निजी प्रोजेक्टों की संख्या | 444 | 525 |

*वर्षानुसार तीसरी तिमाही तक के आंकड़े

जाहिर है कि यहां खतरे के चिन्ह ज्यादा हैं। रिजर्व बैंक ऑफ इंडिया की चेतावनी के बावजूद फिलहाल 2014-15 में जीडीपी की विकास दर के 7.4 प्रतिशत होने का अनुमान लगाया जा रहा है। ऐसे में यह अंदाजा लगाना मुश्किल नहीं होना चाहिए कि क्या सही हो रहा है और क्या गलत। 2012-13 में यूपीए सरकार ने जब महंगाई और राजकोषीय व चालू खाता घाटे को नियंत्रण में रखने की कोशिश की थी, तब मैंने यह अनुमान लगाया था कि 2013-14 में अर्थव्यवस्था की हालत कुछ सुधरेगी। और ऐसा हुआ भी। मई 2014 में जब एनडीए सरकार सत्ता में आई, तब 2013-14 में जीडीपी में 6.9 प्रतिशत की रिकॉर्ड बढ़ोतरी हुई। यह पहले से की जा रही कोशिशों और वैश्विक स्तर पर तेल के मूल्यों में आई गिरावट का नतीजा था, जिसने 2014-15 में एनडीए सरकार को सहारा दिया।

चिंता की वजहें जिन बिंदुओं को लेकर चिंता है, वे हैं—

- निवेशक प्रतीक्षा में हैं, इसलिए कर्ज विकास सुस्त पड़ा है।
- पारिश्रमिक और प्रयोज्य आय नीची बनी हुई है, इसलिए समग्र मांग भी बढ़ नहीं पा रही है।
- अधूरे प्रोजेक्ट अटके पड़े हैं। इन्हें लेकर न तो कोई नीति है और न ही इस दिशा में अड़चनों को दूर करने की कोई कोशिश हो रही है।
- नए विनिर्माण उद्योगों या फिर इस क्षेत्र में नए रोजगारों की स्थापना के कोई संकेत नहीं दिख रहे हैं। इसी वजह से बुनियादी क्षेत्र की प्रगति बाधित हो रही है।
- बड़े संरचनात्मक सुधारों पर ध्यान नहीं दिया जा रहा है। वित्तीय क्षेत्रक विधायी सुधार आयोग की सिफारिशें लागू नहीं की जा रही हैं और प्रत्यक्ष कर संहिता भी ठंडे बस्ते में है।

ऐसे में सवाल उठता है कि केवल बातों से कब तक काम चलेगा। अगर पूरी सहृदयता से मोदी सरकार के बारे में विचार किया जाए, तो इसके बारे में यही कहा जा सकता है कि इसने अपना एक वर्ष खो दिया है और साथ अपनी कुछ चमक भी।

# सुनिए गवर्नर राजनः चिंतित होने का समय

7 जून 2015

26 मई, 2015 को हम सबके दिमाग में एक तरफ केंद्र सरकार का उत्सव था, तो दूसरी तरफ विपक्ष की आलोचना। दोनों अपनी-अपनी जगह सही थे। दोनों संसदीय लोकतंत्र में अपनी भूमिका का निर्वाह कर रहे थे। देश के लोगों को चाहिए कि वे दोनों ही तरफ की बातें सुनें-भले ही पार्टियों के प्रति निष्ठावान लोग ऐसा न चाहते हों।

मई महीने के आखिरी कार्यदिवस पर वर्ष 2014-15 का आर्थिक आंकड़ा जारी हुआ। विकास दर में हल्की वृद्धि दर्ज हुई, यह पिछले साल के 6.9 प्रतिशत से बढ़कर 7.3 फीसदी हो गई, हालांकि इस वृद्धि में यह चेतावनी थी कि विकास दर संशोधित होकर नीचे भी जा सकती है। आंकड़े आश्चर्यजनक नहीं थे। आश्चर्य सिर्फ इस बात पर था कि नई सरकार यह मानने से इन्कार कर रही थी कि अर्थव्यवस्था 2013-14 में स्थिर हो गई थी। वह हठपूर्वक कह रही थी कि उसे विरासत में एक ध्वस्त अर्थव्यवस्था मिली। तथ्य यह है कि ऐसा नहीं था। तथ्य यह भी है कि राष्ट्र निर्माण हमेशा एक अधूरा काम होता है।

जब संपादक और स्तंभकार अपनी टिप्पणियां लिख रहे थे, तब भारतीय रिजर्व बैंक चुपचाप काम कर रहा था। तीन दिन बाद उसने अपना रिपोर्ट कार्ड पेश किया। मुझे हू-ब-हू उन शब्दों को दोहराने दें, जो उसने आर्थिक नीति वक्तव्य में कहे थेः 'वर्ष 2014 के आकलन में भुगतान के खतरे और कुल मूल्य संवर्द्धन (जीवीए) में गिरावट का संकेत देखते हुए 2015-16 के लिए सकल विकास दर को अप्रैल के 7.8 फीसदी से कम करके 7.6 प्रतिशत किया गया है, विकास दर में कमी इन विविध जोखिमों के कारण बनी अनिश्चितता को रेखांकित करता है।'

## लाल स्याही से छिड़काव

इस पूरे वक्तव्य में लाल स्याही छिड़क दी गई है। जरा कृषि क्षेत्र के बारे में केंद्रीय बैंक के इन शब्दों पर विचार करें: 'मार्च, 2015 में उत्तर भारत में बेमौसमी बारिश और ओलावृष्टि के कारण कृषि से जुड़ी गतिविधि बुरी तरह प्रभावित हुई, इसका लगभग नौ लाख हेक्टेयर में बोई गई रबी की फसल पर असर पड़ा। इसे देखते हुए कृषि मंत्रालय ने अपने तीसरे अग्रिम आकलन में पिछले साल की तुलना में खाद्यान्न उत्पादन में पांच प्रतिशत की कमी का संकेत दिया। उत्तरोत्तर आकलनों ने स्थिति के और खराब होने की ओर ही इशारा किया, जिसमें दलहन और तिलहन की फसल बर्बाद होने की आशंका जताई गई थी—चूंकि सेंट्रल पूल में इनका बफर स्टॉक नहीं है—ऐसे में खाद्य मुद्रास्फीति के ऊपर जाने का जोखिम है। खरीफ मौसम के लिए, भारतीय मौसम विभाग (आईएमडी) का पहला आकलन आशंकित करने वाला था, जिसमें दीर्घावधि अनुपात में दक्षिण पश्चिम मानसून के सात फीसदी कम रहने की बात कही गई है। ऑस्ट्रेलियन ब्यूरो ऑफ मेटेरोलॉजी ने अल नीनो की आशंका का अनुमोदन करके स्थिति को और खराब ही किया।' तब से भारतीय मौसम विभाग ने बारिश में 12 प्रतिशत की कमी की भविष्यवाणी की है।

सरकार ग्रामीण भारत और किसानों की मुश्किलों को नकारती है। जब भी यह सरकार किसानों के बारे में सोचती और कहती है, तब यही कहती है कि किसानों की जमीन लेने के लिए उसने कितना शानदार कानून बनाया है! बताते हैं कि नितिन गडकरी ने यह कहा है कि 'किसानों के लिए जमीन अधिग्रहण अभिशाप के बीच वरदान है।'

देश के हर हिस्से से हम किसानों के कर्ज के बोझ से दबे होने, पहले का कर्ज न चुका पाने के कारण फसलों के लिए नए सिरे से कर्ज न मिलने, कृषि कर्ज की दर बढ़तर सात फीसदी होने और उर्वरकों की कीमत बढ़ने की बातें सुनते हैं। ऐसे में, समर्थन मूल्यों में मामूली बढ़ोतरी—धान, गेहूं और कपास में 50 रुपये तथा गन्ने में 10 रुपये—एक कठोर कटौती के तौर पर है। सोयाबीन, बाजरा, मक्का और मूंगफली में समर्थन मूल्य बढ़ाया ही नहीं गया है। इसी तरह, थोक बाजार में गेहूं, धान, चीनी, कपास और रबड़ के दाम घटे हैं, जो उत्पादकों के लिए एक और झटका है।

## उम्मीद कहां है?

क्या उद्योग के क्षेत्र में कुछ उम्मीद दिखती है? भारतीय रिजर्व बैंक के वक्तव्य को

द्वारपाल • 71

पढ़िए : 'खासकर ग्रामीण भारत में उपभोक्ता खर्च में जारी गिरावट...बाधक की तरह है। कॉरपोरेट बिक्री सिकुड़ गई है। संसाधनों की लागत अगर नहीं घटी, तो आय के मोर्चे पर मौजूदा हताशा और घनीभूत हो सकती है। कई उद्योगों में उत्पादन क्षमता की तुलना में कम है, जो अर्थव्यवस्था में व्याप्त सुस्ती का संकेत करता है। पूंजीगत वस्तुओं के उत्पादन में बढ़ोतरी की कोशिश तो जारी है, पर निवेश की मांग में बढ़ोतरी के स्पष्ट संकेत पाने के लिए रुकी पड़ी निवेश परियोजनाओं को चालू करने का संदेश देना होगा, नए निजी निवेश को स्थायित्वता प्रदान करना होगा और व्यावसायिक वाहनों की बिक्री बढ़ानी होगी। अप्रैल में, कोयला उत्पादन को छोड़कर प्रमुख उद्योगों की, जो औद्योगिक उत्पादन सूचकांक में 38 फीसदी की हिस्सेदारी रखता है, की उत्पादन दर घट गई।'

चुनौती के इस दौर में क्या हम सेवा क्षेत्र से उम्मीद कर सकते हैं? भारतीय रिजर्व बैंक की टिप्पणी को और गौर से पढ़िए : 'सेवा क्षेत्र की गतिविधियों के प्रमुख संकेतक मिले-जुले संकेत दे रहे हैं...नई व्यापार मांग में कमी आने के कारण अप्रैल, 2015 में सर्विसेज पीएमआई (परचेजिंग मैनेजर्स इंडेक्स) में गिरावट आई।' बुरी खबरें और भी हैं—मई, 2015 में एचएसबीसी बैंक का पीएमआई 50 अंक तक गिर गया, जो बाजार के सिकुड़ने का प्रमाण है।

## चुनौती है, संकट नहीं

हम इस पर अलग से बहस कर सकते हैं कि विकास को आगे बढ़ाने में रिजर्व बैंक ने अपनी भूमिका ठीक से निभाई है या नहीं। मेरी राय सरकार की राय से मिलती-जुलती है। अलबत्ता, सच्चाई यह है कि रेपो दर को 25 बेसिस पॉइंट घटाने के बाद मौजूदा समय में रिजर्व बैंक ने आगे की अपनी किसी तरह की जिम्मेदारी से खुद को अलग कर लिया है—'मौद्रिक राहत की स्थिति में ही, जो विभिन्न क्षेत्रों में सार्वजनिक निवेश बढ़ाने, जिससे निजी निवेश भी गति पकड़ेगा, सरकार पूरी तरह से अपनी आर्थिक नीति लागू कर सकती है।'

स्थिति चुनौतीपूर्ण है, लेकिन यह वैसा संकट नहीं है, जिसका हमने 1991, 1997 या 2008 में सामना किया था। तब कांग्रेस, संयुक्त मोर्चा और यूपीए की सरकारों ने समाधान तलाशने और समर्थन जुटाने के लिए सरकार के बाहर से भी कोशिशें की थीं। जाहिर है, मौजूदा समस्या का भी समाधान है, और अगर भाजपा कोशिश करे,

तो वह इसका समाधान निकाल लेगी, क्योंकि हर आदमी अपने देश की भलाई करना चाहता है।

संदेशवाहक ने संदेश दे दिया है। संदेशवाहक की हत्या मत करें!

# 'निर्यात या विनाश'। क्या हमने 'विनाश' को चुना है?

5 जुलाई 2015

आर्थिक मोर्चे पर एक खामोश संकट की आहट है, लेकिन राजनीतिक वर्ग इससे अप्रभावित दिख रहा है।

हाल के वर्षों में पहली बार वर्ष 2014–15 में निर्यात किए हुए सामान की कीमत (310.45 अरब डॉलर) उससे पिछले साल यानी 2013–14 में निर्यात किए गए सामान की कीमत (313.26 अरब डॉलर) से कम है। इसके लिए विश्व अर्थव्यवस्था में व्याप्त सुस्ती को, भारत में सुधार के मोर्चे पर शिथिलता कोय तथ्य यह है कि केंद्र की नई सरकार अभी ठीक से जम नहीं पाई है, जिससे कि समस्या का समाधान किया जा सके, जिम्मेदार ठहराया जा रहा है। मार्च, 2015 को खत्म हुआ साल निराशा के साथ विदा हुआ है, हालांकि इसे अंधेरा नहीं कह सकते।

अप्रैल, 2015 से हालात और बदतर ही होते दिख रहे हैं। हमारे पास पूरे 2014–15 के, और मार्च, 2015 तक के आंकड़े हैं। खराब होती आर्थिक स्थिति साफ दिख रही है, और यह चिंता का कारण है। दिसंबर, 2014 से मई, 2015 के बीच लगातार छह महीने निर्यात गिरता गया है (सारणी देखें)।

| महीना | 10 लाख (अमेरिकी) डालर | साल-दर-साल गिरावट |
|---|---|---|
| दिसंबर, 2014 | 26,020 | −1.41% |
| जनवरी, 2015 | 23,775 | −11.58% |
| फरवरी | 21,826 | −13.88% |

| | | |
|---|---|---|
| मार्च | 23,884 | –21.29% |
| अप्रैल | 21,987 | –14.76% |
| मई | 22,346 | –20.18% |

**कोई बहाना नहीं**

मैं जल्दी ही ठीकरा फोड़ने की पहली आवाज सुन सकता हूं। उसमें कहा जाएगा, 'यह स्थिति पीओएल (पेट्रोलियम, तेल और लुब्रिकेंट्स) के निर्यात में गिरावट के कारण आई है।' यह सही है, पीओएल निर्यात का अर्थव्यवस्था में बड़ा योगदान है, लेकिन गैर–पीओएल निर्यात में भी लगातार चार महीनों तक (जनवरी से अप्रैल, 2015) गिरावट देखी गई। मई, 2015 का आंकड़ा उपलब्ध नहीं है, लेकिन उसमें भी बदलाव आने की संभावना नहीं है।

यह कहा जाएगा, 'यह यूपीए सरकार का किया–धरा है।' सरासर गलत। वर्ष 2013–14 में निर्यात की वृद्धि दर 4.3 प्रतिशत थी, जो धनात्मक थी। अप्रैल, 2014 से नवंबर तक, सिर्फ अक्तूबर को छोड़कर, हर महीने निर्यात की वृद्धि दर धनात्मक थी। दिसंबर, 2014 में अगर सुस्ती नहीं आती, तो 2014–15 में पूरे साल वृद्धि दर धनात्मक रहती। दिसंबर, 2014 से मार्च, 2015 तक के सुस्त प्रदर्शन ने उस वर्ष की निर्यात वृद्धि दर को ऋणात्मक बना दिया।

बेशक निर्यात मूल्यों पर कीमत का असर पड़ता है। जैसे, अगर कच्चे तेल के भाव गिर जाएं, तो पीओएल का मूल्य कम हो जाता है। रत्न और आभूषण के निर्यात का मूल्य भी इससे गिर जाता है। लेकिन कुछ चीजों और वस्तुओं की कीमतें अगर समान रहीं, और फिर भी इनका निर्यात मूल्य गिर जाए, तो यह मांग और प्रतिस्पर्धा के मोर्चे पर एक गंभीर समस्या का सूचक है। कृषि और उसके सहायक उद्योग; धातु और खनिज; चमड़ा और चमड़ा उत्पादन; रसायन और उससे संबंधित उत्पाद; इंजीनियरिंग सामान; इलेक्टॉनिक सामान; और दूसरे तैयार सामान में ऐसी गिरावट देखी जा सकती है। सिर्फ रेडीमेड कपड़ों का उद्योग इससे बाहर दिखाई पड़ा।

सेवाओं का निर्यात तुलनात्मक रूप से बेहतर था, और 2014–15 के इन तीन महीनों में इन्होंने मामूली लेकिन धनात्मक वृद्धि दर्ज की। अलबत्ता मार्च (–1.89) और अप्रैल (–4.55) में इसकी विकास दर ऋणात्मक थी, जो एक दुर्लभ मामला थी, इसलिए चिंताजनक थी।

## प्रतिस्पर्धात्मकता खत्म हुई

आइए, जांचते हैं कि आखिर क्या गलत हुआ। एक स्पष्ट कारण तो यही है कि वैश्विक मांग में सुस्ती बरकरार रही। दुनिया की सारी अर्थव्यवस्थाओं में मंदी देखी गई। इसके बावजूद यह याद दिलाना प्रासंगिक है कि चीन, जापान और कोरिया जैसे देशों के निर्यात की वृद्धि दर अब भी धनात्मक है। भारत उन कुछ मुट्ठी भर देशों में शामिल है, जिसके निर्यात की वृद्धि दर ऋणात्मक है।

दूसरी स्पष्ट वजह है विनिमय दर। डॉलर को छोड़कर रुपया हर महत्वपूर्ण करेंसी के विरुद्ध मजबूत हुआ। केंद्रीय बैंक के गवर्नर राजन ने भाजपा नेतृत्व को 'समझाने' में अच्छा खासा वक्त लगाया कि रुपये को डॉलर की तुलना में 40 पर ले आने के भाजपा के चुनावी वायदे को पूरा करने से अधिक खतरनाक काम और कुछ नहीं हो सकता! राजन ने रुपये का अवमूल्यन करने की कोशिश की, लेकिन इस प्रक्रिया में वह अब तक इसकी तेज मूल्यवृद्धि को ही रोक पाए हैं। सरकार इसका श्रेय ले रही है (जो जायज है) कि उसे विदेशी निवेशकों को लुभाने में सफलता मिली, लेकिन भारी विदेशी निवेश से रुपये पर सीधा दबाव बन रहा है। विदेशी निवेश आमंत्रित करने में डॉ. राजन की ब्याज दर नीति का भी योगदान है। विनिमय दर को बरकरार रखते हुए इसे निर्यात के लिए प्रतिस्पर्धात्मक बनाना सरकार और रिजर्व बैंक के लिए सबसे कठिन काम है। लंबे समय तक मुख्यमंत्री रहे नरेंद्र मोदी ने खुद को इसके लिए तैयार नहीं किया था।

भारतीय निर्यात की प्रतिस्पर्धात्मकता बनाए रखना बुनियादी मुद्दा है। सरकार और रिजर्व बैंक के हाथों में ऐसे औजार हैं, जो प्रतिस्पर्धात्मकता में वृद्धि कर सकें। अगर एक औजार से प्रतिस्पर्धात्मकता कम होती है, तो दूसरे के जरिये इसे गति देने का काम होना ही चाहिए। लघु अवधि में यही समाधान है। हां, दीर्घावधि लाभ पाने के लिए अर्थव्यवस्था की पूरी क्षमता को बढ़ाने का काम करना होगा। अगर आप पीछे मुड़ें, तो पाएंगे कि एक खास अवधि में निर्यात में भारी वृद्धि उस दौरान अर्थव्यवस्था की पूरी क्षमता को बढ़ाने का नतीजा थी। हमें सड़क और रेल परिवहन तथा बंदरगाहों को ज्यादा कार्यकुशल, संचार को ज्यादा तेज और विश्वसनीय बनाने, उधारी को प्रचुर और सस्ता, बिजली को किफायती, श्रम को अधिक उत्पादक तथा नियम-कानूनों के अनुरूप चलने की दिशा में निरंतर काम करना होगा। यह साहसी और तेज आर्थिक सुधारों के जरिये ही आएगा, जिसका वायदा तो किया गया, लेकिन श्रीमान मोदी के कार्यकाल के पहले साल में जिसका सबूत कम ही देखने को मिला।

## फियो ने बजाई खतरे की घंटी

फेडरेशन ऑफ इंडियन एक्सपोर्टर्स ऑर्गेनाइजेशन (फियो) ने चेतावनी दी है कि मूल्यों के स्तर पर भी निर्यात में कमी आएगी, जिसका नतीजा अंततः कर्मचारियों की छंटनी के रूप में होगा।

ये सारे तथ्य वाणिज्य मंत्रालय के तत्काल हरकत में आने के कारण होने चाहिए। लेकिन वाणिज्य मंत्री निर्मला सीतारमण आश्चर्यजनक रूप से खामोश (जैसे प्रधानमंत्री ने पिछले तीन सप्ताहों से चुप्पी ओढ़ रखी है) और अदृश्य हैं। क्यों? क्या सरकार को कोई चिंता नहीं है?

# कोई बताएगा, आगे क्या होने वाला है?

23 अगस्त 2015

प्रधानमंत्री को यह अधिकार है कि वह यह तय करें कि कहां उन्हें किस विषय पर भाषण देना है। लेकिन स्वतंत्रता दिवस को दिया जाने वाला भाषण इससे अलग होता है। नागरिकों को यह अधिकार है कि वे प्रधानमंत्री से यह अपेक्षा करें कि वह उनसे जुड़े मुद्दों पर उनकी राय जानें। नागरिकों के अलावा इस भाषण के श्रोताओं में विदेशी सरकारें खासतौर से पड़ोसी देशों की सरकारें, वैश्विक नागरिक समाज, उत्पीड़ति जन और ऐसे लोग शामिल होते हैं, जो बदलाव के संवाहक हैं। प्रधानमंत्री का 90 मिनट का भाषण सुनने के बाद अधिकांश लोगों को हताशा हुई। उन्हें बहुत कम वाहवाही मिली, जबकि एक घंटे के बाद ही कुछ श्रोता तो उठकर जाने तक लगे थे। वहीं उनके भाषण की आलोचना करने वालों की कमी नहीं थी। चूंकि प्रधानमंत्री भाषण देने के अपने कौशल के लिए जाने जाते हैं, इसलिए किसी और को दोष नहीं दिया जा सकता।

### मुद्दों की उपेक्षा

मैंने ऐसे विषयों की सूची बनाई है, जिनके बारे में प्रधानमंत्री ने कुछ नहीं कहा। यह सूची कुछ इस तरह हैः अर्थव्यवस्था, आंतरिक सुरक्षा, राष्ट्रीय सुरक्षा, पड़ोसी देश, विदेश नीति, जलवायु परिवर्तन, दलितों और अल्पसंख्यकों के साथ होने वाला भेदभाव, सांप्रदायिक तनाव की बढ़ती घटनाएं, महिलाओं और बच्चों से संबंधित मुद्दे और प्राकृतिक आपदाएं। इन सभी मुद्दों में मेरी सबसे बड़ी चिंता अर्थव्यवस्था के मुद्दे

को लेकर है। मुमकिन है कि प्रधानमंत्री स्थूल आर्थिक मुद्दों से ठीक से वाकिफ न हों। इसीलिए तो वित्त मंत्री, मुख्य आर्थिक सलाहकार, रिजर्व बैंक के गवर्नर, नीति आयोग और अर्थव्यवस्था के विभिन्न पहलुओं की जानकारी रखने वाले अधिकारी होते हैं। यह संभव है कि प्रधानमंत्री ने स्वतंत्रता दिवस के भाषण के लिए इनसे कोई जानकारी न ली हो। यदि वह ऐसा सोच रहे थे कि अर्थव्यवस्था ऐसा विषय नहीं है, जिसके बारे में इतनी गहराई में जाने की जरूरत है, तो इस पर तरस ही खाया जा सकता है। और यदि वह यह सोच रहे थे कि भारत के लोगों को इस बात की परवाह नहीं कि वह अर्थव्यस्था पर कुछ कहते हैं या नहीं, तब तो वह पूरी तरह से गलत थे।

इसी हफ्ते की शुरुआत में रेटिंग एजेंसी मूडी ने 2015–16 के लिए विकास दर के पहले के अपने 7.5 फीसदी के अनुमान को घटाकर सात फीसदी कर दिया है। वर्ष 2013–14 के दौरान जीडीपी की वृद्धि दर 6.9 फीसदी और 2014–15 के दौरान 7.9 फीसदी थी।

इसे देखते हुए कहा जा सकता है कि रिकवरी हो रही थी, जिससे अनुमान था कि मोदी सरकार के पूरे एक वर्ष के बाद 2015–16 में विकास दर में बढ़ोतरी होगी। यदि मूडी का अनुमान सही साबित होता है, तो इसका मतलब होगा कि 2015–16 में विकास दर में गिरावट दर्ज की जाएगी।

## आर्थिक तनाव के संकेत

कुछ लोगों को हैरत होगी कि हाल के कुछ महीनों में आर्थिक तनाव के संकेत साफ दिखने के बावजूद सरकार में किसी को सुरक्षात्मक उपाय उठाने की फिक्र नहीं है। कर्ज में वृद्धि को एक अहम संकेतक माना जाता है। गैर खाद्य मद में कर्ज में 8.4 फीसदी की वृद्धि पिछले दो दशक में सबसे धीमी वृद्धि दर है।

बैंकों के प्रमुखों को उम्मीद के बावजूद कई हफ्ते बीत चुके हैं, लेकिन बैंक कर्ज के लिए कोई बड़ा प्रस्ताव नहीं आया है। नए निवेश को लेकर निजी क्षेत्र को पहल करनी चाहिए, लेकिन निजी क्षेत्र नए निवेश को लेकर सशंकित है, क्योंकि पिछले 12 महीने के दौरान कॉरपोरेट आय और मुनाफा ध्वस्त हो गया है। आखिरी तीन तिमाहियों यानी दिसंबर, 2014, मार्च, 2015 और जून, 2015 के दौरान कुल कॉरपोरेट आय में गिरावट दर्ज की गई है। पिछले वर्ष की तुलना में इस गिरावट को नीचे दी गई टेबिल में देखा जा सकता है:

## तिमाही गिरावट

| | | |
|---|---|---|
| दिसंबर, 2014: | −0.14% | (6.67%) |
| मार्च, 2015: | −6.00% | 8.72% |
| जून, 2015: | −4.46% | 8.98% |

जहां तक कॉरपोरेट मुनाफे की बात है, तो आंकड़े बहुत खराब हैं। कॉरपोरेट मुनाफा दिसंबर, 2014 को खत्म हुई तिमाही में 32.86 फीसदी सिकुड़ गया, वहीं मार्च, 2015 में 15.20 फीसदी। हालांकि जून, 2015 में इसमें 0.43 फीसदी की मामूली बढ़ोतरी दर्ज की गई।

निवेश के नए प्रस्तावों को घोषणा हुई और उन्हें टाल भी दिया गया। जुलाई, 2014 से जून, 2015 के दौरान हुई निजी क्षेत्र की परियोजनाओं की घोषणा से 12 महीने के दौरान इस क्षेत्र की परियोजनाओं की संख्या 1.030 से बढ़कर 1.253 हो गई। लेकिन पीछे हटने वाली परियोजनाओं की संख्या भी 392 से बढ़कर 478 हो गई। दिसंबर, 2014 से लेकर जुलाई, 2015 के दौरान के आठ महीनों में निर्यात में भी निरंतर गिरावट दर्ज की गई।

सरकार समझती है कि थोक मूल्य सूचकांक में नकारात्मक मुद्रास्फीति आर्थिक सेहत के लिए अच्छा संकेत है। जबकि यह सही नहीं है। इसका मतलब है कि मांग घटी है। इसके अलावा इससे उत्पादकों, खासतौर से किसानों की मुश्किलें बढ़ीं, क्योंकि दाम गिर गए। जबकि कृषि क्षेत्र पहले ही बदहाल है। केवल एक ही जगह चमक दिखाई दी, वह है सार्वजनिक निवेश। ऐसा कच्चे तेल के दाम में आई अप्रत्याशित गिरावट की वजह से संभव हुआ। इससे सरकार को अप्रत्याशित लाभ हुआ। इसने चतुराई से पूंजीगत व्यय यानी दीर्घकालीन संपत्ति अर्जित करने की गति बढ़ा दी। ऐसा लगता है कि सरकार के पास यही एक औजार है, जबकि कुल निवेश और ग्रोथ को मजबूती देने में यह पर्याप्त नहीं होगा। जहां तक रोजगार की बात है, तो इसके बारे में कुछ न ही कहा जाए तो बेहतर होगा। दरअसल मोदी सरकार के पूरे एक वर्ष के कार्यकाल में सबसे बड़ा झटका रोजगार के क्षेत्र में ही मिला है, जहां वह एक तरह की जड़ता आ गई है। किसी भी युवा या उसके अभिभावक से बात करके देख लीजिए, उनमें बढ़ती हताशा का भाव नजर आएगा।

## बोलने की जिम्मेदारी

क्या प्रधानमंत्री इन मुद्दों पर कुछ बोलेंगे? संवाद करने की उनकी शैली को देखते हुए तो ऐसा नहीं लगता। उन्हें भीड़ से दूर स्थित ऊंचे मंच से एकतरफा संवाद करना पसंद है। वह ठीक उसी तरह संसद में बोलने से बचते हैं जैसा कि वह गुजरात विधानसभा में कभी-कभार ही बोलना पसंद करते थे। बोलने का मतलब होगा कि वह विपक्ष के साथ बहस में शामिल हों। वह मीडिया को भी संबोधित करने के इच्छुक नजर नहीं आते, क्योंकि इससे उन्हें परेशान करने वाले प्रश्नों का जवाब देना होगा। यह दुखद है कि मोदी अर्थव्यवस्था पर मौन रहना पसंद करते हैं, जबकि लोग चाहते हैं कि वह कुछ बोलें।

# क्या हमारा कोई आर्थिक एजेंडा होगा?

30 अगस्त 2015

मैं हमेशा किसी संकट के प्रति दी जा रही चेतावनी का स्वागत करता हूं। भारत में संकट के प्रति बहस और विमर्श को वही प्रेरित कर सकती है।

पिछले पंद्रह महीनों में पहली बार भाजपा-एनडीए सरकार को बाहरी घटनाक्रमों के कारण अपने पैर पीछे खींचने पड़े हैं। हालांकि हर चीज नहीं बदली है: मसलन, मंत्रीगण लगातार अपनी सुविधा से यह असत्य उगल रहे हैं कि मई, 2014 में अर्थव्यवस्था बर्बाद हो गई थी। द *हिंदू* ने (25 अगस्त, 2015) को एक रिपोर्ट प्रकाशित की है, जिसमें भाजपा अध्यक्ष श्री अमित शाह ने कहा है कि मोदी सरकार ने पंद्रह महीने के दौरान जीडीपी की यूपीए सरकार के समय की दस वर्ष की औसत वृद्धि दर 4.5 को बढ़ाकर 8.2 फीसदी कर दिया है! मैं अर्थशास्त्र के विद्यार्थियों से आग्रह करूंगा कि वे इस बयान की जांच करें और अपनी कक्षा को बताएं कि इस वाक्य में कितने शब्द सत्य हैं।

सोमवार को हुई तबाही के बाद वित्त मंत्री तुरंत हरकत में आए और उन्होंने बाजार और निवेशकों को आश्वस्त किया कि पिछले पंद्रह महीने के दौरान सभी महत्वपूर्ण संकेतकों ने अच्छा प्रदर्शन किया है। यह बिल्कुल सच है। उन्होंने जो नहीं कहा वह यह कि 2015 के मार्च के अंत में वित्तीय घाटा 4.1 फीसदी के स्तर पर पहुंच गया, जबकि यह मार्च, 2013 में 4.8 फीसदी और मार्च, 2014 में 4.4 फीसदी के स्तर पर पहुंच चुका था। यानी चालू खाता घाटा, मुद्रास्फीति, विदेशी मुद्रा भंडार आदि की तरह ही एक संकेतक है। किसी को हजार मील का सफर तय करना हो तो पहले उसे आठ सौवां फिर नौ सौवां मील का पत्थर पार करना होगा।

## अप्रत्याशित घटनाक्रम

बाहर के सारे घटनाक्रम हितकारी नहीं होंगे। सरकार ने पिछले हफ्ते यह पाठ सीखा। तेल के दाम का टूटना, वस्तुओं के दाम में गिरावट और ईरान पर से प्रतिबंधों के हटाए जाने से लगा मानो ऐसा एहसास हुआ जैसे ईश्वर स्वर्ग में है और धरती पर सब कुछ ठीक ठाक है। अप्रत्याशित घटनाक्रम के रूप में चीन का संकट सामने आया और युआन के बहु अवमूल्यन जैसा असाधरण कदम (चीनी सरकार द्वारा) उठाना पड़ा।

इस तरह का पूरी तरह से अप्रत्याशित घटनाक्रम पहले भी हो चुका है। सितंबर 2008 में लेहमन ब्रदर्स नामक एक शीर्ष संस्थान ध्वस्त हो गया, जिससे उत्पन्न संकट की गूंज पूरी दुनिया में सुनी गई। कम से कम चार यूरोपीय देश दिवालिया होने के कगार पर आ गए। इससे भारत का शानदार प्रदर्शन भी बाधित हुआ, जोकि 2004–05 और 2007–08 के दौरान 8.8 फीसदी (पुरानी शृंखला) वृद्धि के साथ आगे बढ़ रहा था। इसके बावजूद यूपीए–एक का पांच वर्ष का कार्यकाल 8.4 फीसदी की औसत वृद्धि के साथ समाप्त हुआ।

इसी तरह मई, 2013 में जब भारतीय अर्थव्यवस्था स्थिर हो रही थी, श्रीमान बेन बर्नाक ने अमेरिकी ट्रेजरी बांड्स की खरीद को क्रमिक रूप से कम, जिसे 'टेपर' कहा जा रहा था, के बारे में एक विचारहीन और अनावश्यक टिप्पणी की थी। उनकी इस खीज को लेकर उन्हें ठीक ही फटकारा गया था।

इन बाह्य घटनाक्रमों पर जब भारतीय अर्थव्यवस्था को भी कीमत चुकानी पड़ी, मसलन रुपये का अवमूल्यन किया गया, तब भाजपा ने इसकी निर्ममता से आलोचना की थी। इसे समझा जा सकता था। और क्या ये असंयत वायदे नहीं थे, जब यह कहा गया कि भाजपा सरकार में आएगी तो डॉलर चालीस रुपये का हो जाएगा और भारत की जीडीपी दस फीसदी की दर से आगे बढ़ेगी।

सोमवार, 24 अगस्त को सेंसेक्स में 1625 अंकों की गिरावट आई। अगस्त में रुपये के मूल्य में डॉलर के मुकाबले 3.3 फीसदी का अवमूल्यन किया गया। इस तरह की अस्थिरता और संपत्ति की कीमत में गिरावट तनावपूर्ण है। कुछ करने के लिए सरकार हाथ–पैर मारेगी और यदि वह इसमें सफल भी हो जाती है, तो यह सफलता अपने साथ कीमत भी लाएगी। आम तौर पर जैसा माना जाता या जैसा कि इच्छा होती है, उसके विपरीत वैश्विक अर्थव्यवस्था में सरकार शीर्ष खिलाड़ी नहीं, बल्कि अंपायर की भूमिका में होती है। इसलिए हमें इस समझ और उम्मीदों को नियंत्रित करना चाहिए कि सरकार क्या कर सकती है और उसे क्या करना चाहिए।

## असंभव तिकड़ी

जरा विनिमय दर पर गौर कीजिए। इसका करीबी संबंध दो अन्य महत्वपूर्ण मुद्दों से हैः (1) एक स्वायत्त मुद्रा नीति और (2) मुक्त पूंजी प्रवाह। कोई भी सरकार इन तीनों को न तो नियंत्रित कर सकती है न ही दुरुस्त कर सकती है। इसीलिए इसे 'असंभव तिकड़ी' कहा गया है।

यदि भारतीय रिजर्व बैंक (आरबीआई) नीतिगत दरें उच्च रखे (मुद्रास्फीति को कम करने के लिए) तो विदेशी मुद्रा का प्रवाह होगा, लेकिन रुपये में सुधार होगा जिससे आयात सस्ता हो जाएगा और निर्यात महंगा हो जाएगा। यदि सरकार और आरबीआई एक स्थिर विनिमय दर पर राजी होते हैं तो इसका मतलब होगा पूंजी नियंत्रण थोपने और मौद्रिक नीति की स्वायत्तता छोड़ने में से किसी एक को चुनना, जबकि इनमें से कोई भी वांछित नहीं है।

मूलतः तीन तरह के विकल्प हैंः

1. मुक्त पूंजी प्रवाह और स्वायत्त मौद्रिक नीति, लेकिन बाजार द्वारा नियंत्रित विनिमय दरय
2. एक नियत विनिमय दर और स्वायत्त मौद्रिक नीति, लेकिन पूंजी प्रवाह पर कठोर नियंत्रणय
3. एक नियत विनिमय दर और मुक्त पूंजी प्रवाह, लेकिन मौद्रिक नीति को कोई स्वायत्तता नहीं

इसमें से सही विकल्प कौन सा है? निश्चित रूप कोई भी नहीं। यहां तक कि तथाकथित सही विकल्प भी हर परिस्थिति में काम नहीं कर सकता। अनेक वर्षों तक चीन दूसरे विकल्प पर को अपनाता रहा, प्रदर्शन भी अच्छा किया, लेकिन चीन की अर्थ व्यवस्था की तेज रफ्तार, उसका आकार और व्यापार के फैलाव ने दूसरे विकल्प को अनुपयोगी कर दिया।

पहला विकल्प सुरक्षित लगता है। भय पूंजी के प्रवाह को लेकर है। यह इस तथ्य से उपजा है कि सरकारें मूर्खतापूर्ण नीतियां अपनाने के प्रति झुकी दिखती हैं, जिससे निवेशक घबरा जाएंगे। घाटा उच्च हो जाएगा, रेट्रोस्पेक्टिव टैक्स (पूर्व में लागू कर) कानून बनाए जाएंगे, असंतुलित व्यवस्था बन जाएगी, कारोबार की राह में अड़ेंगे आएंगे, अनुबंधों की पवित्रता कायम न रह सकेगी, बौद्धिक संपदा असुरक्षित हो जाएगी, कानूनी लड़ाइयां बढ़ जाएंगी या फिर हर लेनदेन को संदेह से देखा जाएगा और उसकी जांच

की जाएगी। पूंजी के प्रवाह के इस भय को दूर करना हो तो हमें मूर्खतापूर्ण नीतियां त्यागनी होंगी और तय करना होगा कि गल्तियां नहीं दोहराई जाएंगी।

मुझे विश्वास है कि सरकार ने अपना सबक सीख लिया है और वह अर्थशास्त्रियों और निवेशकों के बड़े वर्ग के साथ सलाह मशविरे की शुरुआत कर रही है। उम्मीद कीजिए कि अब हमारे पास नई नहीं रह गई सरकार का सुसंगत आर्थिक एजेंडा है।

# अब गेंद सरकार के पाले में

4 अक्टूबर 2015

भारतीय रिजर्व बैंक शायद अब राहत में है। केंद्रीय बैंक ने आखिरकार सरकार, बिजनेस और तमाम अर्थशास्त्रियों की उम्मीदें पूरी करते हुए रेपो दर में 50 बेसिस पॉइंट्स की कटौती कर दी है। रिजर्व बैंक के गवर्नर डॉ रघुराम राजन को नायक के तौर पर देखा जा रहा है। हालांकि यह भी सच है कि अगर केंद्रीय बैंक रेपो दर में 25 बेसिस पॉइंट्स की कटौती करता या फिर बिल्कुल भी कटौती न करने का फैसला लेता, तब भी गवर्नर महोदय को नायक के तौर पर ही देखा जाता। ऐसे अर्थशास्त्रियों की कोई कमी नहीं है, जो उनके किसी भी फैसले के समर्थन में खुलकर सामने आते। रही बात बैंकों की, तो उन्हें तो रिजर्व बैंक के फैसले का समर्थन करना ही था, वह उनका नियामक जो ठहरा। मेरी इन बातों का यह मतलब नहीं कि मैं रिजर्व बैंक की आलोचना कर रहा हूं। मेरे ख्याल से यह एक सही फैसला था। इसी वजह से मैंने तुरंत इसका स्वागत भी किया था। हालांकि मैं यह जरूर मानता हूं कि यह फैसला लेने में कम से कम दो से चार तिमाहियों का विलंब किया गया, जिसका खामियाजा विकास दर को उठाना पड़ सकता है। वैसे, अगर कोई रिजर्व बैंक के सतर्क कदमों को समझना चाहता हैए तो उसे डॉ राजन को समझना होगा। बौद्धिक क्षमता के मामले में वह किसी पावर हाउस से कम नहीं हैं। वह शिकागो यूनिवर्सिटी में प्रोफेसर रह चुके हैं। वह कई बेजोड़ किताबों के लेखक भी हैं। राजन को अगर तीन शब्दों में बयां करना हो, तो वे होंगे—स्वतंत्र, परंपरागत और सतर्क।

## पटरी पर आते वित्तीय सुदृढ़ीकरण के प्रयास

राजन मानते हैं कि मूल्यों में स्थायित्व लाना ही मौद्रिक नीति का प्रमुख लक्ष्य होता है। मगर वह यह भी जानते होंगे कि महंगाई पर असर डालने के मामले में दरों में बदलाव लाने की रणनीति उतनी प्रभावी नहीं होती। इसकी तुलना में बाजार को यह संकेत देते हुए, कि केंद्रीय बैंक एक निश्चित नीति को लेकर प्रतिबद्ध है, महंगाई को लेकर जो अटकलें हैं, उन्हें बेहतर ढंग से प्रबंधित करने की रणनीति ज्यादा कारगर होती है। वह यह भी जानते होंगे कि ब्याज दरों में हल्के-फुल्के बदलाव लाने से महंगाई पर तब तक ज्यादा असर नहीं पड़ता, जब तक कि महंगाई को लेकर जो अटकलें हैं, उन्हें दूर न किया जाए। ऐसी पृष्ठभूमि में चलिए, हम इस पर विचार करते हैं कि रिजर्व बैंक ने पिछले 24 महीनों में मौद्रिक नीति को कितने बेहतर ढंग से संचालित किया है।

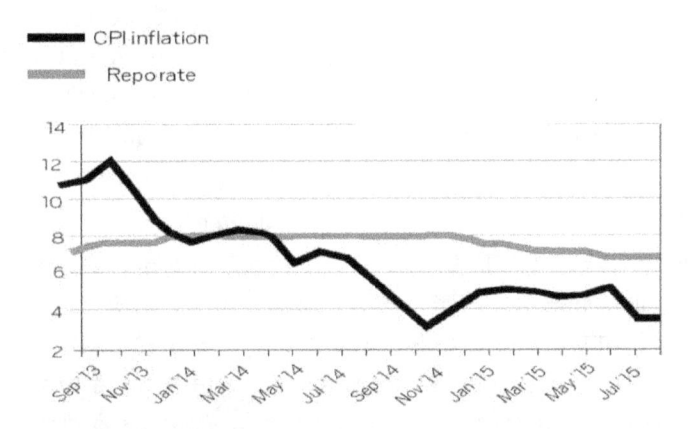

ऊपर दिए गए ग्राफ में सितंबर, 2013 के बाद से वर्ष दर वर्ष उपभोक्ता मूल्य सूचकांक (सीपीआई) और रेपो दर को दर्शाया गया है। ग्राफ को देखते वक्त यह जरूर ध्यान रखिए कि रिजर्व बैंक ने 2014 के अपने मौद्रिक नीति वक्तव्य में महंगाई को जनवरी, 2015 तक आठ फीसदी और जनवरी, 2016 तक छह फीसदी तक लाने का लक्ष्य रखा था। गौरतलब है कि विजय केलकर समिति की रिपोर्ट को अमल में लाते हुए 2012 में वित्तीय सुदृढ़ीकरण के जिस मार्ग को अपनाए जाने की बात की गई थी, सरकार ने भी उसे लेकर अपनी प्रतिबद्धता जाहिर की। ऐसे में, राजकोषीय घाटे

को नीचे दी गई तालिका के अनुसार नियंत्रण में लाया जाना था: मार्च, 2013–5.2 फीसदी, मार्च, 2014–4.8 फीसदी, मार्च, 2015–4.2 फीसदी, मार्च, 2016–3.6 फीसदी, मार्च, 2017–3.0 फीसदी। मार्च 2015 तक हर वर्ष यूपीए और एनडीए, दोनों के नेतृत्व में हमने लक्ष्य से बेहतर प्रदर्शन किया। इसके बाद तेल और कमोडिटी क्षेत्र में देश के लिए अनुकूल हालात बनने लगे। गिरते दामों ने सरकार की राह और आसान बना दी। इन हालात में सरकार सार्वजनिक व्यय बढ़ाने के साथ–साथ राजकोषीय घाटे के लक्ष्यों को भी पूरा कर सकती थी।

## मौद्रिक नीति का बनाया जाना

ग्राफ को ध्यान से देखने पर पता चलता है कि नवंबर, 2013 में महंगाई अपने चरम पर थी। उसके बाद से एकाएक इसमें गिरावट आने लगी। नवंबर, 2013 से मई, 2014 (यूपीए कार्यकाल) के दौरान उपभोक्ता मूल्य सूचकांक महंगाई दर 12.2 से गिरकर 8.3 फीसदी पर पहुंच गई थी। वहीं, मई 2014 से अगस्त, 2015 (एनडीए कार्यकाल) के दौरान यह दर 8.3 फीसदी से गिरकर 3.7 फीसदी पर पहुंच गई। ऐसे में, जाहिर है कि जनवरी, 2015 तक आठ फीसदी विकास दर का रिजर्व बैंक का जो लक्ष्य था, उसे आसानी से पूरा कर लिया गया। मुझे पूरा भरोसा है कि जनवरी, 2016 तक छह फीसदी का जो लक्ष्य है, उसे भी पूरा कर लिया जाएगा।

अब जरा इसी समय के दौरान रेपो दर को लेकर जो फैसले किए गए, उन पर नजर दौड़ाएं। जनवरी 2014 तक ब्याज दरें 25 बेसिस पॉइंट्स के छोटे पैमाने पर बढ़ाई गईं। इसके बाद 2014 में रेपो दर 8 फीसदी पर बनी रही, जबकि महंगाई में तेजी से कमी आ रही थी। इसके बाद 2015 में डॉ राजन ने दरों में तीन कटौतियां की, जबकि महंगाई दर तकरीबन स्थिर थी। इस दौरान केंद्रीय बैंक के फैसले सामान्य समझ से परे दिखे। रिजर्व बैंक के मुताबिक जून, 2015 के बाद महंगाई को बढना था। ऐसे में, अगर दूरदर्शिता के पैमाने पर देखें, तो ऐसा लगता है कि रिजर्व बैंक की भविष्यवाणियां गलत ही साबित हुई हैं। ऐसे में इस तर्क का उठना लाजिमी है कि अगर महंगाई की भविष्यवाणियां ज्यादा सटीक ढंग से होतीं, तो दरों में कटौती ज्यादा होती और उसमें इतना विलंब भी न होता। इससे अर्थव्यवस्था में तरलता बढ़ती, उपभोग में बढ़ोतरी होती और निवेशकों को भी भरोसा देना मुमकिन हो पाता।

दरअसल, मौद्रिक नीति बनाना एक जटिल प्रक्रिया है। इसके लिए मुश्किल फैसले लेने पड़ते हैं, और वे भी अपर्याप्त और अमूमन अप्रामाणिक जानकारियों के आधार

पर। इस बोझ को झेल पाना किसी एक आदमी के लिए खासा मुश्किल होता है, वह बेशक कितना ही योग्य क्यों न हो। ऐसे में, जरूरत है एक मौद्रिक नीति समिति की। सरकार और रिजर्व बैंक के समान प्रतिनिधित्व वाली इस समिति के लिए, जिसमें निर्णायक वोट गवर्नर का हो, मैं पहले भी आवाज उठा चुका हूं। हालांकि डॉ राजन इस मामले में एक समझौता होने के संकेत दे चुके हैं, मगर सरकार की ओर से अब तक ऐसी कोई घोषणा नहीं हुई है। वैसे भी एनडीए के शासन में फैसला लेने की जो प्रक्रिया हैए वह अब तक एक अबूझ पहेली बनी हुई है।

## काफी कुछ किया जाना बाकी

ध्यान रहे कि रेपो दर में कटौती करने से ही नीति निर्माण खत्म नहीं हो जाता। इससे सरकार को साहसिक फैसले लेने का अवसर मिलता है। आने वाले कुछ महीनों में सरकार को काफी मशक्कत करनी होगी। उसे घरेलू निवेशकों को निवेश करने के लिए प्रोत्साहन देना होगा, प्रत्यक्ष विदेशी निवेश के अपने वायदे को पूरा करना होगा, मई 2014 के बाद से जिस नई कर व्यवस्था की बात हो रही है,उसे लागू करना होगा, कोयला, इस्पात, तेल, प्राकृतिक गैस और बिजली का उत्पादन बढ़ाना होगा, सड़क, रेलवे और बंदरगाह क्षेत्र में बुनियादी संरचना के विकास पर जोर लगाना होगा, विपक्ष को भरोसे में लेते हुए जीएसटी और दूसरे विधेयकों को पारित करवाना होगा। लेकिन सबसे महत्वपूर्ण बात, उसे कट्टरपंथी उन्मादियों पर रोक लगानी होगी, ताकि विकास के बजाय वे अप्रासंगिक मुद्दों की ओर हमारा ध्यान भटका न सकें।

# सामने पहाड़ है

22 नवंबर 2015

छब्बीस नवंबर, 2015 को संसद की बैठक बुलाई गई है। अर्थव्यवस्था की हालत संसद में सांसदों की मौजूदगी से अधिक की मांग करती है। सरकार के मंत्री सार्वजनिक रूप से जो कहना चाहते हैं, उसके विपरीत —और जैसा कि कुछ मंत्री, अनेक अधिकारी और विशेषरूप से कारोबार से जुड़े लोग तथा बैंकर्स निजी तौर पर कहते हैं—अर्थव्यवस्था बुरी स्थिति में है। आंकड़े विकास दर की चुगली कर रहे हैं: वर्ष 2014—15 में 7.3 फीसदी, 2015—16 की पहली तिमाही में सात फीसदी और 2015—16 में 7.3 फीसदी।

## हताश करने वाले संकेतक

सामान्य संकेतकों पर गौर कीजिए।

जून से सितंबर के बीच 2015 की दूसरी तिमाही ऐसी लगातार तीसरी तिमाही थी, जब पिछले वर्ष के इसी दौर की तुलना में सभी कंपनियों की निवल बिक्री में गिरावट दर्ज की गई। दूसरी तिमाही में यह 2014—15 की दूसरी तिमाही की तुलना में 5.3 फीसदी सिकुड़ गई। मैन्यूफैक्चरिंग सेक्टर का हाल सबसे बुरा था, जहां निवल बिक्री में 12 फीसदी की गिरावट आई। तकरीबन एक चौथाई गैर वित्तीय कंपनियों का दूसरी तिमाही का मुनाफा उनके ब्याज खर्च से भी कम था। कारोबार में मंदी छाई है।

कमजोर आय की वजह से कारोबारी निवेश नहीं कर रहे हैं। 2015—16 के प्रथम आठ महीने के दौरान निजी क्षेत्र की परियोजनाओं में कुल प्रस्तावित निवेश पिछले वर्ष की इसी अवधि की तुलना में 30 फीसदी कम था। ऐसा लगता है कि कंपनियां

कर्ज लेकर निवेश करने के प्रति उत्साही नहीं हैं। मौजूदा वित्त वर्ष में गैर खाद्य कर्ज 8.6 फीसदी की दर से बढ़ रहा है, विगत 20 वर्षों के दौरान यह सबसे सुस्त दर है। उद्योगों में कर्ज की दर तो इससे भी कम 4.9 फीसदी रही है। मध्यम किस्म के उद्योगों में तो इस अवधि में कर्ज में 6.7 फीसदी की दर से गिरावट आई है।

वर्तमान वित्त वर्ष की पहली छमाही (अप्रैल से सितंबर) में औद्योगिक उत्पादन का संकेतक 3.94 फीसदी की दर से बढ़ा। यदि हम सिर्फ मैन्यूफैक्चरिंग को देखें तो यहां स्थिति बदतर रही और इसमें सिर्फ 2.64 फीसदी की वृद्धि देखी गई। कोर सेक्टर के उद्योगों में पिछले वर्ष की पहली छमामी के 5.07 फीसदी की तुलना में इस वर्ष 2.33 फीसदी की दर से वृद्धि देखी गई।

निर्यात क्षेत्र ने सबसे खराब प्रदर्शन किया। सितंबर, 2015 को समाप्त हुई तिमाही में वाणिज्यिक निर्यात पिछले वर्ष की तुलना में 17.7 फीसदी गिर गया। अक्टूबर, 2015, नकारात्मक वृद्धि दर्ज करने वाला लगातार ग्यारहवां महीना था। सिर्फ रेडीमेट कपड़ों को (2.26 फीसदी) को छोड़ दिया जाए तो मैन्यूफैक्चर होने वाले हर सामान के निर्यात में गिरावट आई। पहली छमाही में सेवाओं के निर्यात से होने वाली प्राप्तियों में पिछले वर्ष की पहली छमाही की तुलना में 1.4 फीसदी की गिरावट आई। निश्चय ही, वैश्विक मंदी एक बड़ा कारण रही है, लेकिन गिरावट की दर परेशान करने वाली है, क्योंकि यह तब हो रहा है जब डॉलर के मुकाबले रुपये की कीमत में भी 6.6 फीसदी का अवमूल्यन हुआ।

## दावे कितने सही हैं?

दिल्ली इकोनॉमिक कॉन्क्लेव में प्रधानमंत्री ने चार दावे किए:

1. **जीडीपी की वृद्धि ऊपर की ओर है और मुद्रास्फीति नीचे की ओर**
   जीडीपी में वृद्धि दर बढ़ने का कोई प्रमाण मौजूद नहीं है। जहां तक मुद्रास्फीति की बात है, तो थोक मूल्य सूचकांक (डब्ल्यूपीआई) पर आधारित मुद्रास्फीति में गिरावट आई है, उपभोक्ता मूल्य सूचकांक पर आधारित मुद्रास्फीति जुलाई में 3.69 फीसदी से बढ़कर अक्टूबर में पांच फीसदी हो गई। इसके अलावा खाद्य संबंधी मुद्रास्फीति जुलाई, 2015 के अंत में 2.15 फीसदी थी, जो अक्टूबर, 2015 में बढ़कर 5.25 फीसदी हो गई और इसके और बढ़ने की आशंका है। किसी गृहणी से दाल के दाम या हेल्थ केयर, शिक्षा या यात्रा के खर्च के

बारे में पूछकर देखिये आपको उसकी नाराजगी का अंदाजा हो जाएगा!

2. **विदेशी निवेश बढ़ रहा है और चालू खाते का घाटा कम हो रहा है**
सरकार प्रत्यक्ष विदेशी निवेश (एफडीआई) में 2013–14 के 36 अरब अमेरिकी डॉलर से बढ़कर 2015–16 में 44 अरब डॉलर हो जाने के साथ ही इस वर्ष इसमें 18 फीसदी बढ़ोतरी होने का जश्न मना रही है। 2005 से 2007 के दौरान एफडीआई में चार गुना वृद्धि हुई थी और यह 9 अरब डॉलर से बढ़कर 37 अरब डॉलर हो गया था। 2011–12 में यह 46 अरब डॉलर था। एफडीआई का प्रवाह 36 अरब डॉलर से 46 अरब डॉलर के बीच है और इसमें कोई अप्रत्याशित बढ़ोतरी नहीं दिख रही है। चालू खाते का घाटा कम है, क्योंकि कच्चे तेल और सोने की कीमत ऐतिहासिक रूप से न्यूनतम स्तर पर है।

3. **राजस्व बढ़ रहा है, ब्याज दरें घट रही हैं**
सरकार के कर राजस्व के बजट अनुमानों से कम रहने के आसार हैं। अप्रत्यक्ष कर संग्रह में 36 फीसदी की वृद्धि उत्पाद और सीमा शुल्क में की गई वृद्धि के कारण है। कुल अतिरिक्त कर संग्रह में सिर्फ 11.6 फीसदी की बढ़ोतरी हुई है जोकि सामान्य है। जहां तक ब्याज दरों की बात है तो केंद्रीय बैंक दरों में हुई कटौती का लाभ कर्जलेने वालों तक नहीं पहुंचाने के लिए नाराजगी जता चुका है। यदि ब्याज दरें सचमुत आकर्षक स्तर तक गिर चुकी हैं तो फिर कर्ज की दर कम क्यों है?

4. **वित्तीय घाटा कम हुआ और रुपया स्थिर है**
यदि सरकार वित्तीय घाटे को नियंत्रित करने के प्रति आश्वस्त है, तो उसे 2016–17 तक वित्तीय घाटे को तीन फीसदी तक हासिल करने के लक्ष्य पर कायम रहना चाहिए। रुपया वास्तव में 'स्थिर' नहीं है–डॉलर के मुकाबले यह कमजोर हुआ है और यूरो और येन की तुलना में इसमें सुधार हुआ है।

## दूरदृष्टि और विनम्रता की जरूरत

जब तक कि कोई अंतरराष्ट्रीय संकट नहीं आता, भारत की जीडीपी की नई 'सामान्य' वृद्धि ऐसा लगता है कि सात फीसदी रहेगी और इसे हासिल करने के लिए सरकार संघर्ष कर रही है। स्थिर विकास दर लोगों की जेबें धन से नहीं भर सकती, इससे अतिरिक्त रोजगार भी पैदा नहीं होगा और न ही यह आधारभूत संरचना, शिक्षा और

स्वास्थ्य सेवा तथा लोगों को पेयजल, सफाई व्यवस्था और आवास उपलब्ध कराने से जुड़ी पीढ़ियों पुरानी समस्याओं को दूर करने के लिए संसाधन जुटा सकती है।

नए 'सामान्य' से आगे जाने के लिए सरकार को ढांचागत सुधारों (जैसा कि 1991–92 के दौरान किया गया) के लिए दूरदृष्टि और साहसिक कदम उठाने के साथ ही विपक्ष को भी साथ लेकर चलने के लिए संयम और विनम्रता दिखाने की जरूरत है।

# हर बदलाव सुधार नहीं

29 नवंबर 2015

बिहार चुनाव में जो हुआ, उसके बाद सरकार के विकास के एजेंडे पर लौटने की बात हो रही है। अगर अपनी पूरी ऊर्जा के साथ सरकार और संसद विकास के ठोस एजेंडे की दिशा में आगे बढ़ सकें, तो मुझसे ज्यादा खुश शायद ही कोई होगा। विकास के कई मॉडल होते हैं। बाजारवादी अर्थव्यवस्था का पूंजीवादी नजरिया खासकर सकल घरेलू उत्पाद (जीडीपी) के विकास पर केंद्रित रहता है। निस्संदेह ऐसे विकास से राष्ट्रीय आय और प्रति व्यक्ति आय बढ़ती है, मगर अक्सर इससे आय और संपदा से जुड़ी असमानताएं भी बढने लगती हैं।

## दूसरी पीढ़ी की बाजार अर्थव्यवस्था

बाजार अर्थव्यवस्था के बारीक विश्लेषण से पता चलता है कि विकास जरूरी है, मगर गरीबी, वंचना, अवसरों की असमानता और विभेद जैसी पुरानी समस्याओं से निजात पाने के लिए महज यही पर्याप्त नहीं है। इसके लिए जरूरी है कि विकास की नीतियां समावेशी हों, सभी लोगों की न्यूनतम जरूरतों को पूरा करती हों, और सामाजिक समानता को बढ़ावा देती हों। विकास के तमाम और भी मॉडल हैं, जिनमें से हर एक सुधारों पर फोकस करता है। मगर दिक्कत यह है कि यह सुधार शब्द स्पष्ट नहीं है। समय और संदर्भ के आधार पर सुधार के कई मतलब होते हैं। कुछ तो यहां तक चाह रखते हैं कि सरकार धार्मिक व्यवहार, सामाजिक मापदंड और मानवीय व्यवहार में भी सुधार की कोशिश करे। इससे ध्यान आता है कि सिंगापुर के पहले प्रधानमंत्री

ली क्वान यू ने कभी च्युइंगम चबाने पर रोक लगाते हुए सलाह दे डाली थी कि अगर कुछ चबाना ही है, तो केला चबाओ। विकास के संदर्भ में सुधारों का आशय खासकर, आर्थिक सुधारों, सार्वजनिक सेवाओं की कुशल व्यवस्था और कानून, समर्थन व प्रोत्साहन के जरिये मानवीय व्यवहार में कुछ बदलावों के लाए जाने से होता है।

मेरे अनुसार सही मायनों में आर्थिक सुधार वह होता है, जो अतीत से मुक्त हो और जो पुरानी व्यवस्था की जगह ऐसी नई व्यवस्था या मॉडल लाए, जो न सिर्फ फायदेमंद हो, बल्कि जो कुशलता व वितरण न्याय को भी मजबूत बनाए। अगर आर्थिक सुधार की इस परिभाषा को माना जाए, तो मुझे डर है कि तमाम सरकारों ने अब तक जो भी कदम उठाए हैं, वे सुधारों के दायरे में नहीं आते। ज्यादा से ज्यादा यही कहा जा सकता है कि सरकारों की ये व्यवस्थाएं कमोबेश पुराने प्रावधानों में ही कुछ रद्दोबदल कर तैयार की गई हैं, जिन्हें सुधार नहीं माना जा सकता।

## 1991 के बाद के सुधार

आर्थिक सुधारों के आधुनिक युग की शुरुआत 1991 से हुई। नीचे कुछ नीतिगत पहलों का उल्लेख है, जिन्हें सही मायनों में सुधार कहा जा सकता है।

1. जुलाई 1991 और मार्च 1992 के बीच चरणबद्ध ढंग से विदेश व्यापार नीति की शुरुआत की गई। हमने उन हजारों दस्तावेजों में कैद तमाम जटिल नियम–कानूनों को तिलांजलि दे दी, जो अब तक निर्यात एवं आयात नीतियों के तौर पर पारित किए गए थे। हमने आयातों और निर्यातों के मुख्य नियंत्रक के पद को खत्म कर दिया। हमने घोषित किया कि वस्तुओं का आयात–निर्यात अब बिल्कुल मुक्त होगा। हालांकि इस नीति को सशक्त बनाने में कुछ वर्ष लग गएय अब भी इसे मजबूत बनाने की गुंजाइश बनी हुई है।
2. औद्योगिक लाइसेंस राज के खत्म होने से उद्योगों पर से सरकारी नियंत्रण में ढील आई और उनके बीच प्रतिस्पर्द्धा बढ़ी। (क्या आप जानते हैं कि एक वक्त था, जब कोई कंपनी अगर अपनी स्वीकृत सीमा से एक साइकिल भी ज्यादा बना लेती थी, तो उसे अदालत तक खींचा जा सकता था?)
3. निश्चित विनिमय दर की जगह बाजार आधारित विनिमय दर की शुरुआत जुलाई, 1991 से हुई। इसके बाद फेरा की जगह फेमा लाया जाना 'नियंत्रण' को 'विनियमन' से 'प्रतिस्थापित' किए जाने का स्पष्ट संकेत था।

4. भारतीय पूंजी बाजार का परोक्ष निर्माण एक बड़ा सुधार था। हमनें ऑफिस ऑफ कंट्रोलर ऑफ कैपिटल इश्यूज को खत्म किया और सेबी की स्थापना की। इसी के साथ शेयर बाजार को जीवन मिला।
5. एमआरटीपी ऐक्ट के कुछ महत्वपूर्ण अध्यायों का निरसन किया गया। इसी के साथ कॉम्पिटिशन कमीशन ऐक्ट, 2002 पारित हुआ। हमनें बड़े आकार और परिमाण को प्रोत्साहन दिया, मगर साथ ही, प्रतियोगिता विरोधी समझौतों और प्रभुत्व के दुरुपयोग को रोकने के लिए कानून भी बनाया।
6. प्रत्यक्ष और अप्रत्यक्ष करों की दर में कटौती की शुरुआत तो 1992 से ही हो चुकी थी, मगर इसका सर्वाधिक असर फरवरी, 1997 के बजट में दिखा। व्यक्तिगत आयकर की 10, 20 और 30 फीसदी की दरें अपरिवर्तनीय बना दी गईं। (क्या आपको मालूम है कि एक वक्त ऐसा था, जब व्यक्तिगत आयकर की सीमांत दर 97.5 फीसदी थी।)
7. एडहॉक ट्रेजरी बिलों को खत्म करने और राजकोषीय घाटे के ऑटोमेटिक मुद्रीकरण के लिए 1997 में सरकार और रिजर्व बैंक के मध्य समझौता हुआ। सरकार ब्याज की बाजार दरों पर उधार देने के लिए मजबूर थी, इसलिए पूरा फोकस राजकोषीय घाटे पर नियंत्रण रखने में था।
8. सार्वजनिक क्षेत्र के उपक्रमों को विनिवेश के जरिये यह मौका मिला कि वे अपने सच्चे मूल्य को जान पाएं। इससे शेयरधारकों के प्रति जवाबदेही बढ़ाने का भी मौका मिला। इससे 1999 से 2004 के दौरान व्यापार से सरकार के बेदखल होने का मार्ग प्रशस्त हुआ।
9. सरकारी परियोजनाओं के लिए निजी संसाधनों का उपयोग करने के लिए सार्वजनिक–निजी भागेदारी (पीपीपी) का मॉडल उपयोग किया जाने लगा। अभी तक इसके मिश्रित नतीजे सामने आए हैं, मगर थोड़े से प्रयास से यह और उपयोगी साबित हो सकता है।
10. दूरसंचार के क्षेत्र में सरकार के आधिपत्य में कमी से इस क्षेत्र में क्रांति की शुरुआत हुई है।
11. आधार और प्रत्यक्ष नकद हस्तांतरण योजनाओं की शुरुआत बेशक धीमी हुई, मगर धीरे–धीरे इन्होंने तेजी पकड़ी है। अब तो इन्हें फिर से लॉन्च किया गया है। सब्सिडी के क्षेत्र में इससे आमूलचूल बदलाव देखने को मिलेंगे। यही नहीं, इससे सबसे जरूरी सब्सिडी को सबसे ज्यादा जरूरतमंद तक पहुंचाने में भी मदद मिलेगी।

## आसान लक्ष्य पर हो निगाहें

अगर सरकार वाकई आर्थिक सुधारों को लेकर गंभीर है, तो उसे उपरोक्त सूची पर गौर करना चाहिए। शौचालय बनवाने और मानवीय व्यवहार में बदलाव लाने के लिए 'निर्मल भारत अभियान' का ही कुछ संशोधनों के साथ 'स्वच्छ भारत' के तौर पर नामकरण किया गया है। गरीबों तक बैंकिंग सुविधाएं पहुंचाने के लिए वित्तीय समावेशन के एक पुराने प्रयास का नाम बदलकर जन धन योजना रखा गया है। ऐसे में, इन्हें सही मायनों में आर्थिक सुधार नहीं कहा जा सकता। वैसे सुधारों के कई आसान लक्ष्य भी हैं, मसलन, जीएसटीए डीटीसी और एफएसएलआरसी की सिफारिशें। आपसी विमर्श और सौजन्यता का परिचय देते हुए अगर इन आसान लक्ष्यों को पा लिया जाता हैए तो ये सच्चे अर्थों में आर्थिक सुधारों की श्रेणी में आएंगे।

# बजट

# वित्त मंत्री और 282 का आंकड़ा

22 फरवरी 2015

भारत के हालिया आर्थिक इतिहास से जुड़ा हुआ एक तथ्य बेहद दिलचस्प है। वर्ष 1991 में शुरू किए आर्थिक उदारीकरण के बाद से देश में सिर्फ छह वित्त मंत्री हुए हैं। इनमें से एक को छोड़कर किसी और वित्त मंत्री की सरकार को लोकसभा में बहुमत नहीं था। वह एकमात्र वित्त मंत्री अरुण जेटली हैं।

282 एक वरदान है। केंद्र सरकार में भाजपा के 282 सांसद हैं। इनमें सहयोगी दलों के सांसदों को जोड़ दें, तो यह संख्या 336 तक पहुंचती है। कुछ महीने पहले एक किताब के लोकार्पण के अवसर पर मैंने श्री जेटली को याद दिलाया था कि वित्त विधेयक को पारित कराने के लिए उन्हें चिंता करने की जरूरत नहीं है। मेरी चिंता यह है कि वह इस बहुमत से करेंगे क्या।

दिल्ली विधानसभा चुनाव के बाद ही आशंकाओं के बादल दिखने लगे थे। मैंने सरकार के दूसरे फैसलों की गिनती करनी शुरू की : यूरिया की कीमत पर नियंत्रण बना रहेगा, सब्सिडी युक्त एलपीजी सिलिंडरों की संख्या 12 बनी रहेगी, और जनरल एंटी एवोयेडंस रूल्स (गार) स्थगित रहेगा।

गलती दुरुस्त करना कठिन, और कई बार दुखद होता है। इसके लिए सिर्फ संख्याबल से काम नहीं चलताय इसके लिए साहस और प्रतिबद्धता की जरूरत होती है।

## शब्दाडंबर या सुधार

नरेंद्र मोदी और उनके मंत्री शुरू से ही अपने चुनावी शब्दाडंबर को सच मान बैठे कि भारतीय अर्थव्यवस्था की हालत ठीक नहीं है। उन्होंने यह भी मान लिया कि ज्यादा 'पूंजीवादी' सुधारों के जरिये आर्थिक वृद्धि को गति दी जा सकती है। उदाहरण—भूमि अधिग्रहण और पुनर्वास संशोधन के लिए अध्यादेश जारी करना, आर्थिक सुधारों में बाधक बनने वाले टैक्स टेरोरिज्म की लगातार बात करना और पर्यावरणीय मानकों का घातक घालमेल करना।

संभवत: सरकार यह मानती हो कि वह ज्यादा सार्वजनिक खर्च (वित्तीय घाटे की परवाह नहीं), करों के मोर्चे पर ज्यादा रियायतें और कर उगाही के नर्म रुख (राजस्व घाटे की चिंता नहीं) तथा रक्षा उपकरणों और सोने के आयात के उदार दौर (चालू खाते के घाटे की परवाह नहीं) के साथ सुधार के रास्ते पर है। अगर यह सारा कुछ, और इनके अलावा भी कुछ, जेटली के बजट में जगह बना पाता है, तो उन्हें नायक मान लिया जाएगा और फिर सीआईआई से अखबारों में एक और पूरे पृष्ठ का राजनीतिक विज्ञापन देने की अपेक्षा की जाएगी।

मैं पूरी गंभीरता के साथ यह चाहता हूं कि श्री जेटली खुद को नायक कहलाने के लालच से बचेंगे। मेरी बिन मांगी सलाह यह है।

**अपेक्षाएं पूरी करने से बचें**—2013–14 से ही अर्थव्यवस्था सुधार के रास्ते पर है, जब आर्थिक विकास दर पिछले साल के 5.1 फीसदी से बढ़कर 6.9 प्रतिशत हो गई, पर इसे अभी और आगे जाना है। केंद्रीय सांख्यिकी कार्यालय के आकलन के मुताबिक, 2014–15 में आर्थिक विकास दर 7.4 फीसदी रहेगी। इस लक्ष्य तक पहुंचने की कोशिश करें और इससे ऊंची विकास दर के बारे में न सोचें। मौजूदा स्थिति को देखते हुए सात से आठ फीसदी के बीच की विकास दर संतोषजनक रहेगी और इससे मुद्रास्फीति का खतरा भी नहीं रहेगा।

**वित्तीय सुदृढ़ीकरण के लक्ष्य पर टिके रहें**—यूपीए–2 के लिए तब बाजी पलट गई, जब उसने आर्थिक प्रोत्साहन की नीति को लंबा खींच दिया। मैंने विजय केलकर से वित्तीय सुदृढ़ीकरण का रास्ता सुझाने के लिए कहा था। उन्होंने ऐसा किया, हमने उसे लागू भी किया और उसका बहुत फायदा मिला। मुद्रास्फीति नियंत्रण में आ गई, विनिमय दर स्थिर रही और ब्याज दर में बदलाव की जरूरत नहीं पड़ी। सरकार के मुख्य आर्थिक सलाहकार या नीति आयोग के उपाध्यक्ष अगर विजय केलकर को आमंत्रित करें, एक सप्ताह उनसे प्रशिक्षण लें और सरकार से जुड़े ये दोनों सज्जन

बजट तक इसी सीख पर टिके रहें, तो इसका लाभ सरकार को मिलेगा। जिस आंकड़े पर विशेषज्ञों की सबसे पहले नजर जाएगी, वह यह है कि क्या यह सरकार मौजूदा वर्ष में 4.1 फीसदी के लक्षित वित्तीय घाटे पर टिकी रह पाएगी, और 2015-16 में 3.6 प्रतिशत के वित्तीय घाटे का लक्ष्य तय कर पाएगी।

**सरकारी खर्च नहीं, सार्वजनिक क्षेत्र में निवेश बढ़ाएं**—सार्वजनिक क्षेत्र की कंपनियां (पीएसई) निवेश बढ़ाने की इच्छुक नहीं हैं। वर्ष 2012 में हमने उनसे कहा था, 'निवेश बढ़ाएं या खत्म हो जाएं' (यूज इट ऑर लूज इट)। हमने उनसे कहा था कि उन्हें जो मुनाफा मिलता है, उसे निवेश करना होगा, अगर वे ऐसा नहीं करते हैं, तो उन्हें सरकार को ज्यादा लाभांश देना चाहिए। इस सरकारी निर्देश का लाभ हुआ। केंद्र सरकार के तहत आने वाले सार्वजनिक क्षेत्र के उद्यमों में 2012-13 में पूंजीगत खर्च 1,93,737 और 2013-14 में 2,57,641 था। सार्वजनिक क्षेत्र में हुए निवेश से वस्तुओं और सेवाओं की मांग बढ़ी, रोजगार बढ़ा, और निजी क्षेत्र के निवेश में कमी आई।

दूसरी तरफ, सरकारी विभाग खर्च करने पर खुशी महसूस करते हैं। सार्वजनिक क्षेत्र में खर्च बढ़ाएंगे, तो सरकारी विभाग भवनों, यातायात, सेमिनारों, आउटसोर्सिंग स्टडीज, और तमाम चीजों पर नजर रखने के लिए कमेटियों के गठन के लिए और पैसे मांगेंगे। वे 'नई और बेहतर' योजनाओं का सुझाव देंगे और उनके नाम भाजपा दिग्गजों के नाम पर रखने का वायदा करेंगे। श्री जेटली को इन सारे सुझावों को खारिज कर देना चाहिए, और सरकारी विभागों को बस उससे थोड़ी अधिक राशि देनी चाहिए, जो 2014-15 में वास्तविक तौर पर खर्च हुई थी।

**टैक्स छूट रहे, पर सिर्फ बचत बढ़ाने के लिए**—वित्तीय बचत के लिए करों में रियायत देना एक अच्छा विचार है। लेकिन खर्च के कुछ मदों में बड़ी कटौती बुरा विचार है। आदर्श स्थिति तो वह है, जिसमें सारी कटौतियां खत्म की जाएं, ताकि आय की एक तय सीमा के ऊपर के सभी लोगों को कर चुकाना पड़े।

**बजट को इक्विटी टेस्ट में पास होना चाहिए**—इक्विटी के मामले में सरकार का न सिर्फ इरादा संदेहास्पद है, बल्कि उसकी क्षमता पर भी संदेह होता है। सार्वजनिक वस्तुओं की कमी और उनके गिरते स्तर से गरीबों पर बड़ा बोझ पड़ता है। इक्विटी को प्रोत्साहित करने के कई तरीके हैं, ऐसे में, यह देखना दिलचस्प होगा कि वित्त मंत्री इस दिशा में क्या करते हैं।

**बजट को समानता की परीक्षा में भी पास होना चाहिए**—आय और संपत्ति के मामले में बढ़ती असमानता विकास के लिए घातक है। सामाजिक विक्षोभ, बढ़ते अपराध

और लोकतांत्रिक मूल्यों के क्षरण का यह बड़ा कारण है। सिर्फ कुछ स्कैंडिनेवियन देश ही इस चुनौती से निपटने में आंशिक रूप से सफल हुए हैं। भाजपा की जो सोच है, उसे देखते हुए मैं दुख के साथ यह भविष्यवाणी कर सकता हूं कि बजट असमानता खत्म करने के मामले में विफल होगा।

वित्त मंत्री को मेरी शुभकामनाएं!

# बजट 2015: अच्छा, बुरा और बदसूरत

8 मार्च 2015

भारत में भले ही अनेक राजनीतिक पार्टियां हों, लेकिन 'टिप्पणीकारों' (स्तंभकारों, पत्र–लेखकों, ट्वीट करने वालों, ब्लॉगरों और गाली देने वालों) के लिए दो ही दल हैं–सत्ता पक्ष, जो सब कुछ अच्छा देखता है, और विपक्ष, जो गलत चीज के लिए और कुछ नहीं देखता।

मैं इन दोनों का सम्माननीय हिस्सा हूं। मैं एक चयनकर्ता भी हूं, जो बिना किसी हिचक के बदसूरत चीजों को निकाल बाहर करता है।

मैंने सोचा कि मैं वित्त मंत्री के बजट भाषण के भाग, अ के कुछ हिस्से को (जो उन्होंने कहा, और जो उन्होंने अनकहा छोड़ दिया) आपसे साझा करूं और साथ ही अपने विचार रखूं।

1. 'भारतीय अर्थव्यवस्था की साख पुनर्स्थापित हुई है'–अगस्त, 2012 से हमने जो कोशिशें कीं, उसका सुखद नतीजा निकला है। सुधार की शुरुआत 2013–14 (6.9 प्रतिशत) में हो गई थी, जो 2014–15 में (7.4 फीसदी) बरकरार रही। यह वित्तीय सुदृढ़ीकरण, चालू खाते के घाटे और मुद्रास्फीति पर अंकुश लगाने के कारण संभव हुआ है। *अच्छा*।
2. 'हम एक मौद्रिक नीति कमेटी के गठन के लिए इस साल आरबीआई ऐक्ट में संशोधन करने की दिशा में कदम उठाएंगे'–फाइनेंस सेक्टर लेजिस्लेटिव रिफॉर्म्स कमीशन के कम से कम एक सिफारिश पर तो अमल होने जा रहा है। क्या इस कमेटी में सरकार के प्रतिनिधि होंगे? क्या गवर्नर के पास वीटो होगा? इस बारे

में कुछ नहीं कहा गया है। *अच्छा।*

3. 'मैं वित्तीय घाटे को जीडीपी के तीन प्रतिशत पर रखने का लक्ष्य पहले तय किए गए दो वर्षों की अवधि के बजाय तीन वर्षों में पूरा करूंगा।' अगर ऐसा किया गया, तो अर्थव्यवस्था 8 से 8.5 फीसदी की दर से आगे बढ़ेगी, लेकिन चूंकि कच्चे तेल और वस्तुओं के दाम कम हैं, ऐसे में लक्ष्य को एक साल और आगे ले जाने का कोई औचित्य नहीं है। *बुरा।*
4. 'किसानों के प्रति हमारी प्रतिबद्धताएं गहरी हैं'–वर्ष 2009–14 के बीच राष्ट्रीय कृषि विकास योजना (आरकेवीवाई) समेत दूसरी कई योजनाओं को आर्थिक विकास दर की वृद्धि दर 4.06 करने का श्रेय जाता है। लेकिन आरकेवीवाई का आवंटन 2014–15 के 8,449 करोड़ रुपये से घटाकर 2015–16 में 4,500 करोड़ रुपये कर दिया गया। इस खाई को कौन भरेगा? अभिजीत सेन की चेतावनी अनसुनी कर दी गई। *बुरा।*
5. 'हमारी सरकार मनरेगा के जरिये रोजगार देने को प्रतिबद्ध है'–राज्य की योजनाओं के वास्ते 2014–15 के लिए 32,456 करोड़ और 2015–16 के लिए 33,700 करोड़ रुपये। चूंकि इसमें बगैर भुगतान किए गए बिल भी हैं, इसलिए अगले वर्ष के लिए कुल राशि कम रहेगी। इसके अलावा मजदूरी की दर बढ़ चुकी है, ऐसे में, औसत कार्यदिवस में कमी आएगी। मनरेगा की धीमी मौत के लिए तैयार रहिए। *बुरा।*
6. 'हम वित्त वर्ष 2015–16 में एक व्यापक बैंककरप्सी कोड लाएंगे'–*अच्छा।*
7. 'ऐसे में, मैं एक माइक्रो यूनिट्स डेवलपमेंट रिफाइनेंस एजेंसी (मुद्रा) बैंक का प्रस्ताव करता हूं, जिसकी शुरुआती पूंजी 20,000 करोड़ होगी, और जो 3,000 करोड़ रुपये तक के कर्ज की गारंटी देगी।' सरकार पहले पैसे की व्यवस्था करेगी, फिर इस बैंक की फंडिंग करेगी, इसलिए धैर्य रखें। *अच्छा (अभी सिर्फ अच्छी नीयत का ही सबूत)।*
8. 'जल्दी ही शुरू होने वाली प्रधानमंत्री सुरक्षा बीमा योजना में दुर्घटना में होने वाली मृत्यु पर दो लाख रुपये देने का प्रावधान होगा, जिसके लिए सिर्फ सालाना 12 रुपये प्रीमियम जमा करना होगा। मैं जिस तीसरी सामाजिक सुरक्षा योजना की घोषणा करना चाहता हूं, वह प्रधानमंत्री जीवन ज्योति बीमा योजना है, जो स्वाभाविक मृत्यु और दुर्घटना में होने वाली मौत, दोनों को कवर करेगा, और जिसमें दो लाख रुपये दिए जाएंगे। इसका प्रीमियम 300 रुपये सालाना होगा।' इन्हें सरकार द्वारा वित्तपोषित सार्वभौमिक बीमा योजना समझने की भूल न करें।

ये मानक योजनाएं हैं, जो स्वैच्छिक नामांकन और वार्षिक नवीकरण पर निर्भर करेगा। यह एक वायदा है, जिसे कुछ वर्षों बाद भुला दिया जाएगा। *न अच्छा, न बुरा*।

9. 'मेरी सरकार अनुसूचित जाति, अनुसूचित जनजाति तथा महिलाओं के लिए पहले से जारी कल्याणकारी योजनाओं के प्रति भी प्रतिबद्ध है–' आंकड़ा ही इसकी दुरावस्था बता देता है। अनुसूचित जाति तथा जनजाति समूहों के लिए 2014–15 का बजट प्रस्ताव, 2014–15 का ही संशोधित प्रस्ताव, और 2015–16 का बजट प्रस्ताव क्रमशः इस तरह हैं–अनुसूचित जाति उप योजना–50,548 करोड़ रुपये, 33,638 करोड़ रुपये और 30,851 करोड़ रुपये। आदिवासी उप योजना–32,386 करोड़ रुपये, 20,535 करोड़ रुपये और 19,980 करोड़ रुपये। वर्ष 2014–15 में वास्तविक खर्च एक तिहाई कम कर दिया गया, और 2015–16 के लिए तो उसा आवंटन और घटा दिया गया। मुद्रास्फीति को ध्यान में रखते हुए आवंटन में यह कटौती बहुत ही दुखद है। उन सांसदों को, जिनके पास दिल और अंतःकरण हैं, यह एकजुट होने का समय है। *बदसूरत*।

10. 'मैं एक नेशनल इनवेस्टमेंट ऐंड इन्फ्रास्ट्रक्चर फंड के गठन का विचार पेश करता हूं और इसके लिए सालाना 20,000 करोड़ का आवंटन सुनिश्चित करता हूं–' हमारे यहां पहले से ही इंडिया इन्फ्रास्ट्रक्चर फाइनेंस कंपनी लिमिटेड (आईआईएफसीएल) है। हमारे यहां नेशनल इनवेस्टमेंट फंड भी है, जो विनिवेश से संबंधित है। एक और उपकरण के होने में कोई हर्ज नहीं है, जिसके लिए सरकार हर साल फंड आवंटित करेगी। *अच्छा (लेकिन क्यों?)*।

11. 'सार्वजनिक क्षेत्र के बंदरगाहों को कॉरपोरेटीकरण के लिए प्रोत्साहित किया जाएगा और कंपनीज ऐक्ट के तहत उन्हें कंपनी बनाया जाएगा'–*अच्छा*।

12. 'मैं करों की पर्याप्त उगाही से कुछ अतिरिक्त संसाधन हासिल करने की उम्मीद करता हूं। अगर मैं इसमें सफल रहता हूं, तो बजटीय आवंटन बढ़ाने का प्रयास करूंगा...' न नौ मन तेल होगा, न राधा नाचेगी। अतिरिक्त संसाधन हासिल करने की कल्पना करती सरकार को पहले इस पर आश्वस्त हो लेने दीजिए कि राजस्व बजट प्रस्ताव से कम न हों। सरकार के अच्छे इरादे इस तथ्य को बदल नहीं सकते कि उसने राष्ट्रीय ग्रामीण रोजगार गारंटी कार्यक्रम, समेकित बाल विकास योजना और समेकित बाल संरक्षण योजना को महत्वहीन कर दिया है। *बदसूरत*।

13. 'मैं वायदा बाजार आयोग को सेबी में विलय करने का प्रस्ताव करता हूं–' *अच्छा*।

14. 'हम शीघ्र ही एक राष्ट्रीय कौशल मिशन की शुरुआत करने जा रहे हैं–' हमारे

यहां पहले से ही एक राष्ट्रीय कौशल विकास एजेंसी है, जो तेजी से काम कर रही है, और 31 क्षेत्रों में कौशल परिषद के जरिये कौशल विकास को गति दे रही है। यह अगर नकल नहीं है, तो नकलीकरण है। बदसूरत।

15. 'गुजरात में गिफ्ट (गुजरात इंटरनेशनल फाइनेंस टेक सिटी) को एक अंतरराष्ट्रीय वित्तीय केंद्र के रूप में विकसित करने पर विचार किया जा रहा है। गिफ्ट का पहला चरण जल्दी ही एक वास्तविकता बन जाएगा–' मुंबई जाग जाओ! श्री फडनवीस शायद अपना पद खो सकते हैं, क्योंकि उन्होंने इसका विरोध किया है, लेकिन क्या गिफ्ट का समर्थन कर फडनवीस अपना अस्तित्व बनाए रख सकते हैं? बुरा जो बदसूरत बन सकता है।

प्रिय पाठको, आप खुद अपने तौर पर आकलन कर सकते हैं।

# 75,000 करोड़ का झटका

22 मार्च 2015

वित्तमंत्री महोदय ने अपने विजन 2022 के लिए 13 सूत्री एजेंडा प्रस्तुत किया था। इसके महत्वपूर्ण बिंदुओं में शामिल थे—हर परिवार के लिए घर, पीने का साफ पानी, स्वास्थ्य सेवाएं, स्कूलों की संरचना में सुधार और कृषिगत उत्पादकता में बढ़ोतरी। शायद ही कोई हो, जिसने इस एजेंडे का स्वागत न किया हो।

उन्होंने पांच प्रमुख चुनौतियों का भी जिक्र किया था, मगर साथ ही यह वायदा भी किया था कि राष्ट्रीय प्राथमिकता वाले क्षेत्रों में, मसलन कृषि, शिक्षा, स्वास्थ्य, मनरेगा और सड़कों समेत ग्रामीण अवसंरचना, सरकार अपना समर्थन बनाए रखेगी। यह भी कहा गया था कि निर्धन और वंचित वर्गों के लिए चलाए जा रहे कार्यक्रम जारी रहेंगे। उनकी बातों से हम पूरी तरह आश्वस्त थे।

उन्होंने चेतावनी भी दी थी कि राजकोषीय अनुशासन में केंद्र की हिस्सेदारी में कमी आएगी। तब, 14वें वित्त आयोग के अध्यक्ष डॉ वाई वी रेड्डी ने बेहद विनम्रता से उन्हें उनकी गलती का एहसास कराया था। दरअसल, राज्यों को होने वाला कुल अंतरण पिछले कई वर्षों के समान तकरीबन 62 फीसदी होगा। ऐसे में, राजकोषीय अनुशासन में केंद्र सरकार की हिस्सेदारी भी पिछले वर्षों जैसी रहेगी। दरअसल जो बदलाव हैं, वे सशर्त और शर्तरहित हिस्सों से संबंधित हैं। यह चौदहवें वित्त आयोग की सिफारिशों का नतीजा है कि राज्यों को अंतरित होने वाले फंड के शर्तरहित हिस्सों का अंतरण 32 प्रतिशत से बढ़कर 42 फीसदी हो जाएगा।

वित्त मंत्री तर्क देते हैं कि करों के 42 फीसदी हिस्से का हस्तांतरण एक अभूतपूर्व कदम है, जिससे राज्यों को संसाधन समृद्ध बनने में मदद मिलेगी। इस तर्क के साथ

ही सरकार ने कल्याणकारी गतिविधियों को आगे बढ़ाने की जिम्मेवारी राज्यों के पाले में डाल दी है। मैं अपने इस लेख के जरिये सरकार के इस तर्क का विश्लेषण करना चाहूंगा।

## कम पैसा, न कि ज्यादा

बजट दस्तावेजों के अनुसार 23 योजनाएं पूरी तरह से केंद्र सरकार द्वारा संचालित होंगी। 13 योजनाएं एक परिवर्तित साझेदारी वाले पैटर्न पर आधारित होंगी और 12 योजनाओं की केंद्र पर निर्भरता कम की जाएगी। केंद्र की सहायता से दूर होने वाली योजनाओं को सामान्य केंद्रीय सहायता, विशेष केंद्रीय सहायता और विशेष योजनागत सहायता इन तीन वर्गों में बांटा जा सकता है। यही वे तीन वर्ग हैं, जिनका उपयोग तत्कालीन योजना आयोग ने क्षेत्रीय असमानताओं और असंतुलन की चुनौतियों से निपटने के लिए किया था।

|  | बजट 2014-15 | संशोधित 2014-15 | बजट 2015-16 | बजट अंतर | संशोधित अंतर |
|---|---|---|---|---|---|
| राज्य योजना पर केंद्रीय सहायता | 314,814 | 255,874 | 180,293 | 134,521 | 75,581 |
| राष्ट्रीय कृषि विकास योजना (RKYY) | 9,954 | 8,444 | 4,500 | 5,454 | 3,944 |
| राष्ट्रीय ग्रामीण स्वच्छ पेयजल कार्यक्रम | 10,891 | 9,191 | 2,500 | 8,391 | 6,691 |
| एलडब्ल्यूई प्रभावित जिलों के लिए एसीए | 2,640 | 1,760 | 0 | 2,640 | 1,760 |
| पिछड़ा क्षेत्र अनुदान फंड–राज्य घटक | 5,050 | 3,450 | 0 | 5,050 | 3,450 |
| सामान्य केंद्रीय सहायता | 28,514 | 26,814 | 0 | 28,514 | 26,814 |
| विशेष केंद्रीय सहायता | 11,000 | 10,150 | 0 | 11,000 | 10,150 |
| विशेष योजना सहायता | 6,837 | 7,666 | 0 | 6,837 | 7,666 |
| मिड डे मील योजना | 4,318 | 3,997 | 1,325 | 2,993 | 2,672 |
| सर्व शिक्षा अभियान | 9,194 | 8,894 | 2,000 | 7,194 | 6,894 |
| पिछड़ा क्षेत्र अनुदान फंड | 5,900 | 2,837 | 0 | 5,900 | 2,837 |

| | | | | | |
|---|---|---|---|---|---|
| त्वरित सिंचाई लाभ व खाद्य प्रबंधन कार्यक्रम | 8,992 | 3,277 | 1,000 | 7,992 | 2,227 |
| एकीकृत बाल विकास सेवा | 17,858 | 16,316 | 8,000 | 9,858 | 8,316 |
| सभी के लिए आवास (ग्रामीण)–इंदिरा आवास योजना | 15,976 | 10,990 | 10,000 | 5,976 | 990 |
| राष्ट्रीय स्वास्थ्य मिशन | 21,650 | 17,434 | 18,000 | 3,650 | – 566 |

* सभी आंकड़ें करोड़ रुपयों में

इस सारिणी से सारी बातें साफ हो जाती हैं। 2014–15 में 3,14,814 करोड़ रुपये की केंद्रीय सहायता के वायदे के उलट सरकार केवल 2,55,874 करोड़ रुपये ही हस्तांतरित करेगी। यानी वायदे से 58,490 करोड़ रुपये कम। इतना ही नहीं, 2015–16 में केंद्रीय सहायता में 75,581 करोड़ रुपये की और कमी देखने को मिलेगी। अब जरा तालिका में नीचे नजर दौड़ाएं। मैंने फंड के हस्तांतरण को लेकर 14 ऐसे कार्यक्रमों को चुना है, जो गरीबी के उन्मूलन और लोक कल्याण के समर्पित हैं। इन 14 वर्गों में से 13 में (नेशनल हेल्थ मिशन अपवाद है) इस वर्ष की तुलना में अगले वित्त वर्ष में सरकार राज्यों को कम पैसा देगी। नेशनल हेल्थ मिशन के मामले में भी राज्यों को मिलने वाली राशि में 566 करोड़ रुपयों की बढ़ोतरी भ्रम के सिवाय कुछ नहीं है। दरअसल, 2014–15 के संशोधित अनुमानों में इसमें पहले से ही 4,216 करोड़ रुपयों की कटौती की जा चुकी थी।

सरकार का तर्क है कि होने वाले नुकसान को केंद्र सरकार द्वारा संग्रहीत होने वाले राज्यों के हिस्से वाले करों में बढ़ोतरी से पूरा किया जाएगा। बजट दस्तावेजों के अनुसार केंद्र 2014–15 के 3,37,808 करोड़ रुपयों की तुलना में 2015–16 में 5,23,958 करोड़ रुपये राज्यों को हस्तांतरित करेगा। मगर इसके साथ एक शर्त भी जुड़ी है। दरअसल ऐसा होना तभी मुमकिन होगा जब कि केंद्र सरकार 14,49,490 करोड़ रुपये यानी 2014–15 में एकत्र किए गए कर–राजस्व से 16 फीसदी ज्यादा राजस्व एकत्रित करे। सोच कर देखिए कि केंद्र 13 फीसदी ज्यादा कर एकत्रित करेगा, जो कि 2009–10 से 2013–14 के बीच का औसत एकत्रण (न कि 16 प्रतिशत) था। इसका मतलब इसमें राज्यों का हिस्सा होगा केवल 5,09,065 करोड़ रुपये। इतना ही नहीं, अगर हम यह मानें कि 2013–14 और 2014–15 की तरह कर राजस्व में 13 फीसदी की दर से कम से बढ़ोतरी होगी, तब तो केंद्र का हिस्सा और कम हो जाएगा।

## व्यवस्था का अभाव

सवाल यह है कि 2015–16 के बजट ने आखिर क्या किया है? इसमें गारंटीयुक्त घटक (राज्य योजना में केंद्रीय सहायता) में 75,000 करोड़ रुपयों की कमी की गई है। यह भी मुमकिन है कि यह अनियत घटक (करों में हिस्सा) में बढ़ोतरी भी न कर पाए, जिसका कि पहले वायदा किया गया था। ऐसे में सवाल उठता है कि कल्याणकारी कार्यक्रमों के लिए राज्यों के पास अतिरिक्त फंड कहां से आएगा। चौदहवें वित्त आयोग ने जिस संस्थागत व्यवस्था की बात की थी, उसके अभाव में इसकी क्या गारंटी है कि राज्य अपने शर्तरहित संसाधनों का इस्तेमाल ऐसे कार्यक्रमों के क्रियान्वयन में करेंगे। जाहिर है कि केंद्र–राज्य हिस्सेदारी के सिद्धांत को तगड़ा झटका मिल चुका है।

# वायदे करना और फिर भूल जाना

21 जून 2015

बजट बनाना ऐसा कार्य है, जिसे पूरा करने के लिए मेहनत और धैर्य की जरूरत होती है। इसी तरह बजट भाषण के दौरान वायदे करना और उन्हें तोड़ने के लिए भी अपने तरह की चालाकी और दृढ़ता की जरूरत हो सकती है। छोटे-मोटे वायदों को पूरा करने के लिए धन के आवंटन में मुश्किल नहीं आती, क्योंकि इससे राजकोषीय घाटे पर बोझ नहीं बढ़ता। दरअसल, एक वित्तमंत्री के लिए सबसे बड़ी चुनौती बजट भाषण में किए गए वायदों पर खरा उतरने की होती है। मुश्किल यह है कि बजट भाषण तैयार करते वक्त जो काम निहायत आसान लग रहे होते हैं, उन्हें पूरा करने की राह में एकाएक मुश्किलें आने लगती हैं।

बजटीय आवंटन बढ़ाने की जिद पर अड़े मंत्री महोदय को एकाएक पता चलता है कि उनका विभाग अमुक दायित्व के लिए तैयार ही नहीं है। वित्तमंत्री की चिंता इसको लेकर होती है कि अगर आवंटित धन खर्च नहीं हो पाया, तब क्या होगा। प्रधानमंत्री इस बात पर खफा रहते हैं कि मंत्रियों की वजह से उन्हें नीचा दिखना पड़ा। वित्त मंत्रालय के बजट प्रभाग के अधिकारी इन हालात में दबी आवाज में मजे लेते हैं, मगर रिव्यू मीटिंग के दौरान गंभीर मुख-मुद्रा ओढ़े रखते हैं। वित्त मंत्रालय का व्यय विभाग जरूरत खुश होता है कि उसने सरकार के पैसे बचा लिए। यही पूरी कहानी है, जो पहले भी कई बार सुनी-सुनाई जाती रही है।

## काम करते हुए सीखना

हर वित्त मंत्री (लेखक समेत) को अपने पहले बजट में गलतियां करने और उनसे सीखने की छूट मिलती है। 2014–15 के बजट के लिए अरुण जेटली जी को यह मौका मिल चुका है। जब कोई अपने निशाने से चूकता है, तो दूसरे लोग मजे लेते ही हैं। इन हालात पर काबू पाने की सबसे कारगर रणनीति है (खासकर वित्तमंत्री के लिए) अपने धैर्य को न खोना। अपने पहले बजट में जेटली जी का क्या स्कोर रहा? आइए, देखते हैं।

## घोषणा करना और भूल जाना

सबसे पहले उन बिंदुओं पर चर्चा करते हैं, जिन्हें 'घोषणा करो और भूल जाओ' के वर्ग में रखा जा सकता है। इस वर्ग में वे घोषणाएं आती हैं, जिन पर केवल एक दिन ही चर्चा होती है। कुछ हफ्ते बाद इनका क्या हुआ, इसकी कोई परवाह तक नहीं करता। एक वर्ष बाद सबकी यादों से ये मिट चुकी होती हैं, और उसके बाद तो अगले बजट का माहौल बनने लगता है। इसके कुछ उदाहरण इस प्रकार हैं–

1. एक युद्ध स्मारक बनाने की घोषणा की गई। 100 करोड़ रुपये आवंटित भी हुए। मगर, अब तक यह कैबिनेट की मंजूरी के इंतजार में है।
2. सुरक्षा तंत्र में अनुसंधान और विकास के लिए एक तकनीकी विकास फंड के सृजन की घोषणा हुई। 100 करोड़ रुपये आवंटित हुए, मगर कुछ खर्च नहीं हुआ। नतीजतन, आवंटन रद्द करना पड़ा।
3. एक पुलिस स्मारक बनवाने के लिए 50 करोड़ रुपये आवंटित किए गए। पैसे खर्च भी हुए, मगर किसी को नहीं पता कि स्मारक कहां है।

## हार मत मानो

कुछ और भी घोषणाएं होती हैं, जिन्हें श्हार मत मानो' वाले वर्ग में रखा जा सकता है। इनके तहत एक योजना की घोषणा होती है। पैसे का आवंटन होता है। इसके बाद क्रियान्वयन के मोर्चे पर वर्ष भर कुछ नहीं होता, या फिर नाम मात्र की प्रगति होती है। मगर, विभाग हार नहीं मानता। अगले वर्ष के बजट में फिर इसी मद में आवंटन होता है (देखें तालिका)। यह बार–बार होता रहता है। इनमें से कुछ घोषणाएं समय

के साथ ठंडे बस्ते में डाल दी जाती हैं।

| योजना/कार्यक्रम | 2014-15 बजट अनुमान (BE) | 2014-15 संशोधित अनुमान (RE) | 2015-16 बजट अनुमान (BE) |
|---|---|---|---|
| 1. स्टार्ट अप ग्राम इंटरप्रैन्योरशिप | 100 | 1.00 | 200 |
| 2. स्कूल आकलन | 30 | 4.20 | 50 |
| 3. नए आईआईटी और आईआईएम | 450 | 15.00 | 1000 |
| 4. कृषि–तकनीकी बुनियादी फंड | 90 | 0.10 | 90 |
| 5. जलवायु परिवर्तन के लिए राष्ट्रीय फंड | 113 | 10.19 | 160 |
| 6. मूल्य स्थायीकरण फंड | 450 | 50.00 | 400 |
| 7. राष्ट्रीय औद्योगिक कॉरिडोर प्राधिकरण | 100 | 7.60 | 45 |
| 8. तकनीक केंद्र नेटवर्क | 200 | 10.00 | 200 |
| 9. पश्मीना ऊन विकास | 30 | 1.00 | 30 |
| 10. अत्याधुनिक सुपर क्रिटिकल थर्मल पावर तकनीकी | 100 | 13.23 | 50 |
| 11. जम्मू–कश्मीर में इंडोर और आउटडोर स्टेडियमों में सुधार | 200 | 0.10 | 100 |
| 12. मणिपुर में स्पोर्ट्स यूनिवर्सिटी | 100 | 0.10 | 50 |
| 13. युवा नेता कार्यक्रम | 100 | 12.21 | 100 |
| 14. राष्ट्रीय हिमालय अध्ययन केंद्र | 89.40 | — | 100 |
| 15. सीमाई क्षेत्रों में रेलवे विकास | 1000 | — | 500 |
| 16. 5 मेगा क्लस्टर्स की स्थापना | 190 | 33 | 100 |

*करोड़ रुपयों में

## बड़ी घोषणाएं

अंतिम वर्ग में बड़ी घोषणाएं आती हैं। ये बजट का प्रमुख आकर्षण होती हैं। 2014–15

में इनकी स्थिति पर डालते हैं नजर–

वित्तमंत्री अरुण जेटली ने प्रधानमंत्री कृषि सिंचाई योजना को सबसे ज्यादा प्राथमिकता दी है। उन्होंने इसके लिए कुल एक हजार करोड़ रुपये के आवंटन की घोषणा की। 2015–16 के बजट दस्तावेजों के अनुसार इसमें से केवल 30 करोड़ रुपये खर्च हो सके। 2015–16 के बजट में इसके लिए 1,800 करोड़ रुपये आवंटित किए गए।

भाजपा के लिए पं. दीन दयाल उपाध्याय से बड़ा आइकन नहीं हो सकता। उनके नाम पर सरकार ने ग्राम ज्योति योजना की शुरुआत की, जिसके लिए 500 करोड़ रुपये आवंटित किए गए। सरकार ने पूरी राशि खर्च किए जाने का दावा किया। हैरत की बात यह है कि वर्तमान वर्ष में इसके लिए कोई आवंटन नहीं किया गया है। क्या इसका यह मतलब निकाला जाए कि इस योजना के समग्र उद्देश्य पूरे हो चुके हैं।

स्मार्ट सिटी भी एक बड़ा विचार था। इसके लिए और जवाहरलाल नेहरू शहरी नवीकरण मिशन के लिए 7,016 करोड़ रुपये आवंटित किए गए। हालांकि 2014–15 में महज 924 करोड़ रुपये ही खर्च किए जा सके। 2015–16 के बजट दस्तावेजों के अनुसार इस वर्ष पुराने शीर्ष के तहत केवल 143 करोड़ रुपये आवंटित किए गए हैं, जबकि 5,939 करोड़ रुपये के आवंटन के साथ दो नए शीर्षों का गठन किया गया है।

मैं ऐसा कोई दावा नहीं करता कि अतीत के सारे बजट पारदर्शिता के मामले में आदर्श थे। मैं केवल यही कहूंगा कि पारदर्शिता और बेहतर क्रियान्वयन के दावों के साथ सत्ता में आई एनडीए सरकार को अपने वायदों पर खरा उतरने के लिए अभी काफी कुछ करना होगा।

# नीतियां और कार्यक्रम

# जन धन यूपीए के कंधों पर

1 फरवरी 2015

जन धन। नाम में एक लय है। मानो नगाड़े पर दो थाप। गणतंत्र दिवस का मार्चः लेफ्ट–राइट, जन–धन, लेफ्ट–राइट...। इस निबंध का उद्देश्य इतिहास का स्मरण करना है। और यह पूछना कि हमें कैसे आगे बढ़ना चाहिए?

बैंकों के खिलाफ नाराजगी और 1969 के बैंकों के राष्ट्रीयकरण के लिए दिए गए कारणों में से एक यह था कि बैंकों ने गरीबों का भला नहीं किया। इसका जवाब था, 'वित्तीय समायोजन'। अनेक लोग जानते थे कि इसका क्या अर्थ है, इससे मिलने वाली भारी चुनौती को कुछ लोग ही समझ सके।

1969 के बाद लंबे समय तक वित्तीय समायोजन के लिए कुछ खास नहीं हो सका, सिवाय बैंकों को ग्रामीण क्षेत्रों में अपनी और अधिक शाखाएं खोलने का निर्देश देने के। बैंकों ने पाया कि छोटे शहरों और गांवों में शाखाएं खोलना आमतौर पर लाभप्रद है। ग्राहक अपना धन जमा करने के प्रति इच्छुक थे, वे छोटी निकासी से खुश थे और उन्होंने कोई और सेवा की मांग नहीं की। बैंकिंग का मतलब था एक पासबुक और निकासी से संबंधिक पर्ची। यह एक आसान बैंकिंग थी, बल्कि इसे सुस्त बैंकिंग कहना चाहिए।

## वित्तीय समायोजन की शुरुआत

वर्ष 2005 में सरकार और भारतीय रिजर्व बैंक (आरबीआई) ने बैंकों को 'नो फ्रील अकाउंट्स' (शून्य या न्यूनतम बैलेंस खाता) खोलने के निर्देश दिए। चूंकि खाते में

शून्य बैलेंस की इजाजत थी इसलिए इसे जीरो बैलेंस अकाउंट भी कहा गया। जल्द ही यह कार्यक्रम लक्ष्य आधारित हो गया। बैंक आंकड़े पूरा करने लगे।

आरबीआई ने इस पर नजर रखी और 2010 में इसने बैंकों से कहा कि वे वित्तीय समायोजन की योजना तैयार करें और 2010 से 2013 के बीच उसे लागू करें। 2012 में नो फ्रिल अकाउंट्स को खांटी सरकारी नाम मिल गया—द बेसिक सेविंग्स बैंक डिपाजिट अकाउंट। 2013 में बैंकों को वित्तीय समायोजन की योजना को 2016 तक विस्तारित करने के निर्देश दिए गए।

नतीजा—आंकड़े कहीं अधिक प्रभावशाली थे। 2014 के मार्च के अंत में खोले गए बेसिक अकाउंट्स की संख्या 24.3 करोड़ हो गई। फिर से गौर कीजिए। 24.3 करोड़। इसके लिए कोई शोर शराबा नहीं किया गया, कोई विज्ञापन नहीं किया गया।

सबसे बड़ी चुनौती निष्क्रियता से जुड़ी थी। अधिकांश जीरो बैलेंस अकाउंट्स में जीरो बैलेंस ही रहा और उनमें किसी तरह की गतिविधियां नहीं हुईं।

इस उपलब्धि का लाभ उठाने वाले पहले ग्राहक महिलाओं के स्वसहायता समूह (एसएचजी) थे। उन्होंने बैंकों से कर्ज की मांग की और उन्हें कर्ज भी मिले, क्योंकि एसएचजी आंदोलन पर जोर दिया गया और चूंकि महिलाएं कर्ज हड़प जाने वाली ग्राहक नहीं थीं।

हालांकि इस दिशा में बड़ा कदम तब उठाया गया जब यूपीए ने डायरेक्ट बेनिफिट ट्रांसफर (डीबीटी) यानी प्रत्यक्ष लाभ हस्तांतरण योजना की शुरुआत की। सरकार ने निर्देश दिया कि महात्मा गांधी ग्रामीण रोजगार गारंटी अधिनियम के तहत पंजीयन कराने वाले सभी व्यक्तियों का एक बैंक खाता या डाक घर में खाता जरूर होना चाहिए और उनके पारिश्रमिक को उनके इन खातों में सीधे हस्तांतरित किया जाए। सुस्त पड़े लाखों खातों में हलचल शुरू हो गई।

अगला महत्वपूर्ण कदम था, सरकार द्वारा 28 योजनाओं के मद में इन खातों में नकद हस्तांतरण। स्कॉलरशिप, पेंशन, मान्यता प्राप्त सामाजिक स्वास्थ्य सेवा जैसी सेवाओं के भुगतान इस फलदायी वृक्ष से मिलने वाले लाभ थे।

## आधार आधारित हस्तांतरण

वित्तीय समायोजन के साथ ही यूपीए सरकार ने आधार, (विशिष्ट पहचान नंबर) कार्यक्रम की भी शुरुआत की। हमने महसूस किया कि यदि बैंक खातों को बैंक खाताधारक के आधार नंबर से जोड़ दिया जाए, तो इससे दोहराव, लीकेज और जालसाजी का

शिकार सब्सिडी से जुड़ी विभिन्न तरह की योजनाओं के बेहतर और कहीं अधिक सक्षम प्रबंधन में मदद मिलेगी।

व्यावहारिक रूप में हर किसी को एलपीजी, खाद्य, केरोसीन, उर्वरक आदि में से किसी न किसी रूप में सब्सिडी मिलती है। विरोध के बावजूद यूपीए सरकार ने एलपीजी की सब्सिडी को आधार से जुड़े बैंक खातों में स्थानांतरित करने का फैसला लिया। 121 जिलों में यह योजना बिना किसी अड़चन के शुरू कर दी गई और फिर 291 जिलों में इसका विस्तार कर दिया गया, लेकिन इसका विरोध किया गया जिसे उन लोगों ने हवा दी जिन्हें पुरानी व्यवस्था से लाभ मिल रहा था। सरकार को दबाव में झुकना पड़ा, हस्तांतरण रोक दिया गया और योजना की समीक्षा के लिए एक कमेटी (और क्या किया जा सकता था?) नियुक्त की गई। कमेटी ने आधार आधारित एलपीजी सब्सिडी के हस्तांतरण को सही ठहराया जिससे नवंबर, 2014 में इसे फिर से शुरू करने का रास्ता साफ हुआ।

विपक्ष में रहते भाजपा ने आधार और डीबीटी को बकवास बताया था, लेकिन एनडीए सरकार ने उत्साह के साथ दोनों योजनाओं को अपनाया है। मैं इस योजना को पूरे देशभर में लागू किए जाने का स्वागत करता हूं और चाहता हूं कि जितना अधिक हो सके नकद हस्तांतरण को इससे जोड़ा जाना चाहिए। आगे बढ़ने का यही तरीका है।

28 अगस्त, 2014 को जन धन योजना की घोषणा होने के बाद से बैंकों ने 12.14 करोड़ खाते जोड़े हैं। ये पहले खोले गए 24.3 करोड़ खातों से ऊपर हैं। खोट इस बात की है कि नए ओर पुराने दोनों तरह के 75 फीसदी खाते निष्क्रिय है। इन खातों में किसी तरह का लेनदेन नहीं हो रहा है। ऐसे हर खाते के प्रबंधन में बैंकों को सौ रुपये प्रति खाता खर्च करना पड़ता है। इससे बैंकों के मुनाफे को नुक्सान होता है।

खातों का न्यूनतम उपयोग कमजोर मांग का संकेतक नहीं है। यह खराब सेवा और ऐसे उत्पादों का संकेतक है जो उपभोक्ताओं के काम के नहीं हैं। अधिक नकद हस्तांतरण गतिविधियों को तेज करेगा, लेकिन ऐसी गतिविधि नकद हस्तांतरण और निकासी तक ही सीमित नहीं होनी चाहिए।

आगे का रास्ता यह है कि इन खातों का उपयोग का नकद से कहीं अधिक होना चाहिए। बैंक खाते को बीमा, पेंशन, निवेश, विदेश से धन भेजना, कर आधारित सेवा और कर्ज उपलब्ध कराने का मुख्य जरिया होना चाहिए। आज आरबीआई और सरकार बैंकों को वित्तीय समायोजन के लक्ष्यों को बढ़ावा देने के लिए श्क्या क्या करना है' जैसे आदेश दिए। बेहतर तरीका प्रतिस्पर्धा है। हर तरह के और अधिक बैंकों को इजाजत दीजिए। बैंकों को नियंत्रित कीजिए लेकिन नंबर और प्रकार को नियंत्रित मत कीजिए।

प्रतिस्पर्धा और नवोन्मेष न कि नियंत्रण और आदेश वित्तीय समायोज को बढ़ावा मिलेगा। जन धन और उसके लेखकों को शुभकामनाएं। अग्रगामियों को याद कीजिए।

# प्राकृतिक संसाधनः धुंध को अभी साफ होना है

29 मार्च 2015

नीलामियां इस मौसम का खास रंग है।

हमें बताया गया कि प्राकृतिक संसाधनों के उपयोग के अधिकार के हस्तांतरण का सही तरीका नीलामी है। मेहरबानी सुप्रीम कोर्ट की जिसने स्वाभाविक रूप से गलत लग रही स्थिति को ठीक किया और प्राकृतिक संसाधनों के आवंटन के निष्पक्ष, पारदर्शी और बिना भेदभाव वाले तरीके को मंजूरी दी।

आंकड़े बोलते हैं। स्पेक्ट्रम की नीलामी से 1,09,000 करोड़ रुपये। कोयला खदानों की नीलामी से 2,05,000 करोड़ रुपये और नीलामी के लिए रखे जाने वाले हर ब्लाक के साथ इसमें वृद्धि भी हो रही है। स्पेक्ट्रम के मामले में केंद्र सरकार के लिए अक्षय संसाधन से मिलने वाला यह ऐसा राजस्व है, जिसकी कोई लागत नहीं है। कोयला के मामले में राज्य सरकारों को बताया गया है कि वे करीब तीस वर्षों तक इससे अप्रत्याशित लाभ हासिल कर सकती हैं।

जो प्रश्न पूछा गया है, और जिसका सरकार ने अभी तक उत्तर नहीं दिया है, वह यह कि आखिर इतनी विशाल राशि केंद्र और राज्य सरकारों को देगा कौन। जताया ऐसा जा रहा है, जैसे कि नीलामी के विजेता ये धन उगलने वाले हैं। यह पूरी तरह से असत्य है।

## कीमत में वृद्धि से भुगतान

धन कहां से आएगा?

पहला पड़ाव बैंक होंगे। विजेता बैंकों के पास जाएंगे, आवंटन संबंधी आदेश दिखाएंगे और कर्ज मांगेंगे। बैंक उनसे पूछेंगे कि वे कर्ज के कितने भुगतान का भरोसा दे रहे हैं। विजेता अपेक्षित राजस्व के संबंध में एक स्टेटमेंट (पत्रक) देंगे। इसका मुख्य घटक अंतिम उत्पाद की 'कीमत' होगी: बिजली, लोहा और इस्पात, सीमेंट एल्यूमिनियम आदि।

नियंत्रित क्षेत्र में, जैसा कि बिजली, कोयले की कीमत के साथ समायोजन किया जाता है। विजेता नियंत्रक के पास जाएगा और कोयले की बढ़ी हुई कीमत के आधार पर पुनरीक्षित दरों की मांग कर सकता है। कुछ मामलों में, रिवर्स बीडिंग (इसमें सबसे कम बोली लगाने वाले को खदान का आवंटन होता है) की मेहरबानी से विजेता प्रति टन कोयले के हिसाब से एक नकारात्मक राशि की बोली लगाएगा। ऐसे मामलों में अग्रेषित कीमत शून्य होगी–यानी कोयले की कीमत शून्य मानी जाएगी! अनिवार्यतया, अन्य परिवर्ती राशियां बढ़ जाएंगी या कोयले की कीमत वितरण कंपनियों (डिस्कॉम) से वसूली जाएगी। बदले में डिस्कॉम नियंत्रक से दरें बढ़ाने के लिए ग्राहकों को बेची जाने वाली बिजली की दरें बढ़ाने के लिए आवेदन करेंगी।

गैर नियंत्रित क्षेत्रों में (लोहा और इस्पात, सीमेंट, एल्यूमीनियम आदि), कोयले की लागत अंतिम उत्पाद की 'कीमत' में प्रतिबिंबित होगी और इसे उपभोक्ता चुकाएंगे।

स्पेक्ट्रम के मामले में स्पेक्ट्रम अधिग्रहीत करने की कीमत एक वर्ष या लाइसेंस की अवधि के बराबर या उससे कम समय में चुका दी जाएगी और फिर अवमूल्यन की भरपाई पुनरीक्षित दरों के जरिये वसूल होगी। पुनरीक्षित दरें वह 'कीमत' होंगी, जिनसे आपके मोबाइल से की जाने वाली कालों का शुल्क वसूल होगा।

## सुधार जरूरी हैं, पर पर्याप्त नहीं

सरकार ने दावा किया है कि संसाधनों की नीलामी ही सुधार है। मैं इससे सहमत हूं। यह एक सुधार ही है, जिसने पहले आओ पहले पाओ की जगह एक बेहतर तरीका दिया जिसे स्पेक्ट्रम के मामले में 2001 से सभी सरकारें अपनाती आई हैं। कोयले के मामले में यह एक सुधार ही है, जो विभिन्न सरकारों द्वारा 1957 से अपनाए जा रहे विवेकाधीन आवंटन के तरीके से बेहतर है। लेकिन प्रक्रिया में सुधार ही पर्याप्त नहीं है।

कुछ दिलचस्प विकल्प सुझाए गए हैं, जिनका परीक्षण किया जाना चाहिए। श्री टी के अरुण ने सुझाया है कि दूरसंचार सेवा प्रदाता स्पेक्ट्रम को एक साझा कोष (कॉमन पूल) की तरह इस्तेमाल कर सकते हैं और उपयोग के आधार पर भुगतान करें। कुछ अन्य का तर्क था कि सरकार ने जब कोयला खनन के मामले में अपना एकाधिकार

खत्म करने का फैसला कर लिया है, तो उसे आबद्ध खनन (कैप्टिव माइनिंग) को भी खत्म कर पेशेवर खनन कंपनियों को इजाजत दे देनी चाहिए थी। वैकल्पिक रूप से सरकार पेशेवर खनन कंपनियों से खनन सेवाएं ले कर और कोयले का खनन कर कोयले का एक बाजार बना सकती है।

## मूल्यवृद्धि के लिए तैयार हों

स्पेक्ट्रम और कोयला जैसे प्राकृतिक संसाधनों की खांटी नीलामी बहुत आसान है और यह सरकारों के लिए संसाधन जुटाने का एक आसान तरीका भी है। हालांकि उपभोक्ताओं के साथ ही अर्थव्यवस्था के लिए यह नुक्सानदायक है। कंपनियों द्वारा अतार्किक ढंग से बोलियां लगाने के मामले भी सामने आए हैं, खासतौर से पूर्व में आवंटन हासिल करने वाली कंपनियों ने पुरानी खदानें कायम रखने के लिए या नई कोयला खदाने हासिल करने के लिए ऐसा किया। स्पेक्ट्रम के मामले में सेवा प्रदाताओं ने कुछ अहम क्षेत्रों को फिर से हासिल करने और पहले किए गए निवेश को बचाने के लिए अतार्किक तरीके से बोलियां लगाईं। अतार्किक बोलियों के अपरिहार्य परिणाम होंगे: कीमत या दरों में वृद्धि, कम पूंजी खर्च आदि।

अंतिम विश्लेषण में कहा जा सकता है कि नीलामी कुछ और नहीं, बल्कि वस्तुओं और सेवाओं के उपभोक्ताओं (ग्राहकों) से संसाधनों के मालिक (सरकारें) को हस्तांतरण है। 1,09,000 करोड़ रुपये और 2,05,000 करोड़ रुपये का भुगतान उपभोक्ता करेंगे। इसलिए खुद को अनेक वस्तुओं और सेवाओं की बढ़ी हुई कीमत चुकाने के लिए तैयार करें।

मिलान कुंद्रा ने लिखा था: व्यक्ति धुंध में चल सकता है। धुंध में वह स्वतंत्र है, लेकिन यह स्वतंत्रता उसे धुंध में मिली है। वह पचास गज सामने देख सकता है, वह देख सकता है कि उसके आसपास क्या हो रहा है और वह उस पर प्रतिक्रिया व्यक्त कर सकता है। लेकिन जब वह अतीत के लोगों को आंकने के लिए पीछे मुड़ता है, तो उसे रास्तों में कहीं भी धुंध नहीं दिखती। पीछे मुड़ने पर उसे रास्ते दिखते हैं, वह लोगों को आगे बढ़ते देखता है, वह उनकी गलतियों को देखता है, लेकिन उसे कहीं भी धुंध नजर नहीं आती।

प्राकृतिक संसाधनों के आंवटन को लेकर अभी धुंध साफ होना बाकी है।

# मौद्रिक नीति समितिः वोट या वीटो?

2 अगस्त 2015

जो कुछ हुआ, वह कष्ट, चिंता और घृणा जगाने के लिए काफी है। दुनिया भर में सम्मान के पात्र डॉ. एपीजे अब्दुल कलाम का निधन हो गया। गुरदासपुर में एक आतंकी हमला हुआ। मृत्युदंड की कानूनी और नैतिक बहस के बीच याकूब मेनन को फांसी दे दी गई। छेड़छाड़ और बलात्कार के मामले रोज ही दर्ज हो रहे हैं। सरकार संसद में व्याप्त गतिरोध दूर करने की इच्छुक नहीं है।

इस सप्ताह मैं एक ऐसे मुद्दे की ओर ध्यान दिलाना चाहूंगा, जो अर्थव्यवस्था के लिए सर्वोच्च महत्व का है। मुद्दा यह है कि 'मौद्रिक नीति कौन तय करेगा?' एक आम आदमी के लिए इसका महत्व यह है कि 'ब्याज दर निर्धारण की वह नीति कौन तय करेगा, जिस दर पर वाणिज्यिक बैंक कर्ज देंगे?' अगर आम आदमी समझता है कि यह तय करना सरकार का काम है, तो वह सही है, लेकिन सरकार की 'धारणा' के तहत कई प्राधिकरण आते हैं, जिन्हें कानून ने यह ताकत दी है कि वे कार्यकारी सरकार की मदद से नहीं, बल्कि स्वायत्तता के साथ काम कर सकें।

### विकास और मुद्रास्फीति में संतुलन बनाते हुए

भारतीय रिजर्व बैंक (आरबीआई) इसी तरह का एक प्राधिकरण है। रिजर्व बैंक कोई सामान्य बैंक नहीं है। यह केंद्रीय बैंक है, जो करेंसी और बांड जारी करता है, जो वाणिज्यिक बैंकों और गैर-बैंकिंग वित्तीय संस्थाओं का विनियंत्रक है, और इसी तरह के दूसरे महत्वपूर्ण काम करता है। आधुनिक अर्थनीति में वह केंद्रीय बैंक ही है, जो

मौद्रिक नीति तय करता है। अनकहा वाक्य यह है कि केंद्रीय बैंक सरकार से परामर्श करेगा। आशावादी धारणा यह है कि सरकार हमेशा केंद्रीय बैंक से सहमत होगी, या उसे होना चाहिए। अफसोस, ये दोनों धारणाएं सही नहीं हैं।

सरकार विकास, निवेश, रोजगार—और मुद्रास्फीति के बारे में चिंतित रहती है। सिर्फ एक मूर्ख सरकार ही यह मानेगी कि जब तक विकास और युवाओं के लिए रोजगार है, तब तक वह मुद्रास्फीति की अनदेखी कर सकती है। एक दूरदर्शी सरकार 'संतुलन' बनाने की कोशिश करेगी—एक विकासशील देश में इस संतुलन को अमूमन 'सामान्य मुद्रास्फीति के साथ उच्च विकास दर' के मुहावरे के जरिये अभिव्यक्त किया जाता है।

केंद्रीय बैंक की मुख्य चिंता है मूल्य को स्थिर रखना। विकसित और कुछ विकासशील देशों में, केंद्रीय बैंक का एक ही लक्ष्य होता है—मुद्रास्फीति। केंद्रीय बैंक के अनेक अधिकारियों का मानना है कि केंद्रीय बैंक को सिर्फ और सिर्फ मुद्रास्फीति कम करने की दिशा में काम करना चाहिए। भारतीय रिजर्व बैंक के सभी हालिया गवर्नरों की सोच भी यही रही है। ऐसा लगता है कि डॉ. रघुराम राजन भी ऐसा ही सोचते हैं, हालांकि उनके साथ हुई बातचीत को याद करते हुए मैं इस निष्कर्ष पर पहुंचा हूं कि वह विकास को प्रोत्साहित करने और मुद्रास्फीति को नियंत्रित करने के बीच संतुलन बनाने में विश्वास रखते हैं।

## एक दूसरे के खिलाफ नहीं

एक सामान्य धारणा यह है कि वित्त मंत्री और रिजर्व बैंक के गवर्नर हमेशा हमेशा एक दूसरे के खिलाफ होते हैं। ऐसी सोच से एक रोचक खबर तो लिखी जा सकती है, लेकिन यह सच्चाई से कोसों दूर है। दस में से आठ मौद्रिक नीति दस्तावेजों या उनके क्रियान्वयन में, सरकार और रिजर्व बैंक के गवर्नर एक साथ होते हैं। ऐसा पहले भी होता आया है और भविष्य में भी होगा। बेशक, दोनों के बीच असहमति भी समय—समय पर सामने आती है, लेकिन ये असहमतियां आर्थिक स्थिति पर अलग—अलग आकलनों के कारण पैदा होती हैं। उदाहरण के लिए, सरकार मौजूदा आर्थिक स्थिति को मुद्रास्फीति बढ़ाने वाली स्थिति नहीं मानती, इस कारण विकास दर को गति देने के उद्देश्य से वह ब्याज दर में कटौती की उम्मीद कर रही है। दूसरी ओर, रिजर्व बैंक मौजूदा स्थिति को मुद्रास्फीति बढ़ाने वाली मानती है, और इसलिए उसका मानना है कि ब्याज दर में कोई बदलाव नहीं होना चाहिए। इन दोनों में से कौन सही है, यह कोई नहीं कह सकता। इसलिए यह सरकार और रिजर्व बैंक के बीच एक ईमानदार

द्वारपाल • 127

असहमति मालूम होती है।

हमें एक ऐसी व्यवस्था चाहिए, जो सरकार और केंद्रीय बैंक के बीच की तकरार वाली छवि को सुधारे और वस्तुनिष्ठ ढंग से चीजों को देखे। फाइनेंशियल सेक्टर लेजिस्लेटिव रिफॉर्म्स कमीशन (एफएसएलआरसी) ने एक व्यवस्था का सुझाव दिया है—यह मौद्रिक नीति समिति (एमपीसी) का सुझाव है, जो कई देशों में काम कर रहा है।

## एमपीसी पर विपक्षी प्रस्ताव

एमपीसी की जरूरत और इसके सदस्यों की योग्यता व इस संस्था की स्वतंत्रता पर सिद्धांततः कोई विरोध करता हुआ नहीं दिखता। विरोध दरअसल एमपीसी की बनावट और इसके प्राधिकार पर है। एफएसएलआरसी ने एक सात सदस्यीय एमपीसी की वकालत की है, जिसमें रिजर्व बैंक के तीन सदस्य होंगे, और शेष चार सरकार द्वारा नामित बाहरी सदस्य होंगे। जबकि रिजर्व बैंक (उर्जित पटेल कमेटी रिपोर्ट) ने पांच सदस्यीय एमपीसी की सिफारिश की है, जिसमें रिजर्व बैंक के तीन और केंद्रीय बैंक द्वारा ही चुने गए दो बाहरी सदस्य होंगे। इस कमेटी के मुताबिक, मौद्रिक नीति से संबंधित निर्णय एमपीसी में वोटों के जरिये लिए जाएंगे। दोनों ही प्रस्तावों में वोटों का सुझाव है, गवर्नर के वीटो का नहीं।

मैं चकित हूं कि गवर्नर के वीटो का सुझाव आखिर रखा किसने। वीटो वोट का विरोधी सिद्धांत है। वोट और वीटो एक साथ आसानी से नहीं रह सकते, और इन दोनों की एक साथ दुर्भाग्यजनक स्थिति सिर्फ संयुक्त राष्ट्र सुरक्षा परिषद में ही है!

मेरा विचार, जो बेशक परंपरा से हटकर है, यह है कि एमपीसी में छह सदस्य होने चाहिए—इनमें से तीन रिजर्व बैंक के हों और शेष तीन बाहरी सदस्य सरकार द्वारा चुने जाएं। अगर फैसले में टाई जैसी स्थिति आती है, तब गवर्नर का वोट निर्णायक माना जाए। कमेटी की कार्यवाही सार्वजनिक होनी चाहिए। यह जानते हुए कि तीनों अंदरूनी सदस्य (रिजर्व बैंक) एक तरह वोट करेंगे, गवर्नर को कम से कम एक बाहरी सदस्य को मनाना पड़ेगा कि वह उनसे सहमत हों, और ज्यादातर मौकों पर वह सहमत होगा। जब तीनों अंदरूनी सदस्य तीनों बाहरी सदस्य के खिलाफ होंगे, तब बहादुर गवर्नर को गतिरोध तोड़ने के लिए वोट करना पड़ेगा।

मैं इस तर्क को खारिज करता हूं कि सरकार नामित या स्वतंत्र सदस्यों पर भरोसा नहीं कर सकती। गवर्नर रघुराम राजन को यूपीए सरकार ने चुना था और हम अपने चयन पर गर्वित हैं। ऐसे में, आइए एक छह सदस्यीय एमपीसी गठित करते हैं

और गवर्नर को निर्णायक वोट डालने का अधिकार देते हैं, लेकिन जिम्मेदारी उन्हीं के पास रहने देते हैं।

# कूटलेखन नीति: फैसला पहले, सोचना बाद में

27 सितंबर 2015

जिस उत्साह के साथ इस नीति की घोषणा हुई, उसी तेजी से इसे वापस भी ले लिया गया। सोमवार सुबह से मंगलवार शाम तक इसका अस्तित्व बना रहा। इस बीच एक बलि का बकरा भी ढूंढ लिया गया—जो एक निचले स्तर का बेचारा वैज्ञानिक था—और दूसरे तमाम लोगों ने राष्ट्रीय कूटलेखन नीति के मसौदे में अपनी जिम्मेदारी से खुद को बरी कर लिया।

बेशक यह एक मसौदा ही था, लेकिन यह एक राष्ट्रीय नीति का मसौदा था, जिसे सार्वजनिक रूप से जारी कर दिया गया, ताकि लोग और पणधारी इस मुद्दे पर अपनी राय जाहिर कर सकें। निश्चित तौर पर इस मसौदे को निचले स्तर के उस वैज्ञानिक से ऊपर के स्तर पर ही मंजूरी मिली होगी। इसके अलावा सामूहिक जिम्मेदारी नाम की भी एक चीज होती है। लेकिन ऐसा लगता है कि संबंधित मंत्री और सचिवों के दिमाग से यह चीज उतर गई।

यह पहला मौका नहीं है, जब एनडीए सरकार ने फैसला पहले कर लिया, और उस पर सोच–विचार बाद में किया। दूसरी सरकारें भी इस मामले में दोषी हो सकती हैं, लेकिन हमारी चिंता वर्तमान को लेकर है, ऐसे में, कदम पहले उठाना और फिर इस बारे में सोचने की प्रवृत्ति चिंताजनक है।

**आगे बढ़कर पीछे लौटना**

भूमि अधिग्रहण अध्यादेश पर सरकार को चेताया गया था, लेकिन सरकार अपनी जिद

पर अड़ी रही और तीन बार अध्यादेश ले आई। नौ महीने बाद सरकार को अपने कदम वापस खींचने पड़े।

सरकार को 'नेट न्यूट्रिलिटी' के बारे में भी सावधान किया गया था, लेकिन उसने उस चेतावनी की अनसुनी की और आखिरकार उसे अपनी स्थिति बदलनी पड़ी।

दूसरे मोर्चों पर मैगी नूडल्स पर प्रतिबंध लगाया गया, बीफ के बेचने और खाने को प्रतिबंधित कर दिया गया, मांस पर कई दिनों तक प्रतिबंध रहा, और एक एनजीओ की कार्यकर्ता को विदेश जाने से रोका गया। इन सभी मामलों में सरकार से जुड़े संबंधित लोगों को अपने कदमों से पीछे हटना पड़ा।

राजस्थान की सरकार ने पंचायत और नगर निगमों के चुनावों में उम्मीदवारों के लिए न्यूनतम शैक्षणिक योग्यता तय की, एक ऐसी योग्यता जो संसद और राज्य विधानसभाओं का चुनाव लड़ने वाले उम्मीदवारों पर लागू नहीं होती। आधे या उससे भी अधिक प्रत्याशी अयोग्य घोषित कर दिए गए। वहां इस नए कानून को चुनौती दी गई, इसके बावजूद वहां निचले स्तर के चुनाव हो गए। लेकिन जब हरियाणा में यही चीज लागू करने की कोशिश हुई, चुनाव रोक दिए गए और इस मामले की शीघ्र ही अदालत में सुनवाई होनी है। हरियाणा सरकार और भाजपा को इस बारे में चेतावनी दी गई है कि इस कानून को वैधता संदिग्ध है, लेकिन लगता नहीं है कि उन्होंने इस चेतावनी को गंभीरता से लिया है।

ताजा मामला आरक्षण पर बहस का है, जिसे मोहन भागवत के एक जान-बूझकर दिए गए बयान से बल मिला है। राष्ट्रीय स्वयंसेवक संघ और सरकार के बीच तीन दिनों तक 'विचारों का जो आदान प्रदान' चला, जिसमें प्रधानमंत्री और दूसरे वरिष्ठ मंत्रियों ने भी भाग लिया, उसके तुरंत बाद मोहन भागवत ने यह टिप्पणी की। यह मानना मुश्किल है कि 'विचारों के आदान-प्रदान' के दौरान आरक्षण पर चर्चा नहीं हुई होगी। सरकार ने बहुत तत्परता के साथ खुद को मोहन भागवत के बयान से अलग कर लिया, लेकिन इससे बहस खत्म नहीं हुई। अगले दिन आरक्षण पर संघ के विचारों की झलक राजस्थान सरकार द्वारा पारित किए गए दो विधेयकों से मिली। राजस्थान सरकार और भाजपा को समझाया गया कि इन विधेयकों की वैधता संदिग्ध है, लेकिन ऐसा कोई सबूत नहीं है कि उन्होंने इसे गंभीरता से लिया है।

'फैसला पहले, सोचना बाद में' जैसे भाजपा/एनडीए सरकार की पहचान ही हो गया है। राष्ट्रीय कूटलेखन नीति का मसौदा इसका ज्वलंत उदाहरण है।

## कूटलेखन : किसका अधिकार और जिम्मेदारी?

इसका कानूनी आधार सूचना तकनीक कानून की धारा 69 और 84 ए में है। ये सरकार को डिजिटल सूचनाओं को रोकने, इन पर नजर रखने और कुछ खास परिस्थितियों में इन्हें डिकोड करने का अधिकार देती है।

सूचना—चाहे वह निजी हो या सार्वजनिक, सामान्य बातचीत हो या बेहद संवेदनशील—जब वह बनती है, भेजी जाती है, पाई और रखी जाती है, तो वह कूटलेखन में होती है। कूटलेखन का कोड ही असल चीज है। जिस तरह से सरकार के कूटलेखन कोड उनकी अपनी संपत्ति हैं, उसी तरह गूग, एप्पल और फेसबुक जैसे सेवा प्रदाता कंपनियों के कूटलेखन कोड उनकी अपनी संपत्ति हैं। उनका कारोबार चूंकि उन कोडों की सुरक्षा पर निर्भर करता है, इसलिए वे कोड तैयार करने वालों और कोड को पढ़ने वालों के बीच के चिरस्थायी युद्ध को जीतने की हरसंभव कोशिश करते हैं।

कूटलेखन नीति का मसौदा डिजिटल दौर की वास्तविकताओं और उसकी चुनौतियों की पूरी तरह अनदेखी करता है। इसके तहत सरकार को तीन समूहों—सरकार, कारोबारी और नागरिक—के लिए कूटलेखन का मानक तैयार करने का अधिकार दिया गया है। कूटलेखन उत्पादों के विक्रेताओं को सरकारी एजेंसी में अपने उत्पादों का पंजीकरण करना होगा और कूटलेखन कॉपी के हार्डवेयर/सॉफ्टवेयर को वहां जमा कराना होगा। इसके उपयोगकर्ताओं के लिए टेक्स्ट फॉर्मेट को 90 दिनों तक अपने पास रखना होगा, और जरूरत पड़ने पर सरकारी एजेंसियों के सामने पेश करना होगा।

## भयावह नतीजे

कल्पना कीजिए कि एक सरकार सभी कारोबार और नागरिक समूहों के लिए कूटलेखन से संबंधित दिशा-निर्देश जारी करती है! या कल्पना कीजिए कि सभी कूटलेखन हार्डवेयरध्सॉफ्टवेयर की कॉपियां एक जगह (तय की गई एजेंसी के पास) उपलब्ध हैं! या प्लेन टेक्स्ट को 90 दिनों तक अपने पास रखने के जोखिम की कल्पना कीजिए! हैकरों की प्रजातियां, चीनी और दूसरे लोग इससे खुश ही होंगे।

इस नीति का मसौदा तैयार करने को, लगता है, सुरक्षा या निजता के बारे में कोई समझ ही नहीं है। डिजिटल दुनिया में खबरों को सुरक्षित करना लगातार शोध, नवाचार, डिजाइन और उपकरण पर निर्भर करता है—यह ऐसा मामला है, जिसे विक्रेताओं, सेवा प्रदाता कंपनियों, कारोबारियों और नागरिकों के जिम्मे छोड़ देना ही

बेहतर है। निजता की जरूरत, और निजता का स्तर, जो हर नागरिक चाहता है, उसे नागरिकों पर ही छोड़ देना चाहिए।

    सरकारों की मूल चिंता यह होनी चाहिए कि संवेदनशील और गोपनीय सूचनाओं की गोपनीयता भंग न हो। लिहाजा सरकार का अधिकार सिर्फ विभिन्न तरह की सूचनाओं और विभिन्न तरह के विक्रेताओं, सेवा प्रदाता कंपनियों और उपयोगकर्ताओं के लिए सुरक्षा का एक न्यूनतम मानक तय करना होना चाहिए। अगर किसी सूचना के सार्वजनिक होने से गोपनीयता भंग होती है, तो सरकार को अधिकार होना चाहिए कि वह उसके बारे में पता करे। मैं उम्मीद करता हूं कि कूटलेखन नीति का अगला मसौदा तैयार करने वाले 'वैज्ञानिक' इन सबका ध्यान रखेंगे।

# राजनीति

# सबके लिए सबक हैं दिल्ली के चुनाव

15 फरवरी 2015

विजेता

प्रचार के दौरान आम आदमी पार्टी (आप) ने नाटकीयता से परहेज किया और सीधे राजनीतिक मुद्दों के साथ मैदान में उतरी और बिजली, पानी और सड़क के मुद्दे पर अपने अभियान को केंद्रित किया साथ ही हर वर्ग के मतदाता से जुड़ने की कोशिश की। दिल्ली लोग चाहेंगे कि सरकार में आने के बाद आप नाटकीयता से बचे और सीधे काम की बात करे। आप के रास्ते में अच्छे और बुरे दोनों तरह के विचार आएंगे क्योंकि उनके घोषणापत्र में ही दोनों तरह की बातें हैं।

जन लोकपाल, एकीकृत परिवहन प्राधिकरण, मुफ्त वाई फाई, और अधिक स्कूल तथा कॉलेज, गारंटीशुदा शैक्षणिक ऋण, ई-रिक्शा और कुछ इसी तरह के वायदे, अच्छे विचार हैं। बिजली की कीमत को आधा करने और दिल्ली को मैन्यूफैक्चरिंग हब ऐसे उदाहरण हैं, जिन्हें प्रस्तुत करने के पीछे आधी अधूरी तैयारी है या फिर इनकी योजना गलत तरीके से बनी है।

उन्हें मिला भारी बहुमत श्री केजरीवाल की सबसे बड़ी समस्या है। 67 विधायकों में से सात मंत्री बनेंगे और एक विधानसभा अध्यक्ष। इसके बाद वे किस तरह से बाकी सदस्यों को सशक्त, व्यस्त और नियंत्रण में रखेंगे?

मैं गंभीरता के साथ यह उम्मीद कर रहा हूं कि श्री केजरीवाल अपने वायदों पर एक-एक कर जब अमल के बारे में सोचेंगे, तब दिल्ली सरकार और उसके बजट

की सीमाएं महसूस करेंगे। यदि वे शपथ ग्रहण समारोह में की गई अपनी घोषणा पर कायम रहते हैं कि वह पांच साल तक न तो राजनीतिक के लिए न ही घूमने के लिए दिल्ली से बाहर कदम नहीं रखेंगे, तो यह एक अच्छी शुरूआत होगी।

## उपविजेता

स्पष्ट शब्दों में कहं तो कोई भी उप विजेता नहीं है। हम भाजपा को सर्वश्रेष्ठ फिसड्डी कह सकते हैं, लेकिन यह चुनाव हारने के संदर्भ में घपले से कम नहीं होगा। समस्या तो इस नारे से जुड़ी है, 'चलो चलें मोदी के साथ'। लोगों ने पूछा, कहां चलें? यदि भाजपा कार्यकर्ता ईमानदारी बरतें तो वे स्वीकार करेंगे कि मोदी ने बहुत सी आकर्षक घोषणाएं की थीं और कर रहे हैं, लेकिन वह देश को अपनी घोषणाओं के करीब तक भी कहीं नहीं ले गए हैं। एक भी अहम विधेयक पास नहीं हो सका, न ही कोई बड़ी योजना शुरू हुई और न ही लोगों के जीवन में प्रभाव डालने वाली कोई नीतिगत पहल हुई। सबसे विनम्र टिप्पणी यही हो सकती है कि भाजपा सरकार को अभी एक साल पूरे नहीं हुए हैं।

ऐसे अनेक लोग हैं, जिन्होंने भाजपा की मुश्किलें बढ़ाई हैं। उनमें श्री मोहन भागवत (एक भाषा, एक ईश्वर, एक धर्म), श्री साक्षी महाराज (चार बच्चे) और साध्वी निरंजना ज्योति ('हरामजादों') शामिल हैं। प्रचार के दौरान तीखा हमला करते हुए श्री केजरीवाल को 'अराजकतावादी', 'चोर', 'बंदर' और 'झूठा' तक कहा गया। इस तरह के नामकरण की वजह से नहीं, बल्कि लोगों की नाराजगी इसलिए थी, क्योंकि प्रधानमंत्री अल्पसंख्यकों के साथ ही विनम्र और उदार औसत हिंदू मतदाता के खिलाफ किए जा रहे दुष्प्रचार और हमलों के दौरान चुप थे।

प्रधानमंत्री के लिए सबक है कि वे अपनी नजरें दूसरी ओर नहीं फेर सकते और मौन नहीं रह सकते। भाजपा के लिए सबक है कि कोई भी स्थायी विजेता नहीं होता।

## कांग्रेस

यह मैंने नहीं, श्री पी सी चाको ने कहा: 'दिल्ली में न तो जिला स्तर पर, न ही ब्लाक या वार्ड स्तर पर कोई कमेटी थी।' कोई चुनाव हारने के लिए यह एक सशक्त कथानक है। कांग्रेस मई, 2014 में लोकसभा का चुनाव हारने के बाद से एक नए कथानक के लिए संघर्ष कर रही है। वह अब और समय नहीं गंवा सकती।

मैं मानता हूं कि कई तरह के विचारों पर विमर्श हो रहा है। हमेशा कोई न कोई ऐसा होता है जो सर्वश्रेष्ठ नेतृत्व दे सकता है। लेकिन अच्छा कि सामूहिक नेतृत्व प्रस्तुत किया जाए। किंग आर्थर के पास अपनी राउंड टेबिल थी (इसमें वह अपने योद्धाओं के साथ सलाह मशविरा करते थे)। दूसरी बात, कांग्रेस को ब्लाक स्तर पर कमेटियों का गठन या पुनर्गठन करना चाहिए। यह ऐसा काम है, जो निचले स्तर से शुरू हो और इसे 12 महीनों के भीतर पूरा कर लिया जाए। तीसरी बात, कांग्रेस को अपने दृष्टिकोण के बारे में अपने कॉडर और लोगों के साथ हर दिन हिंदी, अंग्रेजी और अन्य भारतीय भाषाओं में संवाद करना चाहिए।

कांग्रेस के लिए सबसे बड़ा सबक यह है कि कोई स्थायी तौर पर फिसड्डी नहीं होता।

## दूसरे जो दौड़ में नहीं थे

दिल्ली में पहला वोट पड़ने से पहले ही तीन पार्टियों को उनके सबक मिल गए। एक बाघ सिर्फ अपने इलाके की रक्षा कर सकता है, उसे अनजाने क्षेत्र में नहीं घुसना चाहिए। इसलिए निकट भविष्य में श्री मुलायम सिंह और सुश्री मायावती को खुद को उत्तर प्रदेश तक, श्री नीतीश कुमार और श्री लालू प्रसाद को बिहार और सुश्री ममता बनर्जी को पश्चिम बंगाल तक सीमित रहना चाहिए।

## कम्युनिस्ट

उनका अहंकार उन्हें यह स्वीकार करने की इजाजत नहीं देगा कि यूपीए सरकार से समर्थन वापसी, यूपीए सरकार के खिलाफ वोट देना और श्री सोमनाथ चटर्जी को पार्टी से निकालना ऐतिहासक भूल थी। उनके पुरातन आर्थिक दृष्टिकोणों के बावजूद कम्युनिस्ट यह सुनिश्चित करने में अहम भूमिका निभा सकते हैं कि देश की राजनीति का रुझान गरीबों की ओर हो। विकसित देशों में 'गरीब' का मतलब 'मध्य वर्ग' होगा और जैसा कि भारत विकसित हो रहा है, राजनीति को मध्य वर्ग की ओर झुकना पड़ेगा। मेरे लिए यह रहस्य है कि आखिर क्यों कम्युनिस्ट अपनी जिम्मेदारी से भाग क्यों रहे हैं।

**मतदाता**

वह सबक सिखाता है। वह खुद भी सबक सीखता है। उसे हमेशा याद रखना चाहिए कि वह क्लास मॉनिटर है। यदि राजनीतिक नेता या सरकार बेरुखे, खुद गर्ज या अहंकारी हो जाएं या भ्रष्ट हो जाएं तो इसका यही मतलब है कि उसने ठीक से कक्षा की निगरानी नहीं की।

# निरंतर सतर्कता ही आजादी की कीमत

15 मार्च 2015

अधिकांश भारतीयों के लिए स्वतंत्रता संघर्ष की कहानी 15 अगस्त, 1947 को खत्म हो जाती है। वास्तव में संघर्ष उस दिन शुरू हुआ था।

उदार और स्वतंत्र समाज का विचार भारत के अधिकांश हिस्सों और भारतीयों की अनेक पीढ़ियों के लिए अनजाना था। उनमें से अनेक लोगों ने अपना सारा जीवन किसी राजा या किसी क्षत्रप की छाया में बिता डाला। अनेक लोगों का जीवन ईश्वर और धर्मगुरुओं के भय में ही बीत गया। अनेक लोगों ने समाज के नियमों और बंदिशों को इस तरह स्वीकार किया मानो वे धर्मग्रंथ की बातें हों। नतीजतन हमें विरासत में रूढ़ी, मिथक, अंधविश्वास, पूर्वाग्रह और भेदभाव मिलते चले गए। हममें से अनेक लोग विश्वास करते हैं, जोकि गलत है, कि यह हमारी 'संस्कृति' है और गलत तरीके से ही विश्वास करते हैं कि हमें हमारी 'संस्कृति' पर गर्व होना चाहिए। असहमति को इस संस्कृति में अपनी जगह बनाने के लिए संघर्ष करना पड़ता है। यह सहिष्णुता की संस्कृति नहीं है, जैसा कि कई बार हम ऐसा ठहराने की कोशिश करते हैं, जबकि यह असहिष्णुता की संस्कृति है।

ऐसी बंजर जमीन में यह अपेक्षा करना बहुत कठिन है कि उदारवाद अपनी जड़ें जमाएगा। जॉन स्टुअर्ट मिल ने अपनी किताब ऑन लिबर्टी में उदारवाद को लेकर एक बहुत ही साधारण सिद्धांत प्रस्तुत किया है। उन्होंने लिखा, 'मानवता का अंतिम लक्ष्य व्यक्तिगत या सामूहिक रूप में स्वतंत्रता में दखल के खिलाफ आत्मबचाव में निहित है। इस तरह किसी सभ्य समाज के किसी भी सदस्य की इच्छा के विरुद्ध उस पर ताकत के यथोचित उपयोग का एकमात्र उद्देश्य दूसरों को नुक्सान से बचाने में हो सकता है।'

स्वतंत्रता की हमारी समझ इसके ठीक विपरीत है। हम समाज के किसी अन्य सदस्य की इच्छा के विरुद्ध उस पर अपनी ताकत का इस्तेमाल करते हैं, क्योंकि जैसा कि मिल ने आगाह किया है, हम सोचते हैं कि 'यह उसके भले के लिए है...क्योंकि ऐसा करना उसके लिए अच्छा होगा, क्योंकि यह उसे संतुष्टि प्रदान करेगा, क्योंकि दूसरों की राय में ऐसा करना समझदारी है या सही है।'

## बढ़ती असहिष्णुता

गैरउदारवाद और असहिष्णुता की उठती लहरें परेशान करने वाली हैं। देखिये हमारे आसपास आखिर हो क्या रहा है: किताब पर रोक लगाएं (वेंडी डॉनिगर), डॉक्यूमेंट्री पर रोक (इंडियाज डॉटर), बीफ पर रोक (महाराष्ट्र)। लेखक पर हमला (पुलियूर मुरुगेसन), बलात्कार के आरोपी पर हमला (नगालैंड, तर्कवादी की हत्या (गोविंद पानसारे)। अपने पूर्वजों के धर्म में वापसी (घर वापसी), चर्च पर हमला (दिल्ली में) और पाठ्यक्रम में गीता (हरियाणा में)।

इनमें से अधिकांश प्रस्फुटन के बीच हिंदुत्व की एक साझा प्रतिक्रियावादी विचारधारा बहती है। मुझे भय है कि गैर उदारवाद और असहिष्णुता बढ़ रही है, क्योंकि कट्टरपंथी यह मानते हैं कि राज्य उनके साथ है और वे उदार और असहमति की आवाज को चुप कर सकते हैं। वे यह भी मानते हैं कि यदि वे पर्याप्त संख्या में इकट्ठा हो जाएं तो वही 'राज्य' हो जाएंगे और उनके शब्द 'कानून' बन जाएंगे।

एक अन्य तरह की असहिष्णुता भी है। सेंसर बोर्ड के नए अध्यक्ष यह मानते हैं कि फिल्मों में गालियों पर रोक लगाना उनका काम है। मुख्य पासपोर्ट अधिकारी यह मानते हैं कि यदि सुश्री प्रिया पिल्लई ब्रिटिश सांसदों के समूह को मानवाधिकार उल्लंघन के विषय में संबोधित करने के लिए जा रही हों, तो उन्हें विमान से उतारने का निर्देश देना उनका काम है। एक कर्तव्यनिष्ठ मजिस्ट्रेट यह मानते हैं कि जेल प्राधिकारियों की अनुमति से रिकॉर्ड किए गए एक सजायाफ्ता कैदी के इंटरव्यू के प्रसारण के खिलाफ आदेश जारी कर उन्होंने अच्छा किया। ये सम्मानित लोग यह मानते हैं कि उन्होंने जो कुछ किया उससे वे राज्य के साथ सही ओर खड़े नजर आएंगे।

चलिए बीफ पर प्रतिबंध पर गौर करते हैं। मान लीजिए कि अधिकांश हिंदू बीफ नहीं खाते, मान लीजिए कि गोवध धर्म विरुद्ध कृत्य है और

और यह भी मान लीजिए कि दूध देना बंद कर देने के बाद भी गाय की रक्षा करनी ही चाहिए। ऐसा है, तब तो यह कोई मुद्दा ही नहीं है।

तकरीबन सारे मुसलमान पोर्क (सुअर का गोश्त) नहीं खाते। यकीन मानिये कि सुअर एक अस्वच्छ जानवर है और मान लीजिए कि पोर्क खाना धर्म विरुद्ध कृत्य है। ऐसा है तब तो यहां भी कोई मुद्दा नहीं है।

गैर उदारवाद तब वहां उठाता है, जब हम लोगों को यह आदेश देने की इजाजत देते हैं कि बीफ या पोर्क न तो परोसा जाएगा और न ही उसकी बिक्री होगी। बीफ गरीब लोगों का मांस है। इसमें भरपूर मात्रा में प्रोटीन होता है। हिंदुत्व से अलग धर्म को मानने वाले लोग बीफ खाते हैं। युवा भारतीय खासतौर से विदेशों में हैमबर्गर का आनंद उठाते हैं। पोर्क यूरोप और पूर्व एशियाई देशों में पसंद के आधार पर खाया जाता है। जब बहुसंख्यकों की छोटी संख्या, चूंकि वह सरकार में है या चूंकि वह तालिबान है, इसलिए बीफ या पोर्क पर प्रतिबंध का फैसला करती है, जोकि उदारवाद के सिद्धांत का उल्लंघन है।

## बहुलतावाद नाकाम होगा

इनमें से अधिकांश मामलों में असहिष्णुता मूर्खतापूर्ण है और उसे प्रौद्योगिकी की ताकत से उसे दरकिनार कर दिया जाएगा। स्काईप की मेहरबानी से सुश्री पिल्लई ने अपने श्रोताओं को संबोधित किया, और इस तरह जो लेक्चर अन्यथा कुछ लोगों तक सीमित हो सकता था, वह चर्चा में आ गया। यूट्यूब की मेहरबानी से डॉटर ऑफ इंडिया को लाखों लोग घर पर देख चुके हैं।

मैं समझता हूं कि हमें थोड़ा ठहरकर खुद से ही पूछना चाहिए कि, क्या राज्य सचमुच हजारों लोगों का रोजगार छीनकर और सैकड़ों लोगों को जेल में डालकर बीफ पर प्रतिबंध लगाने में सफल होगा? ठीक इसी तरह से सर्वोच्च अदालत को खुद से पूछना चाहिए कि, क्या आप सचमुच आपसी सहमति से भारतीय दंड संहिता की धारा 377 का उल्लंघन करने वाले वयस्कों पर मुकदमा चला कर उन्हें सजा दे सकता है?

नैतिक बहुलतावादी अपने शब्दों और कृत्यों की निर्थकता और मूर्खता को महसूस नहीं कर सकते। वे खुले और उदार समाज के बुनियादी सिद्धांतों विविधता, बहुलता और पसंद, को कमजोर करते हैं। वह नाकाम होंगे, लेकिन सच्चे लोकतंत्रवादियों और उदार लोगों को आगे आकर बोलना चाहिए और यह सुनिश्चित करना चाहिए कि नैतिक बहुलतावादी पूरी तरह से नाकाम हों।

# बनाता-बिगाड़ता 'मध्यवर्ग'

17 मई 2015

मेरा मानना है कि हर देश के लोगों की चिंताएं तकरीबन एक जैसी होती हैं। इसीलिए किसी चुनाव में उनके वोट करने का पैटर्न भी काफी-कुछ समान होता है। कम से कम लोकतंत्रों के बारे में यह बात सौ फीसदी सच है। कह सकते हैं कि इनमें से कुछ चिंताएं भौतिक जरूरतों से जुड़ी होती हैं। मसलन, क्या पर्याप्त संख्या में नौकरियां मिल पाएंगी, क्या आम आदमी की आय और उसके जीवन स्तर में कुछ बढ़ोतरी हो पाएगी, क्या कानून-व्यवस्था और सुरक्षा की बेहतर व्यवस्था हो पाएगी, क्या बेहतर स्कूल, अच्छी सुविधाओं वाले अस्पताल और अच्छी सड़कें बन पाएंगी? इन चिंताओं को समझना और इन्हें मापना, बिल्कुल मुश्किल नहीं है। समझने वाली बात है कि हर पार्टी बेहतरी का वायदा करती है, इसलिए महज वायदों के आधार पर किसी पार्टी को वरीयता नहीं दी जा सकती। दरअसल, जब बात आकलन की आती है, तो पार्टी का काम ही बोलता है।

अब अगर काम के नजरिये से देखें, तो इंग्लैंड में डेविड कैमरन की कंजरवेटिव पार्टी को औसत दर्जे का माना गया था। कुछ का तो यह भी मानना था कि एड मिलिबैंड की लेबर पार्टी ज्यादा बेहतर साबित होगी। चुनाव पूर्व हुए सर्वेक्षण भी दिखा रहे थे कि दोनों पार्टियों के बीच कांटे की टक्कर है और किसी को पूर्ण बहुमत नहीं मिल सकेगा, मगर शायद वह कंजरवेटिव ही होंगे, जिन्हें मामूली बढ़त से जीत हासिल होगी।

## न बयां होने वाली चिंताएं

कुछ चिंताएं ऐसी होती हैं, जिन्हें आसानी से बयां नहीं किया जा सकता। मगर कुछ लोग इन्हें अभिव्यक्त करने की कोशिश जरूर करते हैं। ये कथित पंडित और विशेषज्ञ होते हैं, जिनमें अमूमन अर्थशास्त्री और समाजशास्त्री शामिल होते हैं। इन अव्यक्त चिंताओं को मनगढ़ंत कहना, या फिर यह मानना कि लोग इनके बारे में ज्यादा विचार नहीं करते, भारी भूल होगी। अगर एक पार्टी 'लेफ्ट' (ज्यादा उधार लो ज्यादा खर्च करो) की ओर, या फिर 'राइट' (यूरोपीय संघ से बाहर निकलो) की ओर जरूरत से ज्यादा झुकाव रखती है, तो इससे आम आदमी को ठेस पहुंचती है। इसी तरह, अगर कोई पार्टी किसी एक क्षेत्रीय पार्टी पर (स्कॉटिश नेशनल पार्टी लेबर पार्टी को समर्थन नहीं देगी) जरूरत से ज्यादा निर्भर रहती है, तो इससे इंग्लैंड, स्कॉटलैंड और वेल्स के एक आम मतदाता के अहं पर चोट पहुंचती है। अगर एक पार्टी पक्षपात या डर (अप्रवासन पर रोक लगाने की घोषणा) फैलाने का सहारा लेती है, तो इससे उस आम आदमी का आत्मसम्मान आहत होता है, जो खुद को एक खुले दिमाग वाला, सहनशील और शालीन व्यक्ति मानता है। आम आदमी खूब समझता है कि ये नीतियां उसके जैसे नागरिकों की जिंदगी को बदल कर रख देंगी। मगर यह कैसे होगा और क्यों, यह बयां करने में वह खुद को अक्षम पाता है। आम आदमी की इन्हीं चिंताओं ने कंजरवेटिव पार्टी को दूसरी पार्टियों से आगे लाते हुए उसे पूर्ण बहुमत दिला दिया। इंग्लैंड में जो प्रचलित धारणा थी, उसके मुताबिक कंजरवेटिव पार्टी को पसंद करने वाले लोग कम ही थे। शायद इसलिए कि श्रीमान कैमरन उच्चवर्गीय मिजाज के हैं। मगर मतदाता दूसरी पार्टियों और उनके नेताओं से और भी ज्यादा नाखुश थे। कम से कम इतना तो था कि कैमरन ने खर्च करने के मामले में पैरों को चादर के भीतर रखने, यूरोपीय संघ में ब्रिटेन के रहने पर जनमत संग्रह, एकल पार्टी वाली सरकार के फायदों और अप्रवासियों की संख्या को औचित्यपूर्ण ढंग से सीमित करने की वकालत की। कंजरवेटिव पार्टी को बेशक स्थानीय स्तर पर, विचारधारा पर आधारित और अप्रवासियों के वोटों का नुकसान उठाना पड़ा हो मगर उसे मध्यवर्ग का खूब समर्थन मिला। इस 'मध्य' वर्ग में मध्यवर्ग के अलावा ऐसे मतदाता भी शामिल थे, जिन्होंने खुद को किसी विचारधारा से बांधकर नहीं रखा और जो स्वयं को एक आम शालीन आदमी समझने में ही गर्व महसूस करते हैं।

## 'मध्य' वर्ग ही है, जो तय करता है

जानना दिलचस्प है कि विकसित और विकासशील देशों में 'मध्य' वर्ग ही अकेला ऐसा समूह है, जो लगातार अपना दायरा बढ़ा रहा है। इन देशों में ज्यादातर लोग पसंद करते हैं कि उन्हें मध्यवर्ग के तौर पर पहचाना जाए। यहां तक कि जो समृद्ध हैं, वे भी खुद को 'उच्च मध्यवर्ग' कहते हैं। जो वाकई गरीब हैं, उनमें से कई इस मध्यवर्ग का तमगा हासिल करने के लिए खुद को प्रेरित करते रहते हैं। जरा बीस वर्ष पहले और आज की तुलना करके देखिए। कम ही लोग आज नंगे पैर घूमते दिखते हैं। एक सब्जी बेचने वाली के चेहरे पर मौजूद गर्व को महसूस करिये, जब वह अपने मोबाइल फोन पर बात कर रही होती है। पहला मौका मिलते ही स्कूटर या बाइक साइकिल की जगह लेने लगे हैं। जूते मोबाइल फोन और दुपहिया वाहन अमीरी के प्रतीक नहीं हैं बल्कि यह संकेत है अपनी इच्छाओं से प्रेरित होने वाले 'मध्य' वर्ग का। मध्यवर्ग के मूल्य पूरी तरह से परिभाषित न होने के बावजूद अच्छे माने जाते हैं। लगातार बढ़ते और अस्पष्ट-से इस मध्यवर्ग का हिस्सा बनकर लोग नए उत्साह के साथ अपना विरोध दर्ज करने के लिए सड़कों पर उतरते हैं, सोशल मीडिया में व्यस्त रहते हैं और बगैर आक्रामक हुए अपनी बात सामने रखते हैं। यह मध्यवर्ग ही है, जो पूरी दुनिया में पर्यावरण, एलजीबीटी (समलैंगिक और उभयलिंगी) अधिकार, अभिव्यक्ति की स्वतंत्रता और व्हिसलब्लोअर जैसे मुद्दों पर अपनी तत्परता दिखा रहा है।

इंग्लैंड के चुनाव यह सीख देते हैं कि सूझबूझ रखने वाली एक पार्टी राजनीतिक और सामाजिक नजरिये से केंद्र में रहने वाले 'मध्य' वर्ग पर जरूर फोकस करेगी। पार्टी के कुछ हिस्से अगर 'लेफ्ट' या 'राइट' की अति में जाने की कोशिश करें, तो भी पार्टी के नेता को पूरी दृढ़ता के साथ इस मध्यवर्ग के साथ खड़े होना होगा। वित्त मंत्री जॉर्ज ओस्बॉर्न ने एक बार कहा था, 'जब विपक्ष में हो, तो मध्यमार्ग अपनाओ यानी लेफ्ट और राइट के बीच की ओर बढ़ो, मगर जब सरकार में हो, तो इस संतुलन को बनाए रखो।'

लोकप्रियता की असल परीक्षा यह होती है कि चुनाव में जीत हासिल करने वाली पार्टी के खिलाफ वोट करने वाला कोई मतदाता चुनावों के बाद क्या पार्टी और सरकार का समर्थक बन पाया? इसके उलट, पार्टी को वोट देने वाला कोई शख्स कहीं सरकार का विरोधी तो नहीं बन गया? मजे की बात यह है कि इस परीक्षा में अब तक ज्यादातर नेता नाकामयाब ही हुए हैं। फ्रांस के ओलांद और ब्राजील की डिलमा रॉसेफ की गिनती उन लोगों में होती है, जो इस परीक्षा में नाकामयाब रहे।

मगर एंजेला मॉर्केल ने अच्छी तरह से कामयाबी हासिल की। कैमरन की बात करें, तो उनका सटीक आकलन तब हो सकेगा, जब उनकी सरकार एक वर्ष का कार्यकाल पूरा कर लेगी। मगर ध्यान रखना होगा कि यह 'मध्य' वर्ग समर्थक भी हो सकता है और निर्मम भी। यही वह तबका है, जो सरकारें बनाता है या उसे गिराता है।

# मैग्ना कार्टा और नागरिक आजादी

28 जून 2015

किंग जॉन ने इंग्लैड में 1199 से 1216 तक राज किया था। कुल मिलाकर वह एक अयोग्य राजा था। उसने ऐसे तकरीबन हर व्यक्ति के साथ विश्वासघात किया, जिनके साथ छल करने से उसे लाभ हो सकता था। लेकिन उसने मेकियावेली रणनीति का ऐसा बेजा इस्तेमाल किया कि उसे अपने महत्वपूर्ण सहयोगियों से हाथ धोना पड़ा। वह ऐसा राजा था, जिसे इतिहास में भुला दिया जाना ही था।

लेकिन हम आज उसे क्यों याद कर रहे हैं? इसलिए क्योंकि आठ सौ वर्ष पूर्व इसी महीने उसने एक दस्तावेज पर हस्ताक्षर किए थे, जिसे मैग्ना कार्टा या बिग चार्टर के नाम से जाना जाता है।

उसने समता और स्वतंत्रता का हिमायती होने के नाते इस दस्तावेज पर हस्ताक्षर नहीं किए थे। उसने सामंतों और बिशपों के साथ शांति कायम करने के दबाव के चलते ऐसा किया था। सामंत निर्दयी थे और उनका व्यवहार राजा की तुलना में कहीं अधिक बर्बर था। वहीं बिशप मध्ययुगीन जीवन के हर पहलू पर अपना प्रभुत्व कायम करने के लिए सत्ता चाहते थे। मैग्ना कार्टा निहित स्वार्थी तत्वों की एक धार्मिक–राजनीतिक योजना थी, जिसके जरिये वे सत्ता हथियाना चाहते थे और अंततः जिसने मध्ययुगीन यरोप में कई समस्याओं को जन्म दिया, लेकिन यह विडंबना ही है कि आज इसे आधुनिक मुक्त लोकतंत्रों के पहरु, के रूप में याद किया जाता है!

## मिथक और प्रभाव

63 अनुच्छेदों में बंटे इस चार्टर में ऐसे वायदे किए गए हैं, जिनका स्थायी महत्व है। इसमें धार्मिक संस्थाओं को स्वतंत्रता का वायदा किया गया, लेकिन धार्मिक संस्थाओं का आशय सिर्फ चर्च से था। इसमें संपत्ति की सुरक्षा का अधिकार सन्निहित था, लेकिन इसका मतलब कुछ सामंतों की भू-संपत्ति से था। चार्टर में वायदा किया गया कि 'किसी भी व्यक्ति को कुलीनजनों के कानूनसम्मत निर्णय के बिना बंदी या कैदी नहीं बनाया जा सकता', लेकिन जांच-पड़ताल या तहकीकात की प्रक्रिया में सिर्फ नाइट्स और जमींदार ही हिस्सा ले सकते थे। मैग्ना कार्टा में आम लोगों के लिए कुछ खास नहीं था।

हालांकि मूल चार्टर का कुछ ऐसा प्रभाव रहा और कुछ तो मिथक, जिसकी वजह से अगली कुछ शताब्दियों तक इसे कई बार जारी किया गया। ऐसा माना जाता है कि सांविधानिक सिद्धांत में अधिकारसम्मत दृष्टिकोण इसी की देन है। इंग्लैंड में 1689 में स्वीकृत किए गए बिल ऑफ राइट्स (अधिकारों से संबंधित कानून) का स्रोत भी इसे माना जाता है। लॉर्ड डेनिंग ने मैग्ना कार्टा को सर्वकालिक महान सांविधानिक दस्तावेज करार दिया था। उनके मुताबिक निरंकुश शासकों के मनमाने अधिकार के विरुद्ध इसने व्यक्तिगत स्वतंत्रता की बुनियाद रखी।

इतिहास में ऐसी कोई तारीख नहीं, जब सारे लोगों को एक साथ स्वतंत्रता मिली हो। अनथक संघर्ष के जरिये ही कई तबके के लोगों को स्वतंत्रता मिल सकी है और फिर धीरे धीरे ही विभिन्न लोगों तक इसका विस्तार हो सका है। इनमें किसान, व्यापारी, अशिक्षित, महिलाएं, अश्वेत, मूल निवासी, सैनिकए बंदी और विदेशी नागरिक शामिल हैं।

## बहुसंख्यकवाद का खतरा

स्वतंत्रता ने विश्व के कई हिस्से में जहां विस्तार किया है, वहीं कुछ ऐसे हिस्से भी हैं, जिन्हें वापस निरंकुश शासन की ओर धकेल दिया गया जिससे वहां स्वतंत्रता खत्म हो गई। यहां तक कि मुक्त लोकतंत्रों में भी कुछ 'यथोचित प्रतिबंध' की चाहत देखी जा सकती है, वहां 'यथोचित' को अपने ढंग से परिभाषित किया जाता है। वैसे स्वतंत्रता अपने आपमें अच्छी चीज है। स्वतंत्रता से आशय आपको बोलने की, लिखने की, अपनी पसंद का खाना खाने की, अपनी पसंद के कपड़े पहनने की, अपनी मर्जी से जीवनसाथी चुनने की और उस ईश्वर की इबादत करने की आजादी से है, जिस

पर आपकी आस्था है। ऐसे में आपकी इस स्वतंत्रता पर किसी भी तरह की बंदिश को कैसे 'यथोचित' ठहराया जा सकता है? और फिर यह कौन तय करेगा कि क्या उचित है और क्या अनुचित?

यदि आप इस विषय को गंभीरता से देखें, तो आपको पता चलेगा कि यह तथाकथित 'यथोचित प्रतिबंध' तथाकथित 'बहुसंख्यक' की इच्छा को प्रतिबिंबित करता है। तो फिर यह बहुसंख्यक कौन है? क्या ऐसे लोग, जो किसी खास जाति या धर्म को मानते हैं? या पड़ोस में या किसी राज्य में या फिर पूरे देश में किसी खास वर्ग की बहुलता? दरअसल स्वतंत्रता को सबसे बड़ा खतरा इसी बहुसंख्यकवाद से है।

किसी को भी किसी मनमाने आदेश के जरिये हमारी स्वतंत्रता छीनने का अधिकार नहीं है। इमरजेंसी या आपातकाल की कहानी हमें याद दिलाती है कि ऐसे किसी भी प्रयास को अंततः नाकाम होना है। मैग्ना कार्टा का शुक्रिया, जिसकी मेहरबानी से कानून के शासन का जन्म हुआ। कानून का राज निरंकुशता पर प्रहार करता है और सत्ता में बैठे लोगों को भय या पक्षपात के बिना शासन करने का आदेश देता है।

## छल से स्वतंत्रता छीनने की कोशिश

स्वतंत्रता को छल से, मिथकों से, छद्म प्रचार तथा झूठ से, धनबल और बाहुबल से नुक्सान हुआ है। स्वतंत्रता को हानिकारक कानूनों से भी काफी नुक्सान हुआ है। ऐसी कोशिशें करने वाले अक्सर छद्म रूप में सामने आते हैं और कानूनी शब्दजालों का फायदा उठाते हैं। क्यों छोटे किसानों का संपत्ति (भूमि) का अधिकार बड़े कॉरपोरेट्स के संपत्ति के (बौद्धिक संपदा) अधिकार से कम महत्वपूर्ण है? आखिर क्यों वनवासियों की पर्यावरण और जीवनयापन से जुड़ी चिंताएं शहरों के निवासियों के पर्यावरण और स्वास्थ्य संबंधी चिंताओं से कम महत्वपूर्ण हैं? असुरिक्षत मतदाताओं में पैदा किया जाने वाला भय बड़ी मुश्किल से हासिल किए गए मताधिकार से उन्हें वंचित किए जाने की कोशिश ही तो है। हिटलर के शासनकाल में जर्मनी में प्रचार के भौंडे प्रदर्शन और झूठ के जरिये ही तो स्वतंत्रता को दबाया गया था। आप यदि सेलमा नामक फिल्म देखें, तो यह जानकार आपके रोंगटे खड़े हो जाएंगे कि किस तरह अमेरिका के गृहयुद्ध के सौ वर्ष बाद तक अश्वेतों को मताधिकार से वंचित रखा गया।

स्वतंत्रता की अवधारणा का विस्तार हो रहा है। सारे विचारों को सार्वभौमिक स्वीकृति नहीं मिलती, लेकिन प्रत्येक विचार की अपनी जगह है और उसे अभिव्यक्त किया जाता है। पेरियार ई वी रामासामी ने मूर्तियां तोड़ दी थीं, और आस्थावान लोगों

को उन्होंने मूर्ख करार दिया था। नास्तिक लोगों की बड़ी जमात उनकी अनुयायी है। इसके बावजूद तमिलनाडु में आस्तिकता का विस्तार हुआ। वहां आस्तिक और नास्तिक, दोनों ही तरह के लोगों ने अपनी जगह बनाई। आयरलैंड (कैथोलिक) में समलैंगिकता पर 1993 तक प्रतिबंध था, लेकिन इसी महीने आयरलैंड ने 38 के मुकाबले 62 फीसदी मतों से समान लिंगधारियों में विवाह को वैध करार दिया। असल में स्वतंत्रता को लेकर लोगों का दृष्टिकोण आधिकारिक दृष्टिकोण से अलग होता है। हमेशा गंदे विचारों का जवाब अच्छे विचार ही हो सकते हैं। इसका जवाब कुछ लोगों की मर्जी से लगाया जाना वाला प्रतिबंध नहीं हो सकता। बीफ या किताबों या फिर यात्रा या किसी फिल्म के कुछ संवाद पर प्रतिबंध इसका जवाब नहीं हो सकता।

स्वतंत्रता अपने आपमें अच्छी चीज है, मुझे यह उक्ति याद आ रही है, स्वतंत्रता का कोई मोल नहीं हो सकता।

# बढ़ती असहिष्णुता की वजहें

6 सितंबर 2015

भारतीय समाज के बारे में जो प्रचलित मिथक हैं, उनमें से एक यह भी है कि हम हमेशा एक सहिष्णु समाज रहे हैं। असल में यह पूर्वाग्रहों, भेदभाव, उत्पीडन और हिंसा पर आवरण डालने के लिए बुनी गई कहानी है, जबकि दुर्भाग्य से हमारा इतिहास इनसे अछूता नहीं है।

जब बात पहचान से जुड़े मुद्दों की आती है, तब हमारी अनुदारता स्पष्ट तौर पर दिखाई देने लगती है। बात सिर्फ धार्मिक पहचान की नहीं है, ऐसा जाति, गोत्र, भाषा और क्षेत्र आदि से संबंधित हमारी पहचान के बारे में देखा जा सकता है।

## सुधारकों का स्मरण, सुधारों को तिलांजलि

हम संत रामानुज या ईवी रामासामी (पेरियार) या महात्मा फुले या फिर राजा राममोहन राय की जयंती मनाते हैं। हम उनके जीवन को उदाहरण के तौर पर याद करते हैं कि कैसे उदार भारतीय समाज ने उन्हें अपने विचारों को फैलाने का अवसर दिया। जबकि हम अपनी सुविधा से यह याद नहीं रखना चाहते कि उनकी वजह से बहुत से लोगों ने खुद को बदल लिया और उनकी बताई राह को अपनाया। मुझे लगता है कि सुधारों की अनदेखी कर सुधारकों की जयंती मनाना अपने अपराध बोध और शर्म को लेकर प्रायश्चित करने का एक जरिया है।

देश में आज भी ऐसे मंदिर हैं, जहां दलितों के प्रवेश की मनाही है। पेरियार ने जिन अंधविश्वासों और कुप्रथाओं का विरोध किया, वे आज भी गहरे तक जमी दिखती

हैं। इनमें से कुछ के तो घातक नतीजे भी सामने आते रहे हैं। एक समय था, जब पंजाब या देश में कहीं भी कोई सिख और हिंदू आपस में प्रेम कर सकते थे, विवाह कर सकते थे और खुशी से साथ–साथ अपनी जिंदगी गुजार सकते थे। तमिलनाडु में ईसाई और हिंदू के बीच विवाह बिल्कुल सामान्य बात थी। मगर आज भारत के कुछ हिस्सों में आलम यह है कि अगर कोई हिंदू (लड़का या लड़की) किसी मुस्लिम (लड़की या लड़के) के साथ मेलजोल बढ़ाए, तो इसके गंभीर नतीजे होते हैं। सच तो यह है कि अंतरधार्मिक मेलजोल के तमाम उदाहरण धार्मिक कट्टरता और अत्याचार की बढ़ती घटनाओं के कड़वे सच को नहीं छिपा सकते।

दरअसल, यह मानने की वाजिब वजहें हैं कि समाज में असहिष्णुता लगातार बढ़ रही है। जरा उस सूची पर नजर डालिए, जिस पर प्रतिबंध लगाने की बात हो रही है– गौ मांस, जींस, किताबें, एनजीओ, वेबसाइटें और इंटरनेट...। जरा उन शर्तों को देखिए, जो जगह–जगह लादी जा रही हैं– फलां नौकरी के लिए मुसलमान आवेदन नहीं कर सकते, अकेली महिला के लिए किराये का घर नहीं, यह अपार्टमेंट केवल शाकाहारियों के लिए है...। अब अहिष्णुता की तमाम ब्रिगेडें संगठित होते हुए खुद को आंदोलनों के तौर पर व्यक्त कर रही हैं, मसलन, घर–वापसी, लव जेहाद...। गौरतलब है कि यह असहिष्णुता ही है, जो बाबरी मस्जिद विध्वंस की वजह बनी। यह असहिष्णुता ही है, जो घोषणा करती है कि अब तक लिखा गया सारा इतिहास वामपंथी विकृति का परिचायक है। जब उपराष्ट्रपति हामिद अंसारी अपने भाषण में भारत में इस्लामी समुदाय के सामने आने वाली चुनौतियों के बारे में बताते हैं, तो यह असहिष्णुता ही है, जो उनके अर्थपूर्ण भाषण में भी कमियां ढूंढ लेती है।

## असहिष्णुता और हिंसा

बढ़ती असहिष्णुता का हिंसक चेहरा सामने आना तय होता है। हम मानते हैं कि तालिबान और इस्लामिक स्टेट (आईएस) असहिष्णु और हिंसक आंदोलन हैं, जिन्होंने बामियान प्रतिमा और पल्मायरा शहर जैसी ऐतिहासिक धरोहरों को बर्बाद कर डाला है। मगर किसी युवा जोड़े का बहिष्कार या फिर आपस में प्रेम करने वाले दो विद्यार्थियों के कॉलेज से निष्कासन को लेकर चर्च वगैरह पर जो हमले हुए, उस हिंसा पर हम शायद ही ध्यान देते हैं। इस बढ़ती असहिष्णुता ने अब विचारों की दुनिया में भी अतिक्रमण कर दिया है। अनीश्वरवाद या किसी भी तरह की नास्तिकता निषिद्ध बन गई है। अंधविश्वासों पर सवाल नहीं उठाया जा सकता। शिवाजी को धर्मनिरपेक्ष

शासक के तौर पर नहीं दिखाया जा सकता। चमत्कारों को नकली बताने की जुर्रत नहीं की जा सकती। शार्ली हेब्दो के कार्टून किसी अखबार में पुनः प्रकाशित नहीं किए जा सकते। और अगर कोई ऐसी हिमाकत करता है, तो...। इन कार्टूनों को पुनः प्रकाशित करने वाली शिरीन दलवी को धमकी मिलती है। तथाकथित चमत्कार पर सवाल उठाने वाले सनल इदमुरुक्कू को प्रताड़ित किया जाता है। इतना ही नहीं, शिवाजी को धर्मनिरपेक्ष शासक दिखाने वाले गोविंद पनसारे, चमत्कारों के खिलाफ अभियान चलाने वाले नरेंद्र दाभोलकर और मूर्तिपूजा का विरोध करने वाले एम एम कलबुर्गी की हत्या कर दी जाती है।

ऐसी गतिविधियां कानून का साफ उल्लंघन हैं, मगर जब इन्हें छूट मिली होती है, तो ये कानून–व्यवस्था के बाहर का मामला हो जाता है। यहां सवाल सिर्फ इतना नहीं है कि आरोपियों को पकड़ा जाए और कानून के तहत उन्हें सजा मिले। इससे महत्वपूर्ण सवाल यह है कि आखिर कैसे ये कट्टरपंथी उन्मादी कानून और संविधान के ऊपर होने की भावना अपने भीतर पैदा कर पाते हैं। आखिर वह क्या है, जो इन्हें यह आत्मविश्वास देता है कि ये चाहे कुछ भी कर लें, अव्वल तो सजा होगी नहीं, और अगर हुई तो नाममात्र की होगी।

## बुनियादी वजहें

वजहें तमाम हैं। पहली, राज्य, खासकर कार्यपालिका के बहुत–से समर्थक होते हैं, जिनके हित आपस में जुड़े होते हैं। इसलिए सरकार भी ऐसे मामलों में थोड़ा लचीला रुख बनाए रखती है।

दूसरी, उन्मादियों को लगता है कि कानूनों को मोड़ा जा सकता है। यही वजह है कि जांच–पड़ताल में गड़बड़ी, त्वरित न्याय की जगह न्याय में देरी, कारावास की जगह जुर्माना, न्यायिक हिरासत की जगह जमानत, सजा सुनाने की जगह उसमें छूट, और सच्चे न्याय की जगह दया याचिकाओं ने कानून की पूरी प्रक्रिया पर धब्बा लगा दिया है।

तीसरी वजह यह है कि इन उन्मादियों को सामाजिक समर्थन हासिल होता है, जो कभी–कभी पूरे समुदाय या जाति के समर्थन में तब्दील हो जाता है। ऐसे मेंए जो असल अपराधी पर्दे के पीछे रह जाते हैंए उनका पर्दाफाश करने के लिए भी कोई आगे नहीं आता।

चौथी वजह, मृत्युदंड देने में शहीद का लेबल लगने का खतरा रहता है। इंदिरा

गांधी के हत्यारों को कुछ लोग भगत सिंह के बराबर मानते हैं। बाबरी मस्जिद का विध्वंस करने वाले हिंदुत्व के नायक माने जाते हैं। इसी तरह इस्लामी आतंकवादी जेहादी हैं, जिनके लिए जन्नत के दरवाजे खुले माने जाते हैं।

यह समझना चाहिए कि जैसे–जैसे असहिष्णुता बढ़ेगी, स्वतंत्र चिंतन, बहुलतावाद और वैज्ञानिक नजरिये को चोट पहुंचेगी। इससे ध्रुवीकरण बढ़ेगा। इससे समुदाय ज्यादा अंतर्मुखी, स्वार्थी, असुरक्षित महसूस करने वाले और हिंसक बनेंगे।

पनसारे, दाभोलकर और कलबुर्गी जैसे लोग बदलाव लाने के लिए जो कर सकते थे, वह उन्होंने किया और कीमत भी चुकाई। ऐसे में, केवल एक निर्भीक, मजबूत, धर्मनिरपेक्ष और संविधान के आदर्शों को लेकर प्रतिबद्ध सरकार ही असहिष्णुता और हिंसा की बढ़ती चुनौती का समाधान ढूंढ सकती है। मगर क्या आपको भरोसा है कि हम उसी दिशा में हैं?

# शरणार्थी, अप्रवासी और मानवता

20 सितंबर 2015

अपने अस्तित्व की शुरुआत से ही मानवता और मुसीबतों का चोली-दामन का साथ रहा है। गरीबी, बीमारी, नागरिक संघर्ष, उत्पीडन और युद्धों ने मानवता को जो कष्ट दिए हैं, उन्हें बयान नहीं किया जा सकता। इससे बड़ी विपत्ति दूसरी क्या हो सकती है कि मनुष्य अपना घर-परिवार छोड़कर दूसरे देश में शरणार्थी बने, जहां के लोग दूसरी भाषा बोलते हों, दूसरे धर्म का पालन करते हों या दूसरी संस्कृति में विश्वास करते हों। यूनाइटेड नेशंस हाई कमिश्नर फॉर रिफ्यूजीज (यूएनएससीआर) के आंकड़ों के अनुसार, 2014 के अंत तक पूरी दुनिया में तकरीबन छह करोड़ लोग ऐसे थे, जो संघर्ष, युद्ध या जुल्मों के चलते विस्थापित हुए थे।

विभाजन के बाद भारत और पाकिस्तान ने व्यापक विस्थापन की खौफनाक आपदा झेली थी। लाखों हिंदू और सिख पाकिस्तान छोड़कर भारत आए और इतनी ही तादाद में मुसलमान भारत से पाकिस्तान चले गए। यह स्वतंत्रता के हमारे प्रेरणादायक संघर्ष का आखिरी और सबसे अंधकारमय अध्याय था। भला हो जवाहरलाल नेहरू और वल्लभभाई पटेल की सूझ-बूझ का, जिसकी बदौलत भारत ने मानवीयता का परिचय दिया और सहिष्णुता व उदारता का आदर्श उदाहरण बनकर उभरा। हालांकि इस कहानी के कुछ शर्मनाक अध्याय भी थे। न कट्टर पाकिस्तान और न ही धर्मनिरपेक्ष भारत उन हजारों नागरिकों के कत्लेआम को रोक पाए, जो एक से दूसरे देश की ओर बढ़ रहे थे। हममें से कई खुद इन शरणार्थियों के मुंह से उनकी दर्दनाक दास्तान सुनते आए हैं, कि कैसे उन्होंने अपनी बर्बाद हो चुकी जिंदगी को कतरा-कतरा कर के फिर से संवारा। पंजाब, हरियाणा और दिल्ली में ऐसे शरणार्थियों की कमी नहीं,

जिन्होंने कालांतर में जीवन के विभिन्न क्षेत्रों में कामयाबी की नई इबारतें लिखीं। दो शरणार्थी तो भारत के प्रधानमंत्री भी बने।

## कसौटी पर यूरोप की मानवीयता

जहां तक शरणार्थियों का मुद्दा है, तो यूरोप इससे अनजाना नहीं है। दूसरे विश्वयुद्ध के बाद यूरोपीय देशों ने शरणार्थियों को स्वीकारा था। यूरोप समृद्ध होता गया, तो इसकी एक वजह वह ऊर्जा भी थी, जो बाहर के शरणार्थी लेकर आए। ये शरणार्थी मेहनती, अनुशासित और महत्वाकांक्षी थे। ये उन समुदायों में घुलते गए, जहां उन्होंने अपने नए घर बनाए थे। ऐसे इतिहास के बावजूद पिछले कुछ हफ्तों के दौरान यूरोप जिस तरह से अपनी मानवीयता त्यागते दिखा, उससे एक निराशा का माहौल पनपने ही लगा था कि एंजेला मर्केल ने राजनीतिक सूझ–बूझ का परिचय देते हुए साथी नेताओं से भी आसन्न समस्या का समाधान ढूंढने की गुहार लगाई। हाथ में 'विल्कोम्मेन' (आपका स्वागत है) शब्द लिखा इश्तिहार लिए और शरणार्थियों का दिल खोलकर स्वागत कर रहे सैकड़ों जर्मनीवासियों की जो तस्वीरें सामने आई हैं, वे उन दिलों को जीत रही हैं, जो तुर्की के समुद्र तट पर तीन साल के एक बच्चे अयलान कुर्दी की लाश की तस्वीर देखकर बुरी तरह से टूट चुके थे। कुछ हफ्तों की व्याकुलता के बाद यूरोप ने अपने मानवीय पक्ष की एक बार फिर से खोज कर ली है। हालांकि हंगरी जैसे कुछ देश अब भी व्यवधान पैदा कर रहे हैं। अक्सर ऐसा होता है कि लोग शरणार्थियों और अप्रवासियों में फर्क नहीं समझ पाते। शरणार्थी, दरअसल वे लोग होते हैं, जिन्हें अपने देशों में जुल्म और मौत जैसे हालात का सामना करना पड़ रहा होता है और जिनके सामने अपना देश छोडने के सिवाय कोई विकल्प ही नहीं होता।

## अप्रवासन एक अलग मुद्दा है

अप्रवासियों का वर्ग अलग है। उनके पास दूसरे विकल्प मौजूद होते हैं। ज्यादातर मामलों में वे बेहतर आर्थिक अवसरों की तलाश में अपना देश छोडने का फैसला करते हैं। कई लोग गरीबी या फिर रोजगार के अभाव को दूर करने के लिए अपना देश छोडने का फैसला करते हैं। कई बार शिक्षित और बेहतर स्थिति वाले लोग भी अपना देश छोडने का फैसला करते हैं। जरा सोचिए कि हर साल बेहतर शिक्षा और नौकरी की तलाश, बेहतर वातावरण या एक बेहतर राजनीतिक माहौल में रहने के लिए भारत

से कितने लोग अमेरिका, कनाडा, ऑस्ट्रेलिया या फिर न्यूजीलैंड का रुख करते हैं। अमेरिका दरअसल अप्रवासियों का ही देश है। मगर, वहां मैक्सिको और दूसरे दक्षिण अमेरिकी देशों से तथाकथित अवैध ढंग से आने वाले अप्रवासियों का भयंकर विरोध होता है। दूसरी ओर यूरोप है, जिसे अपनी अर्थव्यवस्था को कायम रखने और बुजुर्ग होती अपनी जनसंख्या को सहारा देने के लिए अप्रवासियों की जरूरत है। माना जा रहा है कि उसे अगले पांच वर्ष में तकरीबन चार करोड़ अप्रवासियों की जरूरत होगी, मगर वहां की सरकारें और दक्षिणपंथी राजनीतिक दल लगातार अप्रवासियों का विरोध कर रहे हैं। इतिहास हमें बताता है कि अप्रवासन को रोका नहीं जा सकता। मगर इसका ठीक से बंदोबस्त जरूर किया जा सकता है। असल समस्या यह है कि ये देश अपने यहां के हालात के अनुकूल ऐसा मॉडल नहीं खोज पा रहे हैं, जिससे अप्रवासियों का ठीक से प्रबंध हो सके।

## पूर्वाग्रह की कोई जगह नहीं

समय-समय पर भारत शरणार्थियों की समस्या से जूझता रहा है। जैसा कि हाल ही में श्रीलंका से आने वाले हजारों शरणार्थियों के समय देखा गया था। हिंसा और मौत के डर से अपना देश छोड़कर आने वालों का हमेशा स्वागत होना चाहिए, बेशक उनका धर्म या जाति कुछ भी हो। हाल ही में जब हंगरी और ऑस्ट्रेलिया जैसे कुछ देशों ने ईसाई शरणार्थियों को प्राथमिकता दी, तो इसे लेकर दुनिया भर में काफी नाराजगी व्यक्त की गई। मगर, यह नाराजगी तब क्यों नहीं दिखी, जब भारत सरकार ने पासपोर्ट ऐक्ट और फॉरेनर्स ऐक्ट के कुछ प्रावधानों से अल्पसंख्यक समुदाय के बांग्लादेशी और पाकिस्तानी नागरिकों को बाहर रखने की नीति बनाई? प्रेस रिलीज के मुताबिक यह नीति केवल हिंदू, सिख, ईसाई, जैन, पारसी और बौद्ध लोगों पर लागू होगी।

मगर शिया, अहमदिया, नास्तिक और तर्कवादियों का क्या?

जब मैं पहली बार भारत-बांग्लादेश सीमा पर गया, तब मेरे जेहन में विचार आया, 'यह एक देश था, जो विभाजन से दो बन गए और मुक्ति संग्राम ने इन्हें तीन बना दिया।' दरअसल, भारत की सीमाओं में काफी पैबंद हैं। भारत यह बिल्कुल बर्दाश्त नहीं कर सकता कि गरीब अप्रवासी आर्थिक अवसरों की तलाश में यहां आएं, खासकर, तब जबकि बड़ी तादाद में भारतीय खुद गरीब हैं। अप्रवासन का बेहतर ढंग से प्रबंध करने के लिए सीमा पर रोक और नियंत्रण की व्यवस्था जरूरी है। स्थायी निवास के बजाय समयबद्ध कार्य-अनुमति या लंबे समय के लिए वीजा जारी किए जा सकते

हैं, मगर इनके लिए एक समयसीमा जरूर निर्धारित होनी चाहिए। इसके अलावा हम अपने पड़ोसियों को समृद्ध बनाने में मददगार बन सकते हैं। ध्यान रखना चाहिए कि एक समृद्ध क्षेत्र व्यापक अप्रवासन की अचूक काट है। हर देश को अप्रवासियों और शरणार्थियों के बीच फर्क को समझना चाहिए। अगर ऐसा हो सका, तो दोनों ही समस्याओं का तार्किक समाधान निकल सकेगा।

# बिहार के चुनाव में क्या लगा है दांव पर

11 अक्टूबर 2015

चुनावों की विलक्षणता पुरानी पड़ चुकी है। चुनाव होंगे, नतीजे घोषित होंगे, कोई पार्टी या गठबंधन जीतेगा, एक सरकार बन जाएगी और फिर कुछ दिनों बाद जिंदगी पुराने ढर्रे पर लौट आएगी।

हालांकि मुझे महसूस हो रहा है कि बिहार चुनाव के बाद, बिहार और देश में जिंदगी पुराने ढर्रे पर नहीं चलेगी।

मुझे लगता है कि बिहार की लड़ाई बिहार में सत्ता पर कब्जे की लड़ाई नहीं है, बल्कि भारत की कथा को फिर से लिखने के लिए सत्ता पर कब्जे की लड़ाई होगी। बिहार की लड़ाई सिर्फ बिहार में नहीं लड़ी जा रही है, बल्कि यह मुजफ्फरनगर और दादरी में, महाराष्ट्र और कर्नाटक जैसे राज्यों में और सामाजिक तथा पारंपरिक मीडिया में भी लड़ी जा रही है।

## चार स्तरीय व्यवस्था

बिहार के चुनावों का केंद्रीय मुद्दा विकास नहीं रह गया है, बल्कि गाय हो गई है। गाय संशोधित 'भारत का विचार' का प्रतीक बन गई है। यह विचार पदक्रम, पितृसत्ता, बहिष्करण, भेदभाव, हिंसा और बहुलतावाद के पुराने इतिहास पर आधारित है।

ऐतिहासक तथ्य कड़वे और बर्बर हैं। सदियों से भारतीय समाज वर्ण के इर्द गिर्द संरचित है, यह एक चार स्तरीय व्यवस्था है, जिसने बहुसंख्यकों को तो अपने घेरे में ले लिया, लेकिन इस व्यवस्था ने बड़ी संख्या में दूसरे लोगों को बहिष्कृत कर दिया।

बहिष्कृत लोग जातिच्युत या अस्पृश्य थे। जन्म से असमानता इस व्यवस्था का आधार थी। असमानता बदली नहीं जा सकेगी, यह सारी जिंदगी आपके साथ रहेगी और यही तय करेगी कि आप क्या करेंगे, आप क्या हासिल करेंगे और आप क्या होंगे। यह,'जन्म से सारे पुरुष और महिलाएं समान हैं और उनके पास अवसरों की समानता होगी', का विलोम है।

इसके अलावा, इस व्यवस्था में महिलाओं, विवाह, भोजन, परिधान, प्रार्थना, परंपराओं के निर्वहन आदि के संबंध में नियम थे। इन नियमों के उल्लंघन पर सजा दी जाती थी, अक्सर बहिष्करण के रूप में।

इस व्यवस्था को समय समय पर यहां जन्म लेने वाले 'सुधारकों' और तथाकथित 'हमलावरों' ने चुनौती दी। सुधारकों को जल्द ही व्यवस्था में समाहित कर लिया गया और उनमें से कई प्रतिरूप तक बन गए। हमलावरों (निश्चय ही जो कई तरह की समस्याएं लेकर आए) को घृणा की वस्तु में बदल दिया गया, खासतौर से उन्हें जो इस्लाम या ईसाइयत जैसे दूसरे धर्म को मानने वाले थे।

इस व्यवस्था के लिए सबसे ताकतवर चुनौती थी भारतीय संविधान का निर्माण और एक धर्मनिरपेक्ष, लोकतांत्रिक और उदार गणतंत्र का जन्म। मर्मांतक रूप से यह एक धीमी प्रक्रिया थी, लेकिन वयस्क मताधिकार, शिक्षा, औद्योगिकरण, शहरीकरण और संचार के विकास से यह व्यवस्था चरमराने लगी। यह उम्मीद थी कि अंततः भारत कहीं अधिक समान, न्यायसंगत और मानवीय समाज बनेगा। ऐसा लग रहा था कि हम इतिहास का चिरस्थायी सबक सीखते दिख रहे थे कि सिर्फ स्वतंत्रता, समानता और बंधुत्व के आधार पर कोई व्यवस्थित देश ही संपन्न और समृद्ध बन सकता है।

## अंधकार की ताकतें

लोकसभा में पूर्ण बहुमत के साथ भाजपा का सत्ता में आरोहण अपने साथ पूर्वाभास भी लेकर आया था। हालांकि हम सब आश्वस्त थे कि सत्ता शीर्ष पर आरएसएस (राष्ट्रीय स्वयं सेवक संघ) नहीं, बल्कि श्री नरेंद्र मोदी होंगे। हमसे कहा गया था कि मोदी 2.0, गुजरात मॉडल, उनके कहे शब्दों, उनकी ऊर्जा और प्रौद्योगिकी को अपनाने के उनके उत्साह आदि की ओर देखो। कुछ पलों के लिए राष्ट्र श्री मोदी से प्रभावित भी था, लेकिन प्रश्न उठने शुरू हो गए।

आखिर खाप पंचायतें इतनी सक्रिय क्यों हो गईं और उन्हें कंगारू अदालतों जैसे फैसले सुनाने की इजाजत किसने दी? आखिर क्यों कुकुरमुत्तों की तरह निगरानी

समूह और मॉरल पुलिस ब्रिगेड उग आई है? आखिर क्यों जींस से लेकर किताब, खानपान और लेखकों से लेकर कलाकारों और एनजीओ पर प्रतिबंधों की बाढ़ क्यों आ गई? आखिर क्यों विरोध को राज्य की ताकत के हर औजार के जरिये दबा दिया जाता है?आखिर दाभोलकर, पानसारे और कलबुर्गी को किसने मारा? आखिर क्यों सांप्रदायिक घटनाएं बढ़ रही हैं? (2015 की पहली छमाही में इस तरह की 330 घटनाएं हुईं जिनमें 51 लोगों की मौत हो गई, जबकि 2014 की इसी अवधि में 252 घटनाएं हुई थीं और 33 लोग मारे गए थे)आखिर क्यों मंत्री, सांसद और विधायक, जिन्होंने संविधान की रक्षा करने की शपथ ली है, विभाजनकारी और घृणा फैलाने वाली भाषा क्यों बोल रहे हैं? और इन सबसे बड़ी बात यह है कि आखिर प्रधानमंत्री चुप क्यों हैं?

## अस्तित्व का खतरा

श्री नरेंद्र मोदी तकरीबन हर विषय पर बोलते हैं और आम तौर पर उन्हें इनके बारे में ठीक से बताया भी जाता है, यहां तक कि अक्सर वे कुछ चूक भी जाते हैं (जैसा कि उन्होंने जीडीपी के बारे में किया था)। वह लोगों के जन्मदिन याद रखते हैं और टूर्नामेंट जीतने पर खिलाड़ियों को बधाई देते हैं। लेकिन वह एक आधुनिक, धर्मनिरपेक्ष और उदार भारत के विचार का विलोम लिखने की जानबूझकर की जा रही कोशिश पर मनहूसियत की चुप्पी धारण किए हुए हैं। दाभोलकर, पानसारे और कलबुर्गी की हत्या और अखलाख को पीटकर मार डालने की घटना पर उनका मौन अक्षम्य है।

भारतीय समाज आज विभाजन (1947) और बाबरी मस्जिद के विध्वंस (1992) के बाद से सर्वाधिक ध्रुवीकृत है। आरएसएस और भाजपा बिहार में जीत हासिल करने के लिए ओवरटाइम काम कर रहे हैं, ऐसे में क्या ध्रुवीकरण चुनाव के बाद संपूर्ण होगा? मैं यह सोचकर कांप जाता हूं कि उसके बाद आखिर क्या होगा। 'ट्रेन टू पाकिस्तान' में खुशवंत सिंह ने जो लिखा था उस पर गौर कीजिए: ''दोनों पक्ष मारे गए। दोनों ओर से गोलियां चलीं, चाकू मारा गया। दोनों पक्षों का उत्पीड़न हुआ। दोनों ओर बलात्कार किए गए।''

जब हम हैरत कर रहे थे कि आखिर प्रधानमंत्री मोदी कब तक मौन रहते हैं, तो उन्होंने आठ दिन बाद अपनी चुप्पी तोड़ी और एकता और सांप्रदायिक सौहार्द को लेकर प्रवचन दिया। उसमें हत्याओं की न तो निंदा थी और न ही नाराजगी। उन्होंने

सजा दिलाने या कार्रवाई करने को लेकर कोई चेतावनी तक नहीं दी।

राष्ट्र अस्तित्व के संकट से जुड़ी गंभीर चुनौती का सामना कर रहा है—धार्मिक आधार पर ध्रुवीकरण—और अफसोस की बात यह है कि हमारे पास सिर्फ मोदी 1.0 है।

# सामूहिक चेतना की पुकार

18 अक्टूबर 2015

कई वर्षों के बाद विरोध को अपनी आवाज और अपने होने का नया औचित्य मिला है। पिछले दो हफ्तों के दौरान करीब 25 लेखक अपना साहित्य अकादेमी सम्मान लौटा चुके हैं। इनमें से कुछ ने अकादेमी से इस्तीफा भी दे दिया है। इनमें से ज्यादातर लेखक क्षेत्रीय भाषाओं के हैं।

आम तौर पर नेपथ्य में रहने वाले ये लेखक अपने लिखे शब्दों के जरिये मानवीय परिस्थितियों से जूझते रहते हैं। सरकार का विरोध कुछ ऐसा काम नहीं है, जिसके वह आदी हों। हाल में इन लेखकों ने जिन शब्दों में अपनी व्यथा जाहिर की है, उससे पता चलता है कि वे देश में असहिष्णुता की बढ़ती घटनाओं, मसलन, विद्वानों की हत्याएं, लेखकों व शिक्षाविदों को मिलती धमकियां, घर में गोमांस रखने के संदेह के चलते एक गरीब की उन्मादी भीड़ द्वारा की गई हत्याओं से कितने आहत हैं। सत्तासीन लोगों की अनदेखी या मौन स्वीकृति से देश के लाखों लोगों की तरह ये लेखक भी भयभीत हैं।

पुरस्कार लौटाना विरोध का प्रतीकात्मक ढंग है। रवींद्रनाथ टैगोर, शिवराम कारंत और खुशवंत सिंह ने भी यही किया था। मगर इससे उस काम का मूल्य कम नहीं होता, जिसके लिए उन्हें ये पुरस्कार दिए गए थे। इसमें संदेह नहीं कि असहिष्णुता की ताकतों और उनके आकाओं के खिलाफ सार्वजनिक तौर पर खड़े होकर ये लेखक निजी स्तर पर एक बड़ा जोखिम उठा रहे हैं। इससे ये लेखक अपने निजी जीवन को ऐसे लोगों के हमले के लिए खोल रहे हैं, जिनका एकमात्र काम है—दूसरों को अपशब्द कहना। इन लेखकों पर अवसरवादी और पक्षपाती होने के आरोप लग रहे हैं। उनसे पूछा जा रहा है कि अतीत में दंगों या अधिकारों के हनन की घटनाओं पर उन्होंने

विरोध क्यों नहीं जताया था। ऐसे आरोप लगाने वालों को समझना चाहिए कि कोई व्यक्ति विरोध का अपना अधिकार सिर्फ इसलिए नहीं खो देता, क्योंकि उसने अतीत में ऐसी हर घटना पर इतना ही क्रोध नहीं व्यक्त किया था। जबकि लेखकों पर लगाया जा रहा यह आरोप अपने आप में सही नहीं है। ध्यान रहे, जब आपातकाल लागू किया गया, तब नयनतारा सहगल ने साहित्य अकादेमी से इस्तीफा दे दिया था।

## सामूहिक चेतना

लेखकों की इस पुकार ने देश की सामूहिक चेतना को जिस तरह से झकझोरा है, उसने साधारण नागरिकों को भी गहरे तक प्रभावित किया है। इस सामूहिक चेतना की अनदेखी नहीं की जा सकती, बेशक फिलहाल धर्म, जाति और भाषा से प्रेरित पूर्वाग्रहों से इसमें दरारें आ गई हैं। मगर चुनौती या विरोध की एक आवाज इसे झकझोरने के लिए काफी होती है।

1930 में, एक दुबला–पतला–सा शख्स अपनी कमर पर एक बगैर सिला हुआ कपड़ा लपेटे नीचे झुकता है और समुद्र से एक मुट्ठी नमक निकाल लेता है।

1955 में, एक गरीब अश्वेत महिला ने सार्वजनिक बस में उस सीट को छोडने से दृढ़ता से इन्कार कर दिया था, जो श्वेतों के लिए आरक्षित थी।

1962 में, एक लंबा और पुष्ट शरीर वाला व्यक्ति एक मुस्कान के साथ जेल में प्रवेश करता है। 27 वर्ष वह रहता है वहां, अटल और अपराजित।

इनमें से हर एक घटना एक क्रांति की शुरुआत का संकेत थी, जिसने इतिहास बदल कर रख दिया। 200 वर्षों से भी ज्यादा समय तक देश पर राज करने वाले अपने औपनिवेशिक स्वामियों की सत्ता को उखाड़ फेंकते हुए भारत एक गणतंत्र बना। नस्लीय भेदभाव खत्म करने के लिए अमेरिका ने एक लंबे संघर्ष की शुरुआत की। दक्षिण अफ्रीका ने रंगभेद को विराम देते हुए दोबारा अपनी आत्मा की खोज की और अपने लोगों को नागरिक स्वतंत्रता प्रदान की।

## सहमति का दबाव

हम वैयक्तिक विरोध के ऐसे उदाहरणों के गवाह रहे हैं। मगर क्या इनसे हम बदलाव की दिशा में प्रेरित हुए हैं? अफसोस की बात है कि अब तक ऐसा नहीं हो सका है। आर्म्ड फोर्सेज (स्पेशल पावर) ऐक्ट को हटाए जाने की मांग को लेकर इरोम शर्मिला

पिछले 15 वर्षों से भूख हड़ताल पर हैं, मगर वह और उनका संघर्ष हमारे जेहन को कचोट नहीं रहा। लोकतंत्र पर धब्बा माने जाने वाले एक अमानवीय कानून में न्यूनतम संशोधनों के लिए भी अब तक हम खुद को तैयार नहीं कर पाए हैं।

एक नागरिक का कर्तव्य सिर्फ वोट देने तक ही सीमित नहीं होता। यह सुनिश्चित करना भी हमारा दैनिक कर्तव्य है कि सरकार हर रोज अपने 'राजधर्म' का पालन करे। शासक पर नियंत्रण रखने के लिए असहमति से बड़ा कोई साधन नहीं होता। दरअसल एक बुद्धिमान शासक हमेशा अपनी आलोचना का स्वागत करता है। जैसा कि संत तिरुवल्लुवर कहते हैं, 'जिस शासक का कोई आलोचक नहीं होता, उसके पतन के लिए दुश्मनों की जरूरत नहीं होती।'

हमारे सामाजिक संगठन बहुमत की इच्छा का हवाला देते हुए हम पर एक खास दिशा में सोचने के लिए दबाव डालेंगे। इससे हममें से तमाम लोग बिना सोच विचार के इस मिथक को स्वीकारने लगते हैं कि देश के लिए एक मजबूत (इसे हावी होने वाला पढ़ें) नेता किसी विनम्र (इसे सर्वसम्मति को बनाने वाला पढ़ें) नेता से कहीं बेहतर होता है। दूसरा मिथक यह है कि तीव्र आर्थिक विकास तभी मुमकिन है, जब तयशुदा विचारों के एक निश्चित ढांचे पर अमल किया जाए, और जिसमें विमर्श या असहमति की कोई गुंजाइश न हो (तथाकथित सिंगापुर मॉडल)। एक और मिथक यह है कि बड़ा सैन्य दल, परमाणु हथियारों का जखीरा और कमजोर पड़ोसी ही महान राष्ट्रों की विशेषता है। विश्व का इतिहास बताता है कि इनमें से कोई भी मिथक सही नहीं है। सच तो यह है कि विनम्र और आत्म–विश्लेषक नेताओं के नेतृत्व वाले खुले, बहुलतावादी और सहिष्णु समाज ही अतुलनीय समृद्धि और विभिन्न क्षेत्रों में उत्कृष्टता पाते हैं।

लेखक जिन घटनाओं का विरोध कर रहे हैं, उनमें न सिर्फ जरूरत से ज्यादा राजनीति हो रही है, उनके सामाजिक नतीजे भी बेहद गंभीर होंगे। सवाल यह है कि क्या सभी भारतीय किसी एक धर्म, भोजन, भाषा या पोशाक की सीमा में बंधने के लिए मजबूर हैं, और जो इससे इन्कार करे, वह सार्वजनिक जीवन, सार्वजनिक संस्थानों, सार्वजनिक विमर्श और यहां तक कि सार्वजनिक जगहों से भी बेदखल कर दिया जाएगा? यह समझना चाहिए कि 'असहमति' मुक्त समाज का सार तत्व होती है। कल्पना कीजिए कि यदि वॉल्टेयर ने यह कहा होता कि आप जो कह रहे हैं, उससे मैं असहमत हूं और ऐसा कहने के लिए मैं आपको मौत के हवाले कर दूंगा। क्या नेता को सिर्फ 'दुखी' महसूस करना चाहिए?

लेखकों का सिर्फ यही कहना है कि उनके नेता में असहिष्णुता और हिंसा जैसी ताकतों के खिलाफ लडने के लिए जरूरी गुस्सा होना ही चाहिए।

# हारें या जीतें, बिहार के चुनाव श्री मोदी की परीक्षा

8 नवंबर 2015

आप जब यह कॉलम पढ़ रहे होंगे, हवा में गहरा संदेह छाया होगा।

हर किसी के मन में यह प्रश्न कौंध रहा होगा कि बिहार में आखिर जीतेगा का कौन। वहां मुख्य रूप से दो बड़े गठबंधन हैं: श्री नरेंद्र मोदी की अगुआई वाला एनडीए और श्री नीतीश कुमार की अगुआई वाला महागठबंधन। मैं सोचता हूं कि इनमें से किसी एक गठबंधन को पूर्ण बहुमत मिलेगा और वह सरकार बनाने में सक्षम होगा। यह अपने आपमें अच्छा है। कड़वे, विभाजनकारी और तीव्र प्रचार के बाद बिहार के लोग एक स्थिर सरकार के हकदार हैं।

बिहार के चुनाव में कौन सा गठबंधन जीतेगा इसका प्रभाव सिर्फ बिहार के लोगों पर ही नहीं, बल्कि पूरे भारत के लोगों पर पड़ेगा। अंतिम नतीजे की घोषणा देश के राजनीतिक इतिहास में एक निर्णायक क्षण होगा।

## प्रधानमंत्री या प्रचार मंत्री?

बिहार के चुनाव के नतीजे का सर्वाधिक प्रभाव एक व्यक्ति पर पड़ेगा और वह हैं श्री नरेंद्र मोदी। उनसे पहले किसी प्रधानमंत्री ने इतने आक्रामक और व्यापक रूप में किसी राज्य के चुनाव में प्रचार नहीं किया था। श्री मोदी ने 26 रैलियों को, यहां तक कि ब्लाक मुख्यालयों तक में भी, संबोधित किया था, जिन्होंने कभी किसी प्रधानमंत्री को किसी सभा को संबोधित करते नहीं देखा था। इसलिए तब हैरत नहीं हुई जब लोगों ने प्रचार के खत्म होते होते लोगों ने श्री मोदी को प्रचार मंत्री कहना शुरू कर दिया।

श्री मोदी ऐसे हैं। वह एक लाजवाब प्रचारक हैं। उन्हें प्रचार करना अच्छा लगता है। उन्हें ऊंचे और एक दूरी पर स्थित मंच से लोगों के साथ संवाद करना अच्छा लगता है, क्योंकि यह उनकी संवाद करने की शैली के मुफीद लगता है जोकि एकतरफा होती है, जिसमें कोई प्रश्न नहीं पूछा जाता, किसी तरह की बाधा नहीं होती और पहली पंक्ति कट्टर समर्थकों से भरी होती है। श्री मोदी संभवतः यह भी मानते हैं कि 2014 के चुनाव में और उसके बाद कई राज्यों में भाजपा को उनके प्रचार के कारण जीत मिली।

श्री मोदी ने बिहार के चुनाव में अपनी सारी ताकत झोंक दी। उन्होंने जिस पैमाने पर धन, मानव संसाधन, विज्ञापन, आक्षेप और वक्रोक्ति झोंक दी वह अप्रत्याशित था।

भाजपा ने पहले आरक्षण, फिर गाय और अंततः पाकिस्तान को बहस का मुद्दा बना दिया। और यह सब ध्रुवीकरण के लिए किया गया। बढ़ती असहिष्णुता के खिलाफ चाहे जिसने भी आवाज उठाई, लेखक, वैज्ञानिक, इतिहासकार और कलाकार, उसका मजाक उड़ाया गया और उसे गालियां दी गईं। प्रचार के अंत में भारत ने एक ऐसी दुनिया में प्रवेश किया, जो कहीं अधिक विभाजित और अराजक थी, जैसा कि पहले कभी नहीं देखा गया था।

इसका खामियाजा विकास को भुगतना पड़ा। श्री मोदी विकास के एजेंडे पर भारी दांव लगा होने का दावा करते हैं। इसी वायदे के साथ उन्होंने ऐतिहासिक जनादेश हासिल किया था और इसी वायदे को पूरा नहीं कर सके, खासतौर से रोजगार, अधोसंरचना और महंगाई के मोर्चे पर बहुत कम काम हुआ।

श्री मोदी को अपने सारे सहयोगियों को एकजुट रखने का भी भारी दांव है और ये हैं भाजपा, सहयोगी दल, आरएसएस तथा संघ परिवार। उन्होंने पांच साल का कार्यकाल पूरा करने के साथ ही 2019 में दूसरा कार्यकाल हासिल करने की अपनी इच्छा भी नहीं छिपाई है।

श्री मोदी के सामने दो विकल्प हैं। वह पूर्णकालिक प्रधानमंत्री के रूप में लौट सकते हैं और अपना सारा समय और ऊर्जा विकास के एजेंडे पर लगा सकते हैं। दूसरे विकल्प के रूप में वह प्रचार मंत्री बने रह सकते हैं और व्यावहारिक रूप में अपना सारा समय भाजपा को चुनाव जितवाने में लगाएं जैसा कि उत्तर प्रदेश सहित अनेक राज्यों में अगले 18 महीनों के दौरान चुनाव होने हैं।

देश के लिए अच्छा क्या होगा? बिहार में भाजपा की जीत या हार?

## यदि भाजपा जीतती है

बिहार में जीत पार्टी को और तेजी से किसी भी दिशा में ले जा सकती है। ध्रुवीकरण का लगातार जीतने का फॉरमूला कुछ ऐसा है कि जीत हासिल करो और फिर विकास के एजेंडे पर लौट आओ। जैसा श्री मोदी चाहेंगे वैसा होगा। अब तक श्री मोदी ने यह खुलासा नहीं किया है कि क्यों उन्होंने उज्जड और बड़बोले लोगों की नकेल नहीं कसी है। सवाल उठता है कि क्या वह ऐसा कर नहीं सकते या वह ऐसा नहीं करेंगे? यदि सच यह है कि वह आरएसएस की चौतरफा उपस्थिति के कारण ऐसा नहीं कर सकते, तब तो यह आपदा साबित होगा। यदि सच यह है कि वह ऐसा इसलिए नहीं करेंगे क्योंकि वह एक समर्पित स्वयंसेवक हैं, तब तो यह विनाश साबित होगा। मुझे भय है कि बिहार में जीत मिलने पर भाजपा ध्रुवीकरण के एजेंडे को और तेजी के साथ लागू करने को प्रेरित होगी।

## यदि भाजपा हारती है

दूसरी ओर बिहार की हार भी भाजपा को किसी भी ओर धकेल सकती है। इस बार वही होगा जैसा श्री मोदी चाहेंगे। वह थोड़ा ठहर सकते हैं, हालात का जायजा ले सकते हैं और पीछे लौट कर पार्टी को सुशासन और विकास के रास्ते पर चलने का निर्देश दे सकते हैं। दूसरे विकल्प के रूप में वह दबाव में आकर वह हर तरह की बाधाएं दूर कर हिंदुत्व के कोर एजेंडे को अपना सकते हैं, जिसमें समान संहिता लागू करना, अनुच्छेद 370 की समाप्ति, अयोध्या में राम मंदिर का निर्माण, गोवध और बीफ की बिक्री पर रोक और इतिहास तथा पाठ्यपुस्तकों का पुनर्लेखन शामिल है। मेरा आशावादी दृष्टिकोण यह है कि बिहार की हार का श्री मोदी और भाजपा पर गंभीर प्रभाव पड़ेगा।

यदि इस विश्लेषण से आप अनिश्चय की स्थिति में और हताशा में हैं, तो मैं क्षमा ही मांग सकता हूं। मेरा निष्कर्ष है कि बिहार के नतीजे उतना मायने नहीं रखेंगे, जितना कि श्री नरेंद्र मोदी की बुनियादी आस्था। उन्होंने खुद को बारी बारी से हिंदू हृदय सम्राट और विकास पुरुष के रूप में प्रस्तुत किया है। असली मोदी कौन हैं, इसका पता बिहार चुनाव के बाद तब पता चलेगा जब वह मंत्रिमंडल में फेरबदल के रूप में अपना पहला निर्णायक राजनीतिक कदम उठाएंगे।

मंत्रिमंडल में फेरबदल से पता चलेगा कि श्री मोदी किस दिशा की ओर जाने के इच्छुक हैं। बिहार में हारें या जीतें, इसमें श्री नरेंद्र मोदी की परीक्षा होगी।

# भारत के मिजाज की जीत

15 नवंबर 2015

राजनीति शास्त्र का हर विद्यार्थी बिहार चुनाव के नतीजों को समझने की कोशिश जरूर करेगा। इन नतीजों को लेकर फिजूल के तर्क गढना बहुत आसान है, जैसा कि भाजपा के संसदीय बोर्ड ने किया, जब उसने हार का ठीकरा अंकगणित के सिर पर फोडने की कोशिश की। दरअसल, संसदीय बोर्ड ने 2014 के लोकसभा चुनाव में (जब जदयू और राजद अलग–अलग लड़ रहे थे) जदयू, राजद और कांग्रेस के वोट शेयर को जोड़कर देखा और इस आधार पर उसने निष्कर्ष निकाला कि एनडीए का वोट शेयर कम था, इसीलिए भाजपा–एनडीए की हार हुई।

मगर इससे कुछ सवालों का उठना लाजिमी है:

1. क्या चुनाव नतीजे घोषित होने से पहले किसी को इस अंकगणित की याद नहीं थी? आखिर क्या वजह थी कि भाजपा का हर नेता अपनी पार्टी को पूर्ण (कुछ के मुताबिक दो–तिहाई) बहुमत दिलाने का दावा कर रहा था?
2. क्या एक मतदाता हर चुनाव में एक ही पार्टी को वोट देता है?
3. अगर चुनावों के नतीजे अंकगणित से ही निर्धारित होते हैं, तो फिर 2014 के संसदीय चुनाव में बिहार की कुल 40 सीटों में से भाजपा 22 सीटें कैसे जीत गई? जबकि अगर 2010 के विधानसभा चुनाव में वोट शेयर पर गौर करें, तो फिर भाजपा को 2014 में जदयू से कम सीटों पर जीत मिलनी चाहिए थी।

## क्या बदला 2014 के बाद

इन सारे सवालों के जवाब 2014 के बाद भाजपा में आए बदलाव में निहित है। लालकृष्ण आडवाणी, मुरली मनोहर जोशी, शांता कुमार और यशवंत सिन्हा ने इस बदलाव को पिछले एक वर्ष में पार्टी के कमजोर होने से जोड़ा है। दरअसल, 2014 में भाजपा ने खुद को सामूहिक नेतृत्व वाली एक लोकतांत्रिक पार्टी के तौर पर पेश किया (हालांकि यह पूरी तरह से राष्ट्रीय स्वयंसेवक संघ के अधीन थी)। उस वक्त प्रधानमंत्री पद के प्रत्याशी घोषित होने के बावजूद नरेंद्र मोदी और उनके सहयोगियों में एक तरह का तालमेल दिखता था।

वह पूरी दृढ़ता के साथ विकास के मुद्दे उठा रहे थे। उस वक्त आरक्षण, गाय, समान नागरिक संहिता, इतिहास के पुनर्लेखन, गोमांस, जींस, किताबों या फिर प्रेम पर किसी प्रकार के प्रतिबंध की आवाजें नहीं उठ रही थीं। कम शब्दों में कहें, तो उस समय नरेंद्र मोदी के नेतृत्व में भाजपा का पूरा अभियान भारतीयों के मूल मिजाज के सामने किसी तरह की चुनौती नहीं पेश कर रहा था। ऐसा महसूस हो रहा था कि भारतीय समाज की विविधता, बहुलता और मतभेदों को लेकर विभिन्न लोगों के बीच सहिष्णुता का भाजपा वाकई सम्मान करने लगी है। हालांकि उस दौरान भी असहिष्णुता की कुछ घटनाएं हुईं, मगर उनके लिए शायद ही किसी ने भाजपा को जिम्मेदार माना। इतना ही नहीं, तब संघ परिवार की कट्टरता से भी भाजपा नेतृत्व पूरी तरह अछूता रहा। 2014 में लोकसभा चुनाव और महाराष्ट्र, हरियाणा, जम्मू–कश्मीर और झारखंड के विधानसभा चुनावों के दौरान भी भाजपा भारतीय मूल्यों से संगति बिठाती दिखी। ऐसे में, एक कट्टर दक्षिणपंथी पार्टी को लेकर जो डर थे, वे धुंधले पडने लगे थे। ऐसे माहौल में, मतदाताओं ने नरेंद्र मोदी और उनकी वाक्पटुता को ऐसे जनादेश से नवाजा, जिसे तीस वर्षों में कोई भी पार्टी नहीं पा सकी थी।

## जो गलतियां हुईं

दिल्ली विधानसभा चुनाव के दौरान भाजपा ने पहली गलती की और उसका खामियाजा भी चुकाया। ये दरअसल रणनीतिक भूले थीं। मसलन पहले तो नरेंद्र मोदी को दिल्ली में नई सरकार का चेहरा बनाया गया और फिर एकाएक किरण बेदी के नए चेहरे को मुख्यमंत्री के तौर पर पेश किया जाने लगा। बिहार में और गलतियां सामने आईं। वहां 'भारत' के मूल विचार को चुनौती देते हुए कट्टरपंथियों को मौका दिया गया कि वे इस

विचार को और इस पर भरोसा करने वालों को अपमानित कर सकें। तमाम बातें की गईं, मसलन, 'अब्दुल कलाम एक मुसलमान होते हुए भी राष्ट्रवादी थे', 'शाहरुख खान बेशक भारत में रहें, मगर उनका दिल पाकिस्तान में रहता है', 'लेखकों का सम्मान लौटाना छद्म विरोध का एक तरीका है' इत्यादि।

अक्तूबर, 2013 में एक रैली के दौरान पटना के गांधी मैदान में जब बम विस्फोट हुए थे, तब श्रीमान मोदी ने जो कहा था, उस पर गौर करें। उन्होंने बेहद भावुक होते हुए पूछा था कि हिंदुओं को मुसलमानों से लडना चाहिए या फिर गरीबी से, मुसलमानों को हिंदुओं से लडना चाहिए या फिर गरीबी से? अपने इस अंदाज से मोदी हर तरफ छा गए थे। अक्तूबर 2015 में इकलाख की हत्या के बाद कई दिनों की चुप्पी के बाद जब मोदी ने यही बयान फिर से दोहराया, तो यह न सिर्फ खोखला लगा, बल्कि इसने मोदी को कड़वाहट से भरी लड़ाई के केंद्र में लाकर खड़ा कर दिया। अफसोस की बात यह है कि 2014 में उनमें जो वाक्पटुता थी, वह 2015 के आते–आते लच्छेदार भाषणों में बदल गई। 2014 में जो भरोसेमंद वायदे किए गए थे, वे 2015 में चुनावी जुमलों में बदल गए।

## जो एक प्रधानमंत्री नहीं कर सकता

आखिर लोगों की नजर में भाजपा की छवि को लेकर आए बदलाव की सबसे बड़ी वजह क्या है? अफसोस के साथ मुझे यह कहना पड़ रहा है कि इसकी वजह खुद नरेंद्र मोदी और अमित शाह हैं। 2014 में जब मोदी एक प्रत्याशी थे, तब वह प्रधानमंत्री की तरह बोलते थे, मगर 2015 में जब वह प्रधानमंत्री हैं, तब वह एक चुनावी प्रत्याशी की जुबान बोल रहे हैं। मोहन भागवत के आरक्षण की समीक्षा के बयान के बाद जब भाजपा के लिए मुश्किलें बढ़ती दिख रही थीं, तब नरेंद्र मोदी ने बार–बार खुद को अति–पिछड़ी जाति का बताया। वहीं, जब 'बिहारी बनाम बाहरी' का नारा अपना असर जमाता दिख रहा था, तब मोदी जी गरीबी, अशिक्षा और अपराधों को लेकर बिहार का मजाक बना रहे थे।

एक प्रधानमंत्री को कभी ऐसे भाषण नहीं देना चाहिए, जैसे कि वह नगर निगम चुनावों में शिरकत कर रहा कोई छुटभैया वक्ता हो। एक प्रधानमंत्री कभी खुद को किसी खास जाति से नहीं जोड़ सकता। एक प्रधानमंत्री कभी किसी राज्य और उसके लोगों का मजाक नहीं बना सकता। किसी मुख्यमंत्री पर आतंकवादियों को आश्रय देने का आरोप कोई प्रधानमंत्री कभी नहीं लगा सकता।

श्रीमान मोदी ने बिहार में 26 विधानसभा क्षेत्रों में रैलियां कीं। इसमें से 13 में भाजपा की पराजय हुई। बिहार के 38 जिलों में से 13 में तो भाजपा का बिल्कुल सफाया हो गया। इसे मुंहतोड़ हार कहना मुनासिब होगा। भारत के जो जीवन मूल्य हैं, उसका जो मिजाज है, यह उसकी जीत है। हालांकि केंद्र सरकार को मायूस होने की बिल्कुल जरूरत नहीं। जैसा कि मैंने अपने पिछले कॉलम में भी कहा था कि थोड़ा विराम लेकर और खुद को पूरी तरह तैयार कर मोदी पार्टी को सुशासन और विकास की राह पर ले जा सकते हैं। मगर वह ऐसा कर सकेंगे या नहीं, इस बारे में मेरा अनुमान आपसे अलग नहीं है।

# विधि

# साथ खड़े हों और अपनी आवाज उठाएं

18 जनवरी 2015

भूमि अधिग्रहण, पुनर्वास एवं पुनर्संस्थापन अधिनियम 2013 (एलएआरआर एक्ट) में उचित क्षतिपूर्ति और पारदर्शिता का अधिकार बहुत हड़बड़ी में पारित नहीं हुआ। इसको पारित होने में 60 वर्ष का समय लगा, वह भी बीजेपी के समर्थन से और लगभग सर्वसम्मति के साथ। एलएआरआर एक्ट का मुख्य उद्देश्य भूमि अधिग्रहण अधिनियम 1894 (पुराने कानून) को समाप्त करना था। पुराना कानून अंग्रेजी शासन की देन था, जिसमें सरकारों को भूमि अधिग्रहण करने के असीमित अधिकार थे। उस कानून में सरकार किसी भी व्यक्ति से कोई भी भूमि तथाकथित सार्वजनिक उद्देश्य के नाम पर किसी भी समय अधिग्रहीत कर सकती थी। पुराने कानून के अंतर्गत एकमात्र बाध्यता यह थी कि भूमि के मालिक को एक बार क्षतिपूर्ति प्रदान की जाती थी। पुराने कानून का मूल आधार यह था कि सार्वजनिक उद्देश्य के लिए अधिग्रहण अच्छा था और इसके लिए विरोध गलत था।

मगर अब सहृदयता के साथ, अच्छे और बुरे को लेकर हमारे विचार बदल रहे हैं।
खासकर कोई भूमि ऐसी हो जिस पर कई प्रकार की फसलें उगाई जा सकती हों, जो वन भूमि अथवा जनजातियों के निवास वाली भूमि हो, अथवा ऐसे भूमिहीनों के अधिकारों की अवहेलना की गई हो जो कि उस भूमि से अपनी आजीविका चलाते हों अथवा निजी हितों को ध्यान में रखकर भूमि का अधिग्रहण किया गया हो अथवा भूमि मालिक को अधिग्रहण के लिए केवल एक बार क्षतिपूर्ति का भुगतान किया गया हो, तब ऐसी भूमि का अधिग्रहण अब अच्छा नहीं माना जाता।

## मध्य रात्रि का अध्यादेश

आश्चर्यजनक रूप से, अच्छे और बुरे के हमारे विचार एलएआरआर एक्ट के पारित होने के एक वर्ष के अंदर ही बदलते प्रतीत हुए हैं। 31 दिसंबर 2014 को अधिरोपित हुए अध्यादेश की केवल यही व्याख्या जायज मानी जा सकती है।

चलिए इस अध्यादेश के सकारात्मक पक्षों को सूचीबद्ध करना आरंभ करते हैं। एलएआरआर एक्ट तेरह विशेष संशोधनों और निर्दिष्ट विभिन्न प्रावधानों (धारा 105) के तहत अधिगृहीत होने वाली जमीन के अधिग्रहण पर लागू नहीं होता। यह अध्यादेश ऐसे अधिग्रहणों के मामले में असंदिग्ध रूप से एलएआरआर एक्ट की पहली, दूसरी और तीसरी अनुसूची को भी लागू करता है। यह अधिनियम एलएआरआर एक्ट की धारा 87 की कमियों को भी दूर करता है, जिसके तहत अगर किसी विभाग का इस संदर्भ में दोष पाया जाता है, तो विभाग के प्रमुख को इसके लिए दोषी माना जाता है। अध्यादेश में दो प्रारूप संबंधी कमियों को भी दूर किया गया है।

मैंने इस अध्यादेश की और अच्छाईयों को खोजने की कोशिश की लेकिन सफल नहीं हो पाया। यद्यपि इस अध्यादेश में कमियां बहुत सारी हैं।

## आत्मा पर हमला

एलएआरआर एक्ट की आत्मा सामाजिक प्रभाव आकलन है: इस मामले में सबसे बड़ा सवाल यह है कि ऐसी परियोजनाएं जिनके लिए भूमि का अधिग्रहण किया जाएगा, क्या वास्तव में किसी सार्वजनिक उद्देश्य को पूरा करेगीं और क्या परियोजना की सामाजिक लागत और सामाजिक प्रतिकूल प्रभाव उसके संभावित लाभ से अधिक तो नहीं हैं? एलएआरआर एक्ट ने खुद को सिंचाई परियोजनाओं और जहां सरकार ने 'आकस्मिकता' का प्रावधान (धारा 40) रखा है, के मामले में सामाजिक आकलन प्रभाव से अलग रखा है (धारा–6, उपधारा–2 के प्रावधान)। इतना ही नहीं, आकस्मिकता वाले मामलों में सामाजिक प्रभाव आकलन, पुनर्वास व पुनर्स्थापन, स्थानीय निकायों से विमर्श, किसी तरह की बातचीत और निजी कंपनियों या सार्वजनिक निजी भागेदारी वाली परियोजनाओं के मामले में प्रभावित परिवारों की सहमति जैसे सभी पहलुओं को नजरअंदाज किया जा सकता है। जाहिर है कि यह अध्यादेश एलएआरआर एक्ट की आत्मा पर हमला बोलता है। इसमें एक नई धारा 10 ए का समावेश किया गया है। यह उन परियोजनाओं को सूचीबद्ध करता है जो कि विशेष प्रावधान से संबद्ध होंगे

और ये इस प्रकार हैं:

- राष्ट्रीय सुरक्षा, रक्षा एवं रक्षा उत्पादन से संबंधित परियोजनाएं
- विद्युतीकरण सहित ग्रामीण अवसंरचना
- गरीबों के लिए आवास
- औद्योगिक गलियारे और
- अधिकांश सार्वजनिक निजी भागीदारी वाली परियोजनाओं सहित अवसंरचना और सामाजिक अवसंरचनात्मक परियोजनाएं

सामाजिक प्रभाव आकलन को उपरोक्त मामलों में बाहर किया जा सकता है। ऐसे मामलों में प्रभावित परिवारों की स्वीकृति लेना अनिवार्य नहीं होगा। ऐसे मामलों में सिंचित और बहुफसली भूमि का भी अधिग्रहण किया जा सकता है।

एक भूमि अधिग्रहण कानून का मूल आधार है: सार्वजनिक उद्देश्य। अगर सार्वजनिक उद्देश्य नहीं है तो कोई भूमि अधिग्रहण अनिवार्य नहीं हो सकता है। धारा 10ए को कुछ विशेष सार्वजनिक उद्देश्यों की पूर्ति के लिए समाविष्ट किया गया है। क्या हमें कोई ऐसी परियोजना दिखाई देती है जो कि धारा 10ए की सूची में शामिल न हो? मैं ये कहने की हिम्मत करता हूं कि भूमि अधिग्रहण का प्रत्येक महत्वपूर्ण मामला धारा 10ए की किसी एक श्रेणी के अंतर्गत लाया जा सकता है और इस तरह से सामाजिक प्रभाव आकलन से बचा जा सकता है। यह एक गंभीर मामला है।

इस अध्यादेश ने भूमि अधिग्रहण कानून को और भी आघात दिए हैं। निजी अस्पताल और निजी शिक्षण संस्थान भी, भले ही वे मुनाफे के लिए गठित किए गए हों, बुनियादी परियोजनाएं माने जाएंगे। इस प्रावधान को एलएआरआर एक्ट में शामिल किया गया है, ऐसा पुराने कानून में प्रावधान था। इससे यह हुआ है कि जिन परियोजनाओं के लिए क्षतिपूर्ति का भुगतान पिछले पांच वर्षों से नहीं हो रहा था, वे समाप्त हो जाएंगे (धारा 24, उपधारा 2)। इसके अतिरिक्त एलएआरआर एक्ट में प्रावधान था कि अधिग्रहीत भूमि अगर पांच वर्षों तक उपयोग नहीं की जाती है तो वह भूमि के मालिक को सौंप दी जाएगी। (धारा 101)। लेकिन अध्यादेश में इस समय सीमा को अनिश्चित समय तक के लिए बढ़ा दिया गया है।

## खड़े हों और अपनी आवाज बुलंद करें

यह अध्यादेश एलएआरआर एक्ट को सीमित कर परियोजनाओं के प्रोमोटरों के पक्ष

में और भूमि मालिकों (अमूमन किसान) के खिलाफ झुका देता है। इस प्रकार से यह कानून के मूल उद्देश्य को ही चोट पहुंचाता है। प्रत्येक कानून के कार्यान्वयन की व्यावहारिकता का अवलोकन करने के लिए हर एक दो साल में उसका निरीक्षण किया जाना आवश्यक होता है और एलएआरआर एक्ट भी इसका अपवाद नहीं है, लेकिन जो तरीका अपनाया गया (मध्य रात्रि का अध्यादेश) और इसकी मूल भावना में छेड़छाड़ (भूस्वामियों के खिलाफ) की गई, वह निंदनीय है। क्या आप इस अध्यादेश के पक्ष में हैं अथवा विपक्ष में? साथ खड़े होने और अपनी आवाज बुलंद करने का यही सही समय है।

# भूमि अधिग्रहणः निर्वाण के नौ कदम

12 अप्रैल 2015

इस बात पर विश्वास करना मुश्किल है कि भारत सरकार केवल भूमि अधिग्रहण संशोधन बिल के लिए इतना कुछ दांव पर लगा देगी जैसे—राज्य सभा में सरकार की हार का खतरा, राजनीतिक साख, अपने सहयोगियों का समर्थन एवं यहां तक की प्रधानमंत्री का कीमती समय भी। इतना ही नहीं, यह यकीन करना और भी मुश्किल हो जाता है कि सरकार ने संसद द्वारा इस संशोधन बिल को पास करवाने के लिए किसानों के गुस्से को बर्दाश्त करने, सड़क पर उनके विरोध प्रदर्शन एवं मीडिया की आलोचनओं का सामना करने तक का निर्णय ले लिया। प्रधानमंत्री मोदी एलएआरआर अधिनियम में संशोधन से संबंधित बिल के समर्थन में भारत सरकार की मुहिम का नेतृत्व कर रहे हैं। इस मामले पर वित्त मंत्री अरुण जेटली एक दिन टकराव की मुद्रा में होते हैं, तो अगले ही दिन समाधान खोजने की बात करते हैं। ग्रामीण विकास मंत्री वीरेन्द्र सिंह भी इस मुद्दे पर ज्यादातर शांत ही दिखे हैं।

विभिन्न सूत्रों से पता चला है कि आरएसएस एवं उसके सहयोगी संगठन भी इस मुद्दे पर एकमत नहीं हैं।

1894 का पुराना भूमि अधिग्रहण अधिनियम एक अत्याचारी एवं शोषणकारी प्रकृति वाला औपनिवेशिक कानून था। स्वतंत्र भारत को इस अधिनियम को हटाने में एवं एक ऐसे अधिनियम को लाने में जो कई हितधारकों के लिए न्याय एवं निष्पक्षता के मामले में उत्कृष्ट हो, 66 वर्षों का समय लग गया।

चूंकि यह अधिनियम तत्कालीन मुख्य विपक्षी पार्टी (बीजेपी) के समर्थन देने के कारण सर्वसम्मति से पास हो गया था, इसलिए यह पूरी संसद की सामूहिक बुद्धि

मत्ता का प्रमाण भी था।

नई सरकार के द्वारा एक बहुत ही चौंकाने वाला कदम यह भी उठाया गया कि इसने सत्ता में आने के छ: महीने के अन्दर ही एलएआरआर जैसे अधिनियम में संशोधन करने को अपनी कई प्राथमिकताओं में से एक बना दिया। इस घटना क्रम में सरकार ने 31 दिसंबर, 2014 की मध्य रात्रि को राष्ट्रपति को एक अध्यादेश पारित करने का सुझाव दे दिया।

मैंने 18 जनवरी, 2015 को इंडियन एक्सप्रेस में छपे एक कॉलम (स्टैंड अप एंड बी कांउटेड) में अध्यादेश पर अपने विचार रखे। मेरे अनुसार व्यावहारिक रूप में भूमि अधिग्रहण के लगभग प्रत्येक महत्वपूर्ण मामले से 'सामाजिक प्रभाव आकलन' एवं सहमति पद को हटा देना एक प्रकार से एलएआरआर अधिनियम की आत्मा पर हमला था।

## विधेयक में नौ बदलाव

जैसे—जैसे अध्यादेश के खिलाफ लोगों का विरोध बढ़ा, सरकार ने अध्यादेश में बदलाव के लिए नौ बिंदु पेश किए। सरकार के मंत्रियों ने यह शपथ ली कि विधेयक से संबंधित प्रत्येक गंभीर मुद्दे का हल निकाल लिया गया है एवं राष्ट्र से प्रेम करने वाले प्रत्येक भारतीय का यह दायित्व है कि वह इस विधेयक का समर्थन करे। यह विधेयक लोक सभा में आसानी से पास हो गया था, किन्तु राज्यों में इसको कड़े विरोध का सामना करना पड़ा। संसद के दोनों सदनों द्वारा 'प्रतिस्थापन बिल' न पास कर पाने के कारण उक्त अध्यादेश 05 अप्रैल, 2015 को समाप्त हो गया। सरकार ने काफी कुछ दांव पर लगाते हुए एक बार फिर से अध्यादेश पारित कर दिया है। इस नए अध्यादेश को पुराने अध्यादेश में नौ नए बदलावों को जोड़कर बनाया गया है। ये नौ बदलाव निर्वाण की ओर बढ़ते नौ कदम की तरह देखे जा रहे हैं। जहां तक मुझे याद आ रहा है कि सरकार के किसी भी मंत्री ने इन बदलावों पर बात करने की जेहमत नहीं उठाई है। इसलिए, मैंने इन नौ बदलावों का सूक्ष्म विश्लेषण करने का निर्णय लिया और मैंने जो पाया, वह कुछ इस तरह है।

## बनावटी एवं वास्तविक

नौ में से तीन बदलाव पूरी तरह बनावटी हैं। इनमें पहले की स्थिति में कोई भी बदलाव नहीं हुआ है। एक निर्णायक सेक्शन '10 ए' में बुनियादी संरचना एवं सामाजिक बुनियादी

संरचना वाली परियोजनाओं के लिए एक अपवर्जनात्मक खंड है। अब 'सामाजिक बुनियादी संरचना' पद को हटा दिया गया है। मगर 'बुनियादी संरचना' शब्द अभी भी है और अपवर्जन शब्द भी।

दूसरा, सेक्शन 24 में शब्द account (एकांउट) के स्थान पर designated account (डेजीगनेटेड एकांउट) का प्रयोग किया गया है। तीसरा, सेक्शन 87 की भाषा को बदल दिया गया है लेकिन किसी भी कोर्ट के समक्ष मंजूरी प्राप्त करने के लिए अपराध का संज्ञान लेने जैसी शर्त को बरकरार रखा गया है

ये तीन बदलाव उपदेशप्रद हैं। सरकार को यह बताया गया है कि वह यह सुनिश्चित करे कि आधारिक संरचना के लिए आवश्यक कम से कम भूमि का अधिग्रहण किया जाए। सरकार को इस बात का भी निर्देश दिया गया है कि वह अपने स्वामित्व वाली बंजर/ऊसर भूमि का एक रिकॉर्ड तैयार करे। और अंतिम बात यह कि एलएआरआर के पदाधिकारी जो भूमि अधिग्रहण से संबंधित या क्षतिपूर्ति देने संबंधी शिकायतों को सुनेंगे, वे उस जिले में ही जहां भूमि स्थित है, उक्त शिकायतों की सुनवाई करेंगे।

केवल तीन बदलाव ही वास्तविक कहे जा सकते हैं–

1. प्राइवेट अस्पताल एवं प्राइवेट शैक्षिक संस्थानों से संबंधित संशोधनों को हटा दिया गया है।
2. औद्योगिक कॉरीडोर के लिए भूमि अधिग्रहण के मामले में सामाजिक प्रभाव आकलन एवं सहमति आदि धाराओं को केवल उसी स्थिति में हटाया जाएगा, जब कॉरीडोर के दोनों ओर 1 किमी दूरी तक की भूमि का अधिग्रहण कर लिया गया हो।

   वास्तव में यह मुद्दे को और अधिक जटिल बना देगा क्योंकि इसमें दो प्रक्रियाओं का अपनाया जाना आवश्यक होगा, मसलन, पहली प्रक्रिया में 1 किमी तक की भूमि का अधिग्रहण एवं दूसरी में 1 किमी से आगे की भूमि का अधिग्रहण।
3. सेक्शन 31 के उपसेक्शन (2) की धारा (h) में संशोधन करते हुए यह आवश्यक कर दिया गया है कि पुरस्कार के अंतर्गत प्रभावित परिवार के कम से कम एक सदस्य को रोजगार देने संबंधी ब्यौरा दिया गया हो। यह बदलाव वर्तमान में प्रचलित धारा (h) में एक सुधार है, जो पूर्व में अंतर्निहित उपबंधों को और स्पष्ट करता है।

## प्रमुख आपत्ति अभी बाकी है

हम तीन मूलभूत परिवर्तनों का स्वागत करते हैं लेकिन उस प्रमुख आपत्ति के बारे में क्या होगा जो 26 सितंबर 2013 को प्रभाव में आये कानून के पुर्नलेखन के प्रयास से संबंधित है? गौरतलब है कि एलएआरआर अधिनियम की आत्मा 'सामाजिक प्रभाव आकलन' है।

भूमि स्वामी की सुरक्षा 70 प्रतिशत या 80 प्रतिशत प्रभावित परिवारों की सहमति प्राप्त करके ही सुनिश्चित हो सकती है। सरकार ने यह साफ कर दिया है कि वह इन उपबंधों की बहुत परवाह नहीं करती है एवं उसे इन उपबंधों को समाप्त करने में उसे कोई दिक्कत नहीं है। जाहिर है कि जो लोग इस मामले में सरकार के विरोध में हैं, उन्हें दृढ़ रहना चाहिए। वहीं, वे लोग जो अब तक सरकार को संदेह का लाभ देते आए है, उन्हें भी सतर्क हो जाना चाहिए।

# मौत की कीमत पर

3 मई 2015

एक सभ्य देश में कुछ चीजों के लिए बिल्कुल जगह नहीं हो सकती। इन्हीं में से एक है सशस्त्र बल विशेषाधिकार कानून, 1958 यानी अफ्सपा। कई अर्थों में अफ्सपा अनूठा कानून है। मुझे याद नहीं आता कि संसद ने ऐसा कोई और कानून पारित किया जिसे सिर्फ पूर्वोत्तर के सात राज्यों अरुणाचल प्रदेश, असम, मणिपुर, मेघालय, मिजोरम, नगालैंड और त्रिपुरा में लागू किया जा सकता है। 1990 में संसद ने ऐसा ही एक और कानून पारित किया, जिसे जम्मू और कश्मीर में लागू किया गया।

## न्यायशास्त्र पर हमला

यह एक छोटा अधिनियम है: इसके भाग एक में परिभाषाएं दी गई हैं और तीन भागों में अफ्सपा के मर्म या भाव दिए गए हैं। इन तीनों भागों की अंतर्वस्तु अपराध न्यायशास्त्र य‌क्रिमिनल ज्युरिसप्रूडेंस के प्रत्येक पोषित सिद्धांत की धज्जियां उड़ाती हैं।

इसकी धारा तीन राज्यपाल को य‌इन आठ राज्यों के संदर्भ में या केंद्र सरकार को यह अधिकार देती है कि वे पूरे राज्य को या उसके किसी हिस्से को? उपद्रवग्रस्त क्षेत्र? घोषित कर सकते हैं। एक बार ऐसा घोषित होने के बाद उस क्षेत्र में? नागरिक प्रशासन की मदद के लिए? सशस्त्र बलों का इस्तेमाल किया जा सकता है। सशस्त्र बल का मतलब है, थल सेनाए वायु सेना और केंद्रीय सशस्त्र पुलिस बल जिसमें सीआरपीएफ, बीएसएफ, आईटीबीपी और सीआईएसएफ शामिल हैं। इस घोषणा के जारी रहने की कोई समय सीमा नहीं दी गई है: लिहाजा सर्वोच्च न्यायालय ने पीपुल्स

मूवमेंट ऑफ ह्यूमन राइट्स से संबंधित एक मामले की सुनवाई के दौरान हस्तक्षेप किया और व्यवस्था दी कि घोषणा की अवधि के छह माह पूरा होने से पहले इसकी समीक्षा की जानी चाहिए।

एक बार सशस्त्र बलों को जब लागू कर दिया जाता है, तो उन्हें धारा चार के तहत दिए गए विशेष अधिकार मिल जाते हैं। न केवल उच्च अधिकारी बल्कि नॉन कमीशंड ऑफिसर्स तक को यजिसमें जवान तक शामिल है, यह विशेष अधिकार मिल जाते हैं। संक्षेप में देखें कि आखिर ये विशेष अधिकार हैं क्या:

- आदेश के जारी होने के बाद उस क्षेत्र में पांच या उससे अधिक लोगों का एक साथ जमा होना प्रतिबंधित हो जाता है। वहां नजर आने वाले किसी भी व्यक्ति के बारे में यह कहा जा सकता है कि वह किसी कानून या आदेश का उल्लंघन कर रहा है। सामान्यतया ऐसे व्यक्ति को गिरफ्तार किया जा सकता है। मगर किसी उपद्रवग्रस्त क्षेत्र में विशेषाधिकार से लैस कोई अधिकारी यदि चाहे और जरूरी समझे तो उस व्यक्ति पर गोली भी चला सकता है, फिर चाहे उसकी मौत ही क्यों न हो जाए।

- अधिकारी ऐसे किसी शरणस्थल या ढांचे को नष्ट कर सकता है, जहां से उसे सशस्त्र हमले की आशंका हो।

- अधिकारी को यदि किसी व्यक्ति पर पुख्ता संदेह हो कि उसने कोई संज्ञेय अपराध किया है या ऐसा करने वाला है, तो वह उसे बिना किसी वारंट के गिरफ्तार कर सकता है और जरूरत पडने पर गिरफ्तारी के लिए सशस्त्र बल का इस्तेमाल कर सकता है।

- अधिकारी किसी व्यक्ति संपत्ति शस्त्र गोला बारूद की बरामदगी के लिए बिना किसी वारंट के किसी भी परिसर में प्रवेश कर सकता है और आवश्यकता पडने पर ऐसा करने के लिए सशस्त्र बल का इस्तेमाल कर सकता है।

धारा पांच में प्रावधान है कि गिरफ्तार किए गए किसी भी व्यक्ति को जितना कम विलंब संभव हो सके, उसे नजदीकी पुलिस स्टेशन में ले जाया जाएगा। सामान्य अपराध प्रक्रिया से इसमें क्या अंतर है इस पर गौर करें। उसे किसी मजिस्ट्रेट के समक्ष नहीं, बल्कि पुलिस स्टेशन में पेश करना है। 24 घंटे के भीतर नहीं, बल्कि जितना कम विलंब संभव होए उसमें पेश किया जाना है।

## बचाव या दंड से मुक्ति

धारा छह मुकदमे से बचाव करती है। इस प्रावधान पर तेजी से सवाल उठ रहे हैं, क्योंकि दंड से बचाव होने के कारण ये सशस्त्र बलों को कार्रवाई के लिए प्रोत्साहित करती है।

सामान्य तौर पर यह माना जाता है कि पुलिस के साधारण अधिकारों तक का दुरुपयोग होता है। वारंट जारी नहीं किए जाते। गिरफ्तारी का कारण नहीं बताया जाता। मनमर्जी से गिरफ्तारियां होती हैं। गिरफ्तार व्यक्तियों को बिना किसी रिकॉर्ड के पुलिस थानों में हिरासत में रखा जाता है और गिरफ्तारी के 24 घंटे के बाद नहीं, बल्कि और देर से मजिस्ट्रेट के समक्ष पेश किया जाता है। उत्पीड़न भी कोई असामान्य बात नहीं है। जबर्दस्ती अपराध स्वीकार करवाया जाता है।

उपद्रवग्रस्त क्षेत्र के लोगों के भय की कल्पना कीजिए जहां नए नए भर्ती हुए जवान तक के पास? विशेष अधिकार? होते हैं। उन परिस्थितियों की भी कल्पना कीजिए जहां जवान को अत्यंत तनाव के बीच लंबी अवधि तक काम करना होता है, आराम का समय नहीं मिलता और घने अंधेरे के बीच जहां आतंकवादी या भीड़ के हमले की आशंका होती है। ऐसी परिस्थितियां विस्फोटक होती हैं और ऐसा हो रहा है और ऐसा उन जगहों पर हो रहा है, जहां अफ्सपा लागू है। अफ्सपा को हटाने की मांग सिर्फ जम्मू–कश्मीर के अलगाववादी ही नहीं कर रहे हैं। उन आठ राज्यों के साथ ही देशभर से विभिन्न तबकों से इसे हटाने की मांग हो रही है। इस मांग को विद्वानों, वकीलों, गैर सरकारी संगठनों और मानवाधिकार के लिए लड़ाई लडने वाले समूहों का समर्थन प्राप्त है। जस्टिस जीवन रेड्डी कमेटी इसे हटाने की सिफारिश कर चुकी है और जस्टिस जे एस वर्मा कमेटी ने अफ्सपा के लागू रहने के औचित्य की तुरंत समीक्षा करने की जरूरत बताई थी। इसे हटाने की मांग को लेकर ईरोम शर्मिला पिछले 14 वर्षों से अनशन पर हैं।

## मैंने कोशिश की पर नाकाम रहा

गृह मंत्री रहते मैं इस बात से सहमत था कि अफ्सपा को हटना चाहिए। सीआरपीएफ और बीएसएफ के अनेक वरिष्ठ अधिकारी सहमत थे कि वे बिना अफ्सपा के अपनी जिम्मेदारियां बखूबी निभा सकते हैं। मैंने इसे हटाने का प्रस्ताव रखा, लेकिन रक्षा मंत्रालय सैन्य बलों ने इसका विरोध किया और रक्षा मंत्री उनके विरुद्ध जाने के

अनिच्छुक दिखे। अंततः कानून में संशोधन पर सहमति बनी। राष्ट्रीय सुरक्षा सलाहकार और मैंने संशोधनों का मसौदा तैयार किया। इनमें से सबसे महत्वपूर्ण था धारा 4 यअ में दिए गए आपत्तिजनक शब्दों को हटाकर उनकी जगह यह लिखना कि? आवश्यकता पडने पर ऐसे बलों का न्यूनतम इस्तेमाल किया जा सकता है? अन्य संशोधन ऐसे मामलों को स्पष्ट करने से संबंधित थे जिनमें गिरफ्तारी या तलाशी के लिए वारंट की जरूरत है या वारंट की जरूरत नहीं है। इसके अलावा एक संशोधन गिरफ्तार किए गए व्यक्ति को यात्रा की अवधि को छोड़कर 24 घंटे के भीतर मजिस्ट्रेट के समक्ष पेश किए जाने से संबंधित था।

यह दुखद है कि संशोधन विधेयक लाने पर कोई सहमति नहीं बन सकी। लिहाजा हम एक निष्ठुर कानून के साथ जीने को विवश हैं और अनचाहे ही सही अलगाववादियों के प्रचार को बल दे रहे हैं। हम उनके बीच उपहास का पात्र बन गए हैं, जो मानवाधिकार को तरजीह देते हैं। यदि कोई एक कार्रवाई जम्मू–कश्मीर से मणिपुर तक दृष्टिकोण में बदलाव ला सकती है, तो वह है अफ्सपा की विदाई और उसकी जगह कहीं अधिक मानवीय कानून की स्थापना।

# सरकार प्रस्तावित करती है, आरबीआई निरस्त करती है

10 मई 2015

दस दिन पहले एक असाधारण घटना हुई, जिसके लिए वित्तमंत्री अरुण जेटली को बहुत-बहुत धन्यवाद। इसके साथ ही एक आश्चर्य चकित करने वाली बात यह भी हुई कि विपक्ष की ओर से न किसी प्रकार की प्रशंसा हुई और न किसी प्रकार की आलोचना हुई। यह सब कुछ ऐसे हुआ, जैसे कुछ हुआ ही न हो। जैसा कि वित्त मंत्री अरुण जेटली जी ने खुद ही स्वीकार किया है कि दो विषय बहुत ही बड़े महत्व के थे। इसमें पहला विषय सरकार के घरेलू ऋण प्रबंधन की जिम्मेदारी को रिजर्व बैंक ऑफ इंडिया (आरबीआई) से लेकर एक स्वतंत्र एजेंसी श्लोक ऋण प्रबन्धन ऐजेंसी' (पीडीएमए) को सौंपने से संबंधित था। दूसरा विषय सरकारी प्रतिभूतियों के नियमन की जिम्मेदारी को आरबीआई से लेकर भारतीय प्रतिभूति एवं नियामक बोर्ड (सेबी) को देने से जुड़ा था।

श्री जेटली ने इन दोनों ही विषयों को अपनी सहमति प्रदान कर दी थी। इन दोनों मुद्दों को अमली जामा पहनाने के लिए वित्तमंत्री ने वित्त विधेयक में इससे संबंधित उपबन्धों को भी शामिल कर लिया था। मगर 23 अप्रैल को वित्त विधेयक को विचारार्थ प्रस्तुत किए जाने से ठीक पहले ही अचानक उन्होंने अपने द्वारा शामिल उपबन्धों को स्वयं ही वापस ले लिया हालांकि उन्होंने यह माना कि ये दोनों ही विषय अपने आप में अत्यधिक महत्व के थे।

## पीडीएमए के लिए निरंतर समर्थनः

आइए पीडीएमए की जांच पड़ताल करते हैं। सरकार अपना ऋण चुकाने के लिए उधार लेती है एवं इसके लिए वह आरबीआई को यह अधिकार देती है कि वह अपनी ओर से सरकारी प्रतिभूतियां जारी करे। सरकारी प्रतिभूतियों का सबसे बड़ा ट्रेडर (व्यापारी) कौन है? आरबीआई। सरकारी प्रतिभूतियों के लिए एक विनिमय, एक जमाकर्ता एवं क्लीयरिंग हाउस होता है। प्रतिभूति से संबंधित आधारिक संरचना का संचालक कौन होता है? आरबीआई। सरकारी प्रतिभूतियों के लिए एक बहुत ही जीवंत बाजार है। बाजार की नियामक संस्था कौन है? आरबीआई। सरकार की प्रतिभूतियों के सबसे बड़े खरीददार बैंक होते हैं। बैंको की नियामक संस्था कौन सी है? आरबीआई। सरकारी प्रतिभूतियां खरीददारों एवं बेचने वालों दोनों के लिए महत्वपूर्ण होती हैं क्योंकि वे एक आकर्षक ब्याज दर देतीं हैं। ब्याज दर कौन निर्धारित करता है? आरबीआई, जब वह मौद्रिक नीति की अथॉरिटी के तौर पर अपने कार्यों का संचालन करती है। यदि किसी एक उदाहरण को लिया जाय कि जिसमें एक ही इकाई जज, ज्यूरी और वादी हो तो उसका यह सबसे उपयुक्त उदाहरण होगा। जो भी भारतीय बाजार की समझ रखता है उसके लिए यह समझना मुश्किल नहीं है कि वर्तमान व्यवस्था बुरी तरह हितों के टकराव से ग्रस्त है। आरबीआई वह पहली संस्था है जिसने हितों के टकरावों को पहली बार पहचाना एवं इसके फलस्वरूप अपनी वार्षिक रिपोर्ट 2000–01 में पीडीएमए के विचार का प्रस्ताव रखा। इस विचार का समर्थन मुंबई को एक अंतरराष्ट्रीय संस्था बनाने पर पर्सी मिस्त्री समिति (2007), वित्तीय क्षेत्र के सुधार पर रघुराम राजन कमेटी (2008), ऋण प्रबन्धन पर जहांगीर अजीज के आंतरिक कार्यकारिणी समूह (2008) ने एवं वित्तीय क्षेत्र विधायी सुधार आयोग (2011) ने किया। इन सभी में अंतिम दो संख्याओं ने पीडीएमए को बनाने के लिए एक ड्राफ्ट कानून बनाने का भी सुझाव दिया।

    2007–08 की बजट उद्घोषणा में हमने सरकार में पीडीएमए का एक कार्यालय स्थापित करने की घोषणा की। पीडीएमए के स्थापित होने के बाद आरबीआई के विशेषज्ञों की सहायता से इसने लोक वित्त प्रबन्धन में कुशलता अर्जित करना प्रारंभ कर दिया। श्री जेटली ने अपने 2015–16 के बजट भाषण में कानून के अंतर्गत पीडीएमए को स्थापित करने संबंधी अंतिम चरण की उद्घोषणा कर दी।

## सेबी एक नियामक के तौर पर

सरकारी प्रतिभूतियों के नियमन संबंधी कार्यधजिम्मेदारी को सेबी को सौंपने का दूसरा विचार भी हितों के टकराव से ही निकला है, जिसका जिक्र मैं पहले कर चुका हूं।

सेबी पूंजी बाजार (इक्विटी एवं कारपोरेट ऋण) के नियामक के तौर पर कार्य करती रही है और जल्दी ही वह कमोडिटीज डेरीवेटिव्स बाजार के नियामक के तौर पर भी कार्य करने लगेगी। अतः यह पूरी तरह तर्कसंगत है कि सरकार का प्रतिभूति बाजार पूरी तरह सेबी के अंतर्गत हो जाना चाहिए ताकि फिर सेबी वित्तीय व्यापार के एक एकीकृत नियामक के तौर पर कार्य करने लगे। इस विचार का समर्थन ऊपर जिक्र की गयी सभी समितियों ने किया है। निस्संदेह सेबी के पास किसी भी प्रकार की अतिरिक्त जिम्मेदारी लेने की आवश्यक योग्यता है। इसके अतिरिक्त कंपनियां एवं लोग जो किसी प्रकार की व्यापारिक गतिविधि में लगे हुए हैं, वे एकमात्र स्रोत सेबी से लाभान्वित हो सकेंगे एवं इसके द्वारा विभिन्न प्रकार की प्रतिभूतियों का भी निरंतर नियमन संभव हो पाएगा।

यदि वित्त विधेयक अपने वास्तविक उपबन्धों के साथ पारित हो जाता तो एक निकाय जिसका इन दोनों विषयों पर प्राधिकार था, उसको अपने प्राधिकार को अन्य निकायों को देना पड़ता। वह निकाय आरबीआई था। अतः श्री जेटली को हमें बताना चाहिए क्या वास्तव में आरबीआई वह निकाय था जिसने उन पर उपबन्धों को वापस लेने के लिए दबाव बनाया था।

## व्याख्या करने का दायित्वः

डा. राजन आरबीआई के गर्वनर हैं। वे उन दोंनों समितियों के अध्यक्ष थे, जिसने उपरोक्त दोनों सुधारों का समर्थन किया था। यहां तक कि कुछ सप्ताह पहले उन्होंने सार्वजनिक रूप से एक स्वतंत्र पीडीएमए की वकालत भी की थी। वैधानिक परिवर्तनों द्वारा प्रस्तावित बदलावों का यदि आरबीआई अब विरोध कर रही है (जिसके गवर्नर रघुराम राजन हैं) तो उनके लिए आरबीआई द्वारा विरोध के कारणों को बताना एवं इसके साथ ही श्री राजन ने अपना दृष्टिकोण क्यों बदला, यह बताना भी बाध्यकारी हो जाएगा। इसके साथ ही श्री जेटली को यह साफ करना होगा कि उन्होंने आरबीआई के विरोध के सामने घुटने क्यों टेक दिए एवं अब आगे होने वाली आरबीआई के साथ बातचीत का क्या नतीजा निकलेगा। इतना ही नहीं, उन्हें यह भी बताना होगा कि उन

दो प्रस्तावों पर उठाये जाने वाले अगले कदम की समयसीमा क्या है?

दोनों प्रस्तावित सुधार एक बड़े साहसी कदम थे, जो एनडीए सरकार के कार्यकाल (जोकि अपना एक वर्ष पूरा करने के कगार पर है) के मध्यम स्तर के रिकार्ड को काफी हद तक उज्ज्वल कर सकते थे। सरकार इस मामले को लेकर मजबूत आधार पर खड़ी थी। जिस भी समिति और आयोग ने इन मुद्दों की जांच पड़ताल की है, उसने इन दो विचारों का अनुमोदन किया है। ये दोनों सुधार अंतरराष्ट्रीय स्तर के उच्च कार्यप्रणाली के अनुरूप हैं। ये दोनों सुधार देश के औसत मतदाता के व्यवहार में कोई बदलाव नहीं लाते और न ही इसके द्वारा कोई राजनीतिक पूंजी खर्च होने का खतरा होता। फिर भी सरकार ने बिना किसी उपयुक्त स्पष्टीकरण के अपने कदम वापस खींच लिए।

वित्त विधेयक लोक सभा में जहां सरकार के पास पूर्ण बहुमत है, बहुत आसानी से पारित हो जाता। राज्य सभा में विधेयक के फेल होने का भी डर नहीं था, क्योंकि राज्यसभा वित्त विधेयक को केवल वापस कर सकती है। अतः कहानी का सार यह है कि केवल संख्या ही अकेले आर्थिक सुधार की गारंटी नहीं हो सकती है।

# क्या जीएसटी बनाएगा इतिहास?

14 जून 2015

हम इतिहास को बनते हुए देखने के दोराहे पर खड़े हैं। मगर सवाल यह है कि क्या ऐसा हो पाएगा? मैंने 2005–06 के बजट भाषण में वस्तु एवं सेवा कर (गुड्स ऐंड सर्विस टैक्स–जीएसटी) लगाए जाने का लक्ष्य रखा था। अब तक जीएसटी की राह काफी ऊबड़–खाबड़ रही है। विडंबना यह है कि जीएसटी की जरूरत से हर कोई सहमत है, मगर विरोध इसके क्षेत्र, ढांचे और विषय–वस्तु को लेकर है।

## अनुच्छेद 301 का वायदा

जीएसटी का बुनियादी उद्देश्य भारत के संविधान के भाग 13 के अनुच्छेद 301 को सही मायनों में लागू करना है, जो कहता है, 'इस भाग के दूसरे उपबंधों के अधीन रहते हुए, भारत के राज्यक्षेत्र में सर्वत्र व्यापार वाणिज्य और समागम अबाध होगा।'

मगर हकीकत इससे अलग है।

भारत में अंतरराज्यीय व्यापार और वाणिज्य का इतिहास पक्षपाती कर–तंत्र, अनुचित ढंग से वरीयता देने, व्यापारिक व गैर–व्यापारिक बाधाएं, प्रवेश शुल्क, चुंगी और चेकपोस्ट की व्यवस्थाओं से पटा पड़ा है। आलम यह है कि कोई नया व्यक्ति यह सोचेगा कि भारत किसी एक गणराज्य का नाम नहीं, बल्कि यह कई स्वतंत्र गणराज्यों से मिलकर बना है। केंद्र और राज्य सरकारों ने करारोपण की अपनी ताकत का मनमाना इस्तेमाल किया है। ऐसा करने की उनकी अपनी वजह होगी, मगर वे यह समझने में नाकामयाब रहीं, कि ऊंची दर वाले कई करों के बजाय संख्या में कम

और नीची दरों वाले करों से ज्यादा राजस्व वसूला जा सकता है।

जीएसटी का कई करों की जगह लेने का इरादा है। एक आदर्श जीएसटी में केंद्रीय उत्पाद शुल्क, सेवा कर, अतिरिक्त उत्पाद शुल्क, अतिरिक्त व विशेष सीमा शुल्क और केंद्रीय अधिशुल्क व उपकर शामिल होने चाहिए। इसमें कई राज्य कर, मसलन वैट, विक्रय कर, मनोरंजन कर और प्रवेश कर, जिसकी उगाही स्थानीय निकाय न करते हों, विलासिता कर, लॉटरी, सट्टे और जुए पर कर, विज्ञापनों पर कर और राज्य के अधिशुल्क व उपकर भी शामिल होने चाहिए। इतना ही नहीं, एक आदर्श जीएसटी सभी वस्तुओं और सेवाओं पर लागू होना चाहिए, जिसमें छूट की गुंजाइश न के बराबर हो।

तकरीबन छह वर्ष की मुश्किल यात्रा के बाद यूपीए सरकार ने मार्च, 2011 में 115वां संविधान संशोधन विधेयक पेश किया था। स्थायी समिति की इसके समर्थन में रिपोर्ट के बावजूद कुछ राज्य सरकारों, खासकर गुजरात समेत भाजपा शासित राज्यों की सरकारों ने इसका काफी विरोध किया था। इसके चलते यह विधेयक पारित नहीं हो सका और 15वीं लोकसभा के विघटन के साथ ही यह भी गिर गया।

## यू-टर्न और विधेयक

भला हो भाजपा का, जो यू-टर्न लेते हुए जीएसटी की धुर समर्थक बन गई। भाजपा सरकार ने दिसंबरए 2014 में 122वां संविधान संशोधन विधेयक पेश किया। पिछले विधेयक की तुलना में यह कई मायनों में अलग था। मगर गनीमत थी कि एक विधेयक तो लाया गया। यह अच्छी शुरुआत थी। इससे यह संभावना बन गई थी कि संसद की स्थायी समिति में या संसद के पटल पर इस पर सहमति बनाने की कोशिश की जाती और दोनों सदनों में इसे पारित कर लिया जाता।

मगर अफसोस की बात है कि ऐसा कुछ भी नहीं हुआ। स्थायी समिति की अनदेखी करते हुए विधेयक सीधे लोकसभा में पेश किया गया, जहां भाजपा को पूर्ण बहुमत मिला हुआ है। फिर जैसी कि उम्मीद थी, विधेयक राज्यसभा में घिर गया, जहां भाजपा के पास बहुमत नहीं है। नतीजतन, विधेयक फिर से समिति के पास भेज दिया गया, जहां उसे पहले ही जाना चाहिए था। मगर इस बार यह प्रवर समिति थी।

कुछ मुद्दे हैं, जिन पर प्रवर समिति को जरूर विचार करना चाहिए। एक अच्छे विधेयक की दिशा और उसका रास्ता इन्हीं मुद्दों के संतोषजनक समाधान पर निर्भर करता है:

- जीएसटी की निर्देशात्मक समग्र दर (केंद्रीय जीएसटी और राज्य जीएसटी का योग) क्या है? सुनने में आ रहा है कि यह दर 26 से 28 फीसदी के बीच होगी, जो काफी ज्यादा है। जीएसटी काउंसिल फ्लोर रेट और बैंड्स समेत सभी दरों की सिफारिश करेगी। मेरे विचार से यह 18 प्रतिशत से ज्यादा नहीं होनी चाहिए।
- कौन–से ऐसे कर होंगे, जो जीएसटी के साथ–साथ जारी रहेंगे?
- कौन–सी ऐसी वस्तुएं और सेवाएं हैं, जो जीएसटी के दायरे से बाहर होंगी? अल्कोहल वाले पेय तो समझ आते हैं, मगर पेट्रोलियम, तंबाकू और बिजली को बाहर रखने की क्या वजह हो सकती है?
- क्या सभी राज्य तय तारीख से पहले सभी व्यापार बाधाओं को हटाने को राजी हो गए हैं?
- जीएसटी को पूरी तरह संभालने के लिए आईटी संबंधी जो जरूरतें हैं, क्या उनकी तैयारी पूरी है?

## तीन और मुद्दे

इससे जुड़े तीन और मुद्दे हैं, जिन पर अलग से ध्यान देना होगा। पहला मुद्दा विधेयक के अनुभाग–18 से जुड़ा है। इसके तहत अंतरराज्यीय व्यापार के दौरान वस्तुओं पर अधिकतम एक प्रतिशत के अतिरिक्त कर का प्रावधान किया गया है। यह कर 'राज्यों' को निर्दिष्ट है। यह प्रावधान दो वर्ष या उतने समय के लिए होगा, जितना कि जीएसटी काउंसिल सिफारिश करेगी। यह एक पश्चगामी प्रावधान है, जो एक गंतव्य आधारित कर (यानी राजस्व का लाभ वस्तुओं का उत्पादन या विक्रय करने वाले राज्यों को नहीं, उसका उपभोग करने वाले राज्यों को मिलेगा) के तौर पर जीएसटी की व्यवस्था को बेअसर करता है। गौरतलब है कि मुख्य आर्थिक सलाहकार डॉ अरविंद सुब्रमण्यन भी इस प्रावधान की आलोचना कर चुके हैं। इस प्रावधान को हटना चाहिए।

दूसरा, विधेयक के मुताबिक किसी विवाद की स्थिति में जीएसटी काउंसिल बाद में फैसला लेगी। जबकि, विवाद प्रबंधन की व्यवस्था विधेयक में स्पष्ट तौर पर होनी चाहिए।

तीसरा मुद्दा जीएसटी के लागू होने की तारीख को लेकर है। विधेयक के अनुसार यह तारीख एक अप्रैल, 2016 होगी। संसद में जो विधेयक है, वह संविधान संशोधन से जुड़ा है। इसके साथ ही जीएसटी विधेयक को पूरे नियम–विनियम के साथ पेश

किया जाना चाहिए। जीएसटी की कामयाबी के लिए जरूरी है कि व्यापार और उद्योग आईटी में निवेश करें। आम आदमी समेत जिन पर भी इस नई व्यवस्था का असर पडने की उम्मीद है, उन्हें इसके बारे में जागरूक किए जाने की जरूरत है। अफसोस की बात है कि इस ओर बिल्कुल ध्यान नहीं दिया जा रहा है। जीएसटी के लागू होने की नई तारीख तय की जाए, जिससे सभी को इसे समझने और इसके लिए पूरी तरह से तैयार होने का समय मिल सके, तो इसमें कुछ भी बुरा नहीं है। हम अप्रत्यक्ष कर व्यवस्था में सबसे महत्वपूर्ण संरचनात्मक बदलाव की दहलीज पर खड़े हैं। हमें इसमें कामयाब होना ही होगा।

# खुली चिट्ठी वित्त मंत्री के नाम

9 अगस्त 2015

प्रिय वित्त मंत्री जी

जब संसद में बोले गए शब्द अपना अर्थ खोने लगते हैं, तब लिखे गए शब्द ब्लॉग में अपनी संभावनाएं तलाशने लगते हैं। अपने फेसबुक पेज पर आपने जो पत्र पोस्ट किया है, उसका जवाब देने के इस अवसर का मैं स्वागत करता हूं। मुझे खुशी है कि आपने गुड्स ऐंड सर्विस टैक्स (जीएसटी) के विचार की उत्पत्ति और इतिहास का उल्लेख किया। मैं वाकई इस रवैये के लिए आपका शुक्रगुजार हूं, क्योंकि भाजपा के बहुत–से नेता और सांसद मानते हैं कि सभी अच्छी चीजों की शुरुआत 26 मई, 2014 से हुई है! हालांकि आपने जीएसटी के इतिहास के एक महत्वपूर्ण अध्याय पर कोई रोशनी नहीं डाली है। आपको तो पता ही है कि भाजपा के अडियल रवैये की वजह से करीब सात वर्ष तक जीएसटी का विचार आगे नहीं बढ़ सका। इस मामले में विपक्ष का नेतृत्व गुजरात के वित्त मंत्री सौरभ पटेल और मध्य प्रदेश के वित्त मंत्री राघवजी ने किया था। इस मामले में वित्त मंत्रियों की एक समिति भी गठित की गई थी, जिसके विद्वान अध्यक्ष पश्चिम बंगाल के वित्त मंत्री डॉ असीम दासगुप्त और निहायत सौम्य उपाध्यक्ष सुशील मोदी (बिहार के वित्तमंत्री) की लाख कोशिश के बावजूद अपनी बेवजह आपत्तियों को छोडने के लिए विपक्ष को तैयार नहीं किया जा सका।

## पत्थर पर खिंची लकीर नहीं

इसके बावजूद हम उस स्थिति में पहुंचे, जहां समिति ने अपनी सिफारिशें दीं, और प्रणब मुखर्जी (तत्कालीन वित्त मंत्री) ने एक संविधान संशोधन विधेयक प्रस्तावित किया। हालात को देखते हुए यह विधेयक अधिकतम अनुकूल था। अगस्त, 2012 में वित्त मंत्री का पद संभालने के बाद मैंने विधेयक में और सुधार लाने की कोशिशें आगे बढ़ाईं, मगर गुजरात और तमिलनाडु ने सुधारों का विरोध जारी रखा। इस बार उनका साथ तमिलनाडु ने भी दिया। तो यह कहना गलत होगा कि समिति की सिफारिशों को मंजूरी देना या 2011 में लाया गया विधेयक, इस मामले में यूपीए सरकार या फिर कांग्रेस पार्टी का अंतिम प्रयास था। आपने ठीक ही लिखा है कि आपकी सरकार ने वार्ता को जारी रखा और विधेयक में कुछ बदलाव भी किए। ध्यान देने वाली बात यह है कि अब जो चर्चा हो रही है, वह संशोधित विधेयक के सशक्त पक्षों और कमजोरियों पर केंद्रित है, न कि पुराने वाले विधेयक पर, जो पत्थर पर खिंची लकीर कतई नहीं था।

## बहुमत वाला रवैया

आपके पत्र में कांग्रेस के तीन सदस्यों की आपत्तियों को लेकर उनकी निंदा की गई है। न्याय तो यही कहता है कि आपको नवनीत कृष्णन (अन्नाद्रमुक) और के एन बालगोपाल (माकपा) की आपत्तियों का भी उल्लेख करना चाहिए था। आपके पत्र का जो मिजाज है, उससे महसूस होता है कि आप इस मामले में आगे कोई चर्चा नहीं चाहते, बल्कि विपक्ष को रौंदकर विधेयक को राज्यसभा तक पहुंचाना चाहते हैं। अपने बहुमत को लेकर आपका यह जो रवैया है, वह इस विधेयक के लिए सबसे ज्यादा खतरनाक है। अफसोस की बात है कि भूमि अधिग्रहण कानून, 2013 में संशोधन के लिए लाए गए विधेयक की जो दशा हुई, उसके बावजूद आपकी सरकार बहुमत वाली अपनी ऐंठ को दोहराने की नादानी कर रही है। मुझे लगता है कि अभी इस विषय पर बहस की पर्याप्त गुंजाइश है। कांग्रेस के आपत्ति–पत्र को लेकर आपने जो आलोचनाएं की हैं, उनका जवाब मैं इसी उम्मीद के साथ दे रहा हूं।

## जारी रहे बहस

(1) संविधान में जीएसटी की दरों की उच्चतम सीमा तय हो: आपने माना है कि

कांग्रेस पार्टी ने जो दरें निर्धारित की हैं, उनमें कुछ व्यावहारिकता हो सकती है। मगर संविधान में इन दरों को शामिल करने का आप विरोध कर रहे हैं, क्योंकि अमूमन ऐसा नहीं होता। विडंबना यह है कि आपने इसी विधेयक में 1 फीसदी का अतिरिक्त कर भी तय किया है। अनुच्छेद 276 (2) का उल्लेख भी यहां मौजूं होगा, जो व्यवसायों पर लगने वाले करों पर 2500 रुपये वार्षिक की उच्चतम सीमा लगाता है। तो क्यों न बगैर समय गंवाए जीएसटी के लिएए जो कि एक प्रतिगामी कर व्यवस्था है और इसलिए, इसकी दरों पर कुछ प्रतिबंध अपेक्षित हैं, उच्चतम सीमा तय होने के गुणावगुणों पर चर्चा की जाए।

(2) व्यापार को विकृत करने वाली 1 फीसदी की अतिरिक्त लेवी हटे और धारा 9 व 18 में उल्लिखित 'आपूर्ति' शब्द की व्याख्या हो: अतिरिक्त लेवी एक नया प्रावधान है, जिस पर पहले चर्चा भी नहीं हुई है। सेलेक्ट कमिटी ने इस आधार पर इसकी आलोचना की है, कि इससे करों की दरों पर नकारात्मक असर होगा। मुख्य आर्थिक सलाहकार इस अतिरिक्त कर को प्रतिगामी बता चुके हैं। इसके बावजूद अगर आप सिर्फ इस वजह से अतिरिक्त कर को नहीं हटा पा रहे हैं, कि आपने पहले ही कुछ राज्यों को जुबान दे रखी है, तो फिर अंतरसांगठनिक हस्तांतरण का निषेध करने के लिए 'आपूर्ति' शब्द की व्याख्या करने में आपको क्या मुश्किल आ रही हैय ऐसा लगता है कि इस अतिरिक्त कर की अवांछनीयता से आप भी वाकिफ हैं, इसके बावजूद आप इससे होने वाले नुकसान को सीमा में बांधने के इच्छुक नहीं दिख रहे हैं। क्यों?

(3) 2011 के प्रस्ताव के अनुसार विधेयक में एक विवाद निपटारा प्राधिकरण बने, बड़ी अजीब-सी बात है कि विधेयक में विवादों को निपटाने की जिम्मेदारी जीएसटी काउंसिल को दी गई है: जिसमें वे भी सदस्य होंगे, जिनके बीच विवाद है! प्रस्तावित अनुच्छेद 279 ए की धारा 11 में कहा गया है कि जीएसटी काउंसिल ही वह तरीका निर्धारित करेगी, जिससे उसकी सिफारिशों से उपजने वाले विवादों को निपटाया जा सके। मगर सवाल उठता है कि विवाद क्या हैं, वह कौन तय करेगा? काउंसिल की सिफारिशों के इतर अगर कोई विवाद उठता है, तो उसे कौन तय करेगा विवाद निपटारा एक न्यायिक कार्य है। जीएसटी से जुड़े विवादों के समाधान के लिए एक स्वतंत्र निकाय होना चाहिए।

कुछ दूसरी आपत्तियां उतनी महत्वपूर्ण नहीं हैं। अगर प्रमुख आपत्तियों को सुलझा लिया जाता है, तो फिर उन्हें भी आसानी से सुलझा लिया जाएगा। मगर इसकी शुरुआत

बहुमत वाली ऐंठ को छोड़कर उस प्रमुख विपक्षी दल के साथ आमने-सामने बैठकर चर्चा करने से होनी चाहिए, जिसने इस क्रांतिकारी कर सुधार को लाने की मौलिक शुरुआत की थी।

सादर,
आपका
पी चिदंबरम

# एनजेएसी की पहेली

1 नवंबर 2015

कल्पना कीजिए कि हम एक ऐसे देश के नागरिक हैं, जिसने अभी–अभी स्वतंत्रता हासिल की है और उसके सामने अपना नया संविधान तैयार करने की चुनौती है। कल्पना कीजिए कि हमें अभी न्यायपालिका से संबंधित अध्याय लिखना है।

जो मुख्य प्रश्न उभरेंगे वे यह कि (1) हम कैसे न्यायपालिका की स्वतंत्रता सुनिश्चित करेंगे? (2) न्यायाधीश बनने के लिए किस तरह की योग्यता की आवश्यकता होगी? (3) न्यायाधीशों का चयन और नियुक्ति किस तरह होगी? (4) अदालत के अधिकार क्या होंगे खासतौर से राज्य स्तर पर उच्च न्यायालयों के और राष्ट्रीय स्तर पर सर्वोच्च अदालत के?

चलिए, तीसरे प्रश्न पर ध्यान केंद्रित करते हैं। न्यायाधीशों का चयन क्या कार्यपालिका या फिर कॉलेजियम (जजों का) या फिर राष्ट्रीय न्यायिक नियुक्ति आयोग (एनजेएसी) को करना चाहिए?

संविधान सभा, जिसने नवंबर, 1949 में भारत के संविधान के मसौदे को मंजूरी दी थी, उसने निम्न प्रावधान किएः

अनुच्छेद 124ः सर्वोच्च न्यायालय के प्रत्येक न्यायाधीश की नियुक्ति राष्ट्रपति द्वारा की जाएगी...उच्चतम न्यायालय तथा उच्च न्यायालयों के ऐसे न्यायाधीशों से परामर्श करने के पश्चात, जिनसे राष्ट्रपति इस प्रयोजन के लिए परामर्श करना आवश्यक समझें।

अनुच्छेद 217 में उच्च न्यायालयों में नियुक्ति के लिए भी इसी तरह का प्रावधान है।

## न्यायाधीशों की नियुक्ति न्यायाधीश नहीं करते

अमेरिका में कार्यपालिका (राष्ट्रपति) के पास नियुक्ति का अधिकार है, किंतु विधायिका (सीनेट) द्वारा और उसकी सलाह पर। ऑस्ट्रेलिया और कनाडा में गवर्नर जनरल (यानी प्रधानमंत्री) न्यायाधीशों की नियुक्ति करता है। मुख्य न्यायाधीश सहित सेवारत अन्य किसी भी न्यायाधीश की नियुक्तियों में कोई भूमिका नहीं होती। अमेरिका, ऑस्ट्रेलिया और कनाडा में न्यायपालिका को स्वंत्रता न होना कोई मुद्दा नहीं है। और न ही कोई यह कह सकता है कि 1993 (जब कॉलेजियम व्यवस्था आई) से पहले भारत के सर्वोच्च न्यायालय में नियुक्त किए गए न्यायाधीश स्वतंत्र नहीं थे।

नियुक्ति की कोई भी व्यवस्था दोषहीन नहीं है। कॉलेजियम, जिसका एनजेएसी ऐक्ट को अवैध घोषित करने वाले पांच में से चार जजों ने प्रबलता से बचाव किया था, उसमें भी दोष हैं: इसलिए पांचों जजों ने इस मामले की आगे सुनवाई का फैसला किया है, जो कि तीन नवंबर को होनी है।

दुनिया के किसी भी देश में सेवारत न्यायाधीश ही न्यायाधीशों का चयन और उनकी नियुक्ति करते हैं। भारत के संदर्भ में यह कहा जा सकता है कि न्यायाधीशों की नियुक्ति का अधिकार सिर्फ कार्यपालिका के पास नहीं होना चाहिए। न्यायपालिका की भी इसमें भूमिका होनी ही चाहिए। कुछ लोग कहेंगे कि न्यायाधीशों की प्रमुख भूमिका होनी चाहिए, कुछ इस विचार के होंगे कि संसद की सलाह और सहमति ली जानी चाहिए, लेकिन न्यायाधीश खुद के संपूर्ण अधिकार के पक्ष में हैं।

## आधार और उपसिद्धांत

एनजेएसी मामले से संबंधित फैसले में चार बुनियादी क्षेत्र हैं, और प्रत्येक में एक उपसिद्धांत सन्निहित है। प्रथम, न्यायपालिका की स्वतंत्रता की रक्षा करने के लिए आवश्यक है कि न्यायाधीशों के पास अधिकार हो; उपसिद्धांतः कार्यपालिका या सिविल सोसाइटी की न्यूनतम भागीदारी भी न्यायपालिका की स्वतंत्रता को प्रभावित करेगी। द्वितीय, न्यायपालिका से बाहर के किसी व्यक्ति के पास न्यायाधीश के रूप में नियुक्त किए जाने वाले व्यक्ति की योग्यता और क्षमता को आंकने का ज्ञान है; उपसिद्धांतः न्यायाधीश नए न्यायाधीशों का चयन उत्कृष्ट तरीके से करते हैं। तृतीय सिविल सोसाइटी से चयन प्रक्रिया में शामिल किए जाने के लिए दो प्रबुद्ध व्यक्ति नहीं मिल सकते; उपसिद्धांतः नियुक्त हो जाने के बाद न्यायाधीश ऐसी मानव नस्ल के रूप में विकसित

हो जाते हैं जो कि उन्हें सबसे अलग कर देती है। चतुर्थ राजनेता भ्रष्ट और अयोग्य होते हैं; उपसिद्धांतः न्यायाधीशों को भ्रष्ट नहीं किया जा सकता।

इन चारों क्षेत्रों में सच के अंश हो सकते हैं लेकिन उपसिद्धांत पूरी तरह सच नहीं हो सकते। एनजेएसी मामले में फैसला; 4:1 संस्थाओं के बीच परस्पर अविश्वास की ताजा कड़ी है। इस पर तरस ही खाया जा सकता है कि हमारी संस्थाएं दूसरी संस्थाओं के प्रति काफी चौकस हैं, मगर आत्मावलोकन में ईमानदार हैं!

## एनजेएसी अधिनियम में खोट

गंभीरता से आकलन करें तो यह निष्कर्ष निकलेगा कि भारत के मुख्य न्यायाधीश यऔर कॉलेजियम की अहम भूमिका है, मगर इसमें सही–गलत का आकलन करने में कार्यपालिका की भी एक भूमिका होगी।

संविधान का 99 वां संशोधन वास्तव में वैध है, मगर एनजेएसी ऐक्ट दोषपूर्ण है:? प्रबुद्ध व्यक्तियों? की परिभाषा नहीं दी होने से, दो सदस्यों को वीटो का अधिकार होने से और गैर न्यायिक सदस्यों का गुट बनने की संभावना के कारण यह कानून दोषपूर्ण हो गया है। लेकिन इसके साथ ही यह तर्क कि एनजेएसी में कानून मंत्री या दो प्रबुद्ध व्यक्तियों की मौजूदगी व्यवस्था को दूषित कर देगी बेहद खराब है। ऐसा कोई न्यायिक सिद्धांत या आधार नहीं है, जिसकी बिना पर यह माना जाए कि कानून मंत्री या दो प्रबुद्ध लोगों को शामिल किए जाने से चयन और नियुक्ति की प्रक्रिया दूषित हो जाएगी।

## एक संभावित उत्तर

मैं कुछ सिद्धांत सुझाना चाहता हूं, जिन्हें हमारे संविधान में शामिल किया जा सकता है:

1. कॉलेजियम के पास यह विशिष्ट अधिकार होना चाहिए कि वह उच्च न्यायालयों और सर्वोच्च न्यायालयों में न्यायाधीश के रूप में नियुक्त किए जाने वाले व्यक्तियों के नाम पर विचार करने के लिए नाम नामांकित करे।
2. एक न्यायिक नियुक्ति आयोग कॉलेजियम द्वारा नामांकित उम्मीदवारों के नाम की समीक्षा करे और नियुक्ति के लिए उपयुक्त पाए व्यक्तियों के नाम की सिफारिश राष्ट्रपति से करे। यह आयोग व्यापक होना चाहिए; ब्रिटेन में जैसे 15 सदस्यीय संस्था है और इसमें न्यायाधीश न्यायविद कानून के विद्वान और कानून मंत्री हों।

3. कॉलेजियम द्वारा नामांकित और आयोग द्वारा अनुसंशित व्यक्ति के अलावा किसी और की नियुक्ति न्यायाधीश के रूप में नहीं होगी।

मुझे विश्वास है कि इस सिद्धांत से खामियों को दूर करने में मदद मिलेगी। याद रखिए कि किसी लोकतंत्र में खोट रहित चुनाव व्यवस्था, विधायिका कार्यपालिका या न्यायपालिका नहीं हो सकती। अपनी अनगढ़ता में ही वे एक दूसरे से मिलकर राजनीतिक, आर्थिक और सामाजिक विकास को संभव बनाते हैं।

एनजेएसी ऐक्ट में संशोधन कर उसे ऐसा बनाया जाना चाहिए, जिससे वह संसद कार्यपालिका और न्यायपालिका तीनों को स्वीकार्य हो।

# विदेशी मामले

# खोई-हुई जन्नत, क्या यह फिर से हासिल होगी?

25 अक्टूबर 2015

हमारे निकटतम पड़ोसी श्रीलंका के लिए इससे बेहतर समय शायद नहीं हो सकता, जहां पर उसकी कुंडली के सभी नक्षत्र एकदम सटीक स्थान पर विराजमान हुए बैठे हों। 1947 से पहले यह 'पड़ोसी देश' वाला पद श्रीलंका पर फिट बैठता था। बर्मा, पाकिस्तान और बांग्लादेश को यह संबोधन कुछ बाद में मिला। जवाहर लाल नेहरू की मशहूर यात्रा से ठीक पहले तक भूटान के साथ हमारे रिश्तों में कोई खास गर्माहट नहीं थी। इन सबसे अलग-थलग नेपाल था।

## श्रीलंका के साथ विशेष जुड़ाव

श्रीलंका के साथ हमारा हमेशा से एक खास जुड़ाव रहा है। गौरतलब है कि तमिलनाडु के लोगों के श्रीलंका के तमिलभाषी लोगों के साथ नजदीकी पारिवारिक और व्यापारिक रिश्ते रहे हैं। दोनों देशों के बीच समृद्ध व्यापार परंपरा रही है। हिंदू और मुसलमान दोनों समुदायों के व्यापारियों की कोलंबो में बंदरगाह के निकट दुकाने हुआ करती थीं। यहां की सड़कें आज भी इनकी उपस्थिति को बयां करती प्रतीत होती हैं।

श्रीलंका का उत्तरी और उत्तर पूर्वी इलाका तमिलों का निवास स्थल है। यहां हजारों की संख्या में तमिल मजदूर चाय के बागानों में काम करते हैं। खासकर कोलंबो में जाफना के शिक्षित और सभ्य तमिल श्रीलंकाई समाज के स्तंभ थे।

इस भूमि पर क्रमशः पुर्तगालियों, डचों और अंग्रेजों का कब्जा रहा। अंग्रेज इसको सेरेनद्वीप या जन्नत कहकर बुलाते थे। पहले के उपनिवेशवादियों की तुलना में अंग्रेज

कुछ हद तक उदार कहे जा सकते थे। उन्होंने यहां पर रेलवे, डाक घर, स्थायी लोक सेवा और न्यायिक प्रणाली की शुरुआत की।

श्रीलंका 1948 में स्वतंत्र हुआ। यहां के पहले प्रधानमंत्री डी एस सेनानायके थे, जो कि एक बुद्धिमान और दूरदर्शी नेता थे। ऐसा कहा जाता है कि उन्होंने अपने प्रधानमंत्रित्व काल के दौरान कभी भी कोई विदेश यात्रा नहीं की। उनके बाद उनके पुत्र डुडले सेनानायके प्रधानमंत्री बने। दोनों ने ही विविधतापूर्ण समाज को निर्मित करने में योगदान दिया। उनके समय में सभी धर्मों को बराबर सम्मान मिला। सिंहल, तमिल और अंग्रेजी यहां के व्यापार और वाणिज्य के लिए आधिकारिक भाषायें थीं। इन तीनों भाषाओं में ही साइन बोर्ड और नेम प्लेट लगाई जाती थीं।

## खो गए कहीं वे तीस वर्ष

मगर संकीर्ण नजरिया रखने वाले राजनेताओं ने यह सब बर्बाद कर दिया। इसकी शुरुआत 'केवल सिंहला नीति' से आरंभ हुई। एक बार जब चिंगारी ने आग लगाई तो इसको आगे बढ़ाने में कई तत्वों ने योगदान दिया। इस आग में श्रीलंका के तीस वर्ष खाक हो गए।

वैसे हमें इतिहास में जाने की कोई जरूरत नहीं है, खास तौर पर हाल के इतिहास में। आंतरिक गृहयुद्ध का अंत काफी क्रूर और खून से सना था। उसमें मानव अधिकारों के घोर उल्लंघन के साथ साथ अंतरराष्ट्रीय कानूनों का भी उल्लंघन हुआ। इनमें ज्यादातर मामलों की पहचान हो चुकी है, मगर अभी भी काफी कुछ किया जाना बाकी है।

महिंदा राजपक्षे ने सोचा था कि उन्हें ऐसे राष्ट्रपति के तौर पर याद रखा जाएगा, जिसने लिबरेशन टाइगर्स ऑफ तमिल ईलम (एलटीटीई) को परास्त किया। उन्हें यह भी उम्मीद थी कि वह दुबारा चुने जाएंगे। मगर वह गलत थे।

एक महत्वपूर्ण परिवर्तन के तहत हाल ही में जाफना और त्रिंकोमाली प्रांत में मुख्यमंत्रियों के तौर पर तमिल नेताओं को चुना गया है, राजपक्षे के मंत्रिमंडल में बहुत ही निचले पद पर रहे व्यक्ति को नया राष्ट्रपति चुना गया है और एक अनुभवी राजनीतिज्ञ को प्रधानमंत्री बनाया गया है। नये बने राष्ट्रपति मैत्रीपाला सिरिसेना को उनकी मानवीयता और सत्यनिष्ठा के लिए काफी सम्मान प्राप्त है। श्री रानिल विक्रमसिंघे इससे पहले दो बार प्रधानमंत्री रह चुके हैं और उनको काफी अनुभवी एवं क्षमतावान माना जाता है। यह भी एक असामान्य बात है कि राष्ट्रपति और प्रधानमंत्री

दोनों अलग-अलग पार्टियों से हैं—श्रीलंका फ्रीडम पार्टी (एसएलएफपी) और यूनाइटेड नेशनल पार्टी (यूएनपी)। इन्होंने पिछला चुनाव एक दूसरे के खिलाफ लड़ा था।

## नक्षत्र मुस्कुरा रहे हैं

कोई भी इसकी भविष्यवाणी नहीं कर सकता था कि वर्ष 2015 में श्रीलंका में निम्नलिखित तीन महत्वपूर्ण घटनायें हो जाएंगी:

1. एसएलएफपी के एक तबके के द्वारा व्यवस्था को कमजोर करने के बावजूद एसएलएफपी और यूएनपी एक महा गठबंधन सरकार का निर्माण करेंगे।
2. अंततः गृहयुद्ध समाप्त हो जाएगा और आग की लपटें शांत हो जाएंगी। इसके अलावा, तमिल जो कि सबसे ज्यादा कष्ट के दौर से गुजरे हैं, संयुक्त श्रीलंका में समान नागरिक के तौर पर जीवन यापन करने के लिए आशान्वित होंगे। और
3. तमिल भाषाई लोगों को पूरी तरह दो वैधानिक प्रांतीय सरकारों के प्रमुखों के रूप में उदार नेता मिलेंगे।

श्रीलंका के निकटतम पड़ोसी के रूप में भारत को क्या करना चाहिए? खुशी की बात यह है कि श्रीलंका में जिन परियोजनाओं को यूपीए सरकार ने आरंभ किया था, जिनमें 50,000 आवासों की महत्वाकांक्षी योजना भी शामिल थी, को एनडीए सरकार ने आगे जारी रखा है। यह भी सराहनीय है कि सरकार ने उच्चायोग और दूतावास में उसी टीम को बनाये रखा जो कि यूपीए सरकार में नियुक्त थी। संयुक्त राष्ट्र मानवाधिकार परिषद (यूएनएचआरसी) की पिछली बैठक में अपनाये गए प्रस्ताव के लिए भारत के समर्थन को काफी सराहा गया। भारत को अपनी कोशिशें इसी तरह जारी रखनी चाहिए।

- आवास कार्यक्रम भारत की महत्वाकांक्षी परियोजना है। भारत को विस्थापित और प्रभावित लोगों के साथ साथ दशकों से कष्ट के दौर से गुजर रहे पौधे रौपने वाले श्रमिकों के लिए और अधिक आवास निर्माण का प्रस्ताव रखना चाहिए।
- भारत को उत्तरी और पूर्वी दोनों प्रांतों की सरकारों को परियोजनाओं का प्रस्ताव देना चाहिए और साझा उद्देश्यों के लिए कार्य करने के लिए प्रोत्साहित करना चाहिए।

- अगर नये संविधान के निर्माण में मदद मांगी जाती है तो भारत को तकनीकी मदद का प्रस्ताव देना चाहिए, जिसका कि नई सरकार ने वायदा भी किया है।
- भारत को दोनों देशों के बीच समझौते और प्रांतीय सरकारों की शक्तियों के हस्तांतरण को लागू करने के लिए अपने नैतिक प्राधिकार का प्रयोग करना चाहिए।
- भारत को श्रीलंकाई संसद और सरकार को यूएनएचआरसी प्रस्ताव को लागू करने के लिए रास्ता निकालने के लिए कहना चाहिए।
- इन सबसे ऊपर भारत को श्रीलंका के साथ निकट संपर्क बनाये रखना चाहिए। एक मात्र मंत्री जिन्होंने मई 2014 के बाद से श्रीलंका की यात्रा की है वे हैं–प्रधानमंत्री! यूपीए सरकार भी इस मामले में समान रूप से बेपरवाह रही। प्रधानमंत्री को हर महीने एक मंत्री को श्रीलंका भेजना चाहिए, जिसको विशेष निर्देश हो कि वह वहां लोगों से मिले, घूमे, लोगों की बाते सुने और अपनी रिपोर्ट दे। (और बेफिजूल की बातें न करे)।

# कैसे हम एक दोस्त खो बैठते हैं और लोगों से पराये हो जाते हैं

6 दिसंबर 2015

26 मई 2014 से लेकर अब तक सरकार के कार्यकाल का काफी समय गुजर गया है। कम से कम तीन पड़ोसी देशों ने, जिन्होंने प्रधानमंत्री के शपथ ग्रहण समारोह में शामिल होकर अपनी खुशी जाहिर की थी, भारत से दूरी बना ली है। दूसरे देश भी इस मामले में ज्यादा सतर्क हो गए हैं। इसका सबसे साफ उदाहरण नेपाल के साथ भारत के संबंध हैं।

नेपाल के साथ भारत के खास रिश्ते बने हुए हैं। दोनों देशों के धर्मिक और सांस्कृतिक संबंध ऐतिहासिक रहे हैं। दोनों देशों के बीच खुली सीमाएं हैं। नेपाल के नागरिकों ने अनेक युद्धों में भारतीय सैनिकों के साथ कंधे से कंधा मिलाकर लड़ाई की है और आज भी कर रहे हैं। गोरखा रेजीमेंट उनकी वीरता का प्रमाण है। एक अनुमान के मुताबिक भारत में लगभग 60 लाख नेपाली नागरिक निवास करते हैं।

नेपाल एक भू आवेष्ठित (land locked) देश है, तीनों ओर से भारत से घिरा है और विश्व से इसके संपर्क के लिए भारत से होकर गुजरना लगभग अनिवार्य–सा है। नेपाल का अधिकांश व्यापार भारत से ही होता है। नेपाल को होने वाली अधिकांश अपूर्ति भारत से अथवा भारत के माध्यम से ही होती है।

भारत एक अच्छा और आदर्श पड़ोसी बनकर रहा है। इसने नेपाल को विशेष व्यापारिक देश के तौर पर काफी छूट प्रदान की है और सहायता भी दी हैं। इसने भारतीयों को नेपाल की यात्रा करने के लिए भी प्रोत्साहित किया है। दोनों देशों में

अनेक ऐसे परिवार हैं, जिनमें वैवाहिक संबंध हैं। राजनीतिक मूल्यों को साझा करने के मामले में नेपाली कांग्रेस पार्टी को भारतीय राष्ट्रीय कांग्रेस की एक सिस्टर ऑर्गेनाइजेशन के तौर पर देखा जाता रहा है। नेपाल की कम्युनिस्ट पार्टी के भारत की कम्युनिस्ट पार्टी से निकट संबंध रहे हैं और कालांतर में उसने मार्क्सवादी भारतीय कम्युनिस्ट पार्टी और भारतीय कम्युनिस्ट पार्टी दोनों से भी संबंध बनाये हैं।

## शुरुआत से ही दिक्कतें

जब से नेपाल में राजशाही के स्थान पर लोकतांत्रिक संरचना स्थापित हुई है, तब से नेपाल संक्रमणकाल के मुश्किल दौर से गुजर रहा है। इस दौरान कई सरकारें और प्रधानमंत्री बन चुके हैं। संविधान सभा कई वर्षों से एक संविधान के प्रारूप को निर्मित करने में संघर्षशील है। नेपाल को एक संवैधानिक गणराज्य बनाने के प्रयास में भारत ने ठोस मदद प्रदान की है। नेपाल की अस्थिरता और अनिश्चितता वाले दौर में भी भारत का समर्थन बरकरार है। व्यापार और वाणिज्य भी पहले जैसे हैं और दोनों देशों के मध्य सीमाएं भी वैसे ही खुली हुई हैं।

यह सब कुछ प्रधानमंत्री नरेंद्र मोदी की पहली आधिकारिक नेपाल यात्रा के दौरान भी देखने को मिला। नेपाल की संसद में प्रधानमंत्री मोदी का भाषण काफी प्रभावित करने वाला था। ऐसा प्रतीत हुआ कि इस समय भारत और नेपाल के बीच संबंध मजबूती की पराकाष्ठा पर हैं। मगर अचानक ऐसा क्या हुआ कि तमाम पर्यवेक्षक भी यह मानने पर मजबूर हो गए कि दोनों देशों के बीच संबंध अपने निम्नतम स्तर पर पहुंच चुके हैं।

## बातचीत से दूर ले जाना

कुछ दिन पहले मुझे नेपाल के कुछ विशिष्ट व्यापारियों के साथ बातचीत करने का मौका मिला था। बंगलुरू से दिल्ली जा रही फ्लाइट में नेपाल के विदेश मंत्री और उप प्रधानमंत्री श्री कमल थापा मेरे से अगली सीट पर बैठे हुए थे। मैं अपनी उस बातचीत को निम्न प्रकार से उल्लिखित कर सकता (बिना किसी व्यक्तिगत वक्तव्य को महिमा मंडित किए) हूं–

1. मधेशियों से जुड़े मुद्दे चिंता का विषय हैं, परंतु भारत को नेपाल को इस मामले

को हल करने में कुछ छूट और समय देना चाहिए। मधेशियों की शिकायतों और दिक्कतों के समाधान के लिए भारत को उनके और बाकी जनसंख्या के बीच दूरी नहीं पैदा करनी चाहिए।

2. एक नये संविधान को नेपाल की संसद ने अपनाया है। यदि इसमें संशोधन की जरूरत पड़ती है तो वार्ता के जरिये ऐसा किया जा सकता है (जैसे कि भारतीय संविधान में 100 से ज्यादा बार संशोधन किया जा चुका है।)

3. 112 चुनाव क्षेत्र ऐसे हैं जहां पर मधेशी लोग प्रभावकारी भूमिका में हैं अथवा महत्वपूर्ण उपस्थिति रखते हैं। उनमें से केवल 11 सांसदों ने ही नये संविधान का विरोध किया है।

4. एक ही प्रांत है, जो कि मधेशी प्रभावी जिलों से मिलकर बना है। मधेशी ऐसा ही एक और प्रांत चाहते हैं जिसमें मधेशियों का प्रभाव हो। यह एक मुद्दा है जो कि बातचीत के जरिये सुलझाया जा सकता है। सिर्फ यह गतिरोध की वजह नहीं बन सकता।

5. भारत ने संविधान को अपनाए जाने को रोकने के लिए हस्तक्षेप काफी देर बाद किया। जब संविधान अपना लिया गया तो भारत ने इसे न्याय संगत नहीं माना।

6. नेपाली लोग यानी बहुसंख्यक नागरिकों का विश्वास है कि रिश्तों में जो गतिरोध आया है, उसकी वजह भारत है और भारत सरकार ही आपूर्ति कर्ताओं को दिशा निर्देश दे रही है जिसमें इंडियन ऑयल कॉर्पोरेशन भी शामिल है, कि वे अपनी आपूर्ति बंद कर दें। सच कुछ भी हो, लेकिन यह धारणा वास्तविक रूप ले चुकी है और समय के साथ–साथ यह मजबूत होती जा रही है।

7. नेपाल में राष्ट्रवादी उभार बहुत ही ऊंचाई पर पहुंच रहा है और बहुसंख्यक लोग भारत के विरोध में खड़े हो चुके हैं। यहां तक कि मधेशी बहुल क्षेत्रों से चुने गए सांसदों ने भी नाकेबंदी के लिए भारत पर आरोप लगाया है। नेपाल सरकार के विरुद्ध लोगों ने कोई विरोध नहीं किया है। वे स्थिति को साहस के साथ सामना करने के लिए प्रतिबद्ध हैं।

8. विदेश मंत्री के तौर पर एक मौसमी राजनीतिज्ञ, विदेश सचिव के रूप में एक अत्यधिक कुशल एवं अनुभवी कूटनीतिज्ञ, एक राष्ट्रीय सुरक्षा सलाहकार के रूप में एक प्रतिष्ठित सुरक्षा विशेषज्ञ होने के बावजूद नेपाल से निपटने में भारत ऐसी तकनीकी गलतियां कैसे कर सकता है?

9. संविधान को अपनाने से रोकने के लिए भारत का प्रयास एक बड़ी गलती

द्वारपाल • 213

थी। प्रधानमंत्री के रूप में श्री के पी शर्मा ओली के निर्वाचन का शांतिपूर्ण ढंग से विरोध करना एक गलती थी। प्रधानमंत्री के उम्मीदवार के तौर पर श्री सुशील कोइराला को आगे बढ़ाना भारत की एक गलती थी, जबकि श्री ओली, श्री कोइराला को राष्ट्रपति पद का प्रस्ताव देने के लिए बिल्कुल तैयार थे।
10. नेपाल भारतीय राजनीतिक दलों एवं पार्टियों तथा संसद से विश्वास की अपेक्षा करता है और विवादित मुद्दों पर समाधान चाहता है।

## एक अच्छा पड़ोसी होने के नाते

संसद का सत्र चालू है। अंतरराष्ट्रीय सरोकार रखने वाली कांग्रेस और कम्युनिस्ट पार्टियों की यह विशेष जिम्मेदारी है कि वे भारत–नेपाल संबंधों पर एक बहस की शुरुआत करें। यह संदेश जरूर जाना चाहिए कि भारत एक अच्छा पड़ोसी है और एक भरोसेमंद साथी है, जो कि पड़ोसी देशों के बीच जुड़ाव के नियमों का पालन करता है।

# धूमधड़ाका, चुप्पी और फिर अचानक हलचल

13 दिसंबर 2015

पाकिस्तान की मौजूदगी से इनकार नहीं हो सकता। यह भारत की पश्चिमी सीमा पर स्थित है। हालांकि 1971 से पहले तक भारत की पूर्वी सीमा भी इससे लगती थी। यह एक ऐसा सच है, जिसे झुठलाया नहीं जा सकता और न ही भारत इसके भविष्य को लेकर कोई दावा कर सकता है। गौरतलब है कि आजादी के दिन से ही दोनों देशों को कुछ समस्याएं विरासत में मिल गई थीं, जो कि विभाजन का अवश्यंभावी परिणाम थीं। मैं इतिहास में ऐसा कोई उदाहरण नहीं जानता, जब विभाजन से अलग हुए दो देश हमेशा शांति से रह पाए हों।

## सीखा और भुला दिया

इतिहास से हमें सीख भी मिलती है कि ऐसे देशों को एक-दूसरे के साथ रहना सीख लेना चाहिए। साथ ही, यह भी समझना चाहिए कि शांतिपूर्ण सह-अस्तित्व का एक ही तरीका है, और वह है, एक-दूसरे के साथ संवाद करना। यह संवाद रोज, हर हफ्ते या फिर हर महीने भी हो सकता है। 1947 के बाद से तमाम ऐसे मौके आए, जब इतिहास का यह पाठ सीखा गया, भुलाया गया और फिर सीखा गया। इस मामले में भारत की हर सरकार और कहने की जरूरत नहीं, हर पाकिस्तानी सरकार भी कसूरवार रही। 2008 में मुंबई में आतंकी हमले के बाद का वक्त काफी मुश्किल था। उस समय दोनों देशों के बीच 1965, 1971 और 1999 की लड़ाई के बाद जैसे हालात हो चुके थे। वैसे, एक तरह से देखें, तो मुंबई हमले के बाद के

हालात ज्यादा बदतर थे, क्योंकि दोनों देशों के बीच नफरत की आग सरहद तक सीमित न रहकर पहली बार देश के दिल तक पहुंची थी। भारतीयों में कड़वाहट इस कदर भर चुकी थी कि वे हर मामले में पाकिस्तान का विरोध करने लगे थे, चाहे वह क्रिकेट हो, व्यापार हो, या फिर कुछ और। सरकार अपने लोगों की इस नाराजगी को अनदेखा नहीं कर सकती थी, मगर वह यह भी समझती थी कि समाधान वार्ता के जरिये ही मुमकिन था। यूपीए सरकार ने अपने दोनों कार्यकालों में ऐसा करने की कोशिश की, जिसके नतीजे मिले-जुले थे।

अब जरा 2013 की बात करें। बारी नरेंद्र मोदी की थी। उन्होंने पूरी दक्षता के साथ खुद को लालकृष्ण आडवाणी के विकल्प के तौर पर पेश किया, जिनकी तब तक एक हताश नेता की छवि बन चुकी थी। मोदी ने बेहद कामयाबी के साथ खुद को कांग्रेस पार्टी के विकल्प के तौर पर प्रस्तुत किया। जाहिर है कि भाजपा के भीतर लड़ाई मोदी बनाम आडवाणी की थी, जबकि पूरे देश में यह मोदी बनाम कांग्रेस की लड़ाई थी। लोगों के मिजाज को भांपते हुए एक बिल्कुल नए तरह के जुमले की दरकार थी। नरेंद्र मोदी ने निस्संदेह इस मामले में देश के सभी राजनेताओं को पीछे छोड़ दिया।

### मोदी और पाकिस्तान से बातचीत

पाकिस्तान के मामले में नरेंद्र मोदी के कुछ पुराने बयान मेरे जेहन में कौंध रहे हैं, जो कि उन्होंने 2012 और मई 2014 के लोकसभा चुनाव से पहले दिए थे। 12 दिसंबर, 2012 को मोदी ने कहा, 'दिल्ली में सरकार अपने लोगों को अंधेरे में रखकर पाकिस्तान के साथ गुपचुप समझौता कर रही है।' 26 सितंबर, 2013 को तिरुचिरापल्ली (तमिलनाडु) में मोदी जी बोले, 'पाकिस्तानी सेना भारतीय सैनिकों के सिर काट रही है, और दिल्ली में सरकार प्रोटोकॉल के नाम पर पाकिस्तानी प्रधानमंत्री के साथ चिकन बिरयानी के मजे ले रही है।' जब लोकसभा चुनाव के नतीजे बस आने ही वाले थे, तब आठ मई, 2014 को समग्र वार्ता प्रक्रिया पर पूछे गए एक सवाल के जवाब में आत्मविश्वास से लबरेज मोदी ने कहा, 'बमों और गोलियों की बौछार के बीच क्या बातचीत मुमकिन है? बातचीत शुरू करने से पहले जरूरी है कि सीमा पर गोलाबारी रोकी जाए।' उनके ऐसे बयानों को वाहवाही मिली, मगर इनसे चिंताएं भी बढ़ीं। एक तबका ऐसे बयानों के चलते उनकी ओर आकर्षित हुआ, वहीं दूसरी ओर कूटनीति व सुरक्षा विशेषज्ञों में यह चिंता दिखने लगी कि क्या नरेंद्र मोदी उच्च स्तरीय वार्ता

का रास्ता रोकेंगे और क्या उनके कार्यकाल में पाकिस्तान के साथ कोई संवाद संभव नहीं होगा? हालांकि मोदी जी ने अपने शपथ ग्रहण समारोह में पाकिस्तानी प्रधानमंत्री समेत सभी सार्क देशों के नेताओं को आमंत्रित कर सबको हैरत में डाल दिया। यह कमाल का राजनीतिक दांव था, जिससे पूरी दुनिया को यह भरोसा हो चला कि चुनावी जुमले अब पीछे छूटेंगे।

**क्या कोई रणनीति है**

अगर बीते समय का सूक्ष्म विश्लेषण करें, तो पता चलता है कि पूरा आकलन ही गलत था। न तो वे जुमले और न ही कोई राजनीतिक दांव किसी सोची–समझी रणनीति के तहत थे। दरअसल इनमें से ज्यादातर चीजें आवेग में हुईं। नई सरकार के आने के बाद के कुछ महीने बाद तक जो कुछ हुआ, उससे पता चलता है कि इस सरकार के पास पाकिस्तान को लेकर कोई निश्चित रणनीति थी ही नहीं। पिछले अठारह महीनों में कभी पहल की गईं, फिर रोक लगाई गई, कभी आमंत्रण दिए गए और कभी रद्द किए गए, कभी हाथ मिलाए गए और कभी नाराजगी दिखाई गई। भारत और पूरी दुनिया में जिनकी पूरे घटनाक्रम पर नजर थी, उन्हें समझ नहीं आ रहा था, कि आखिर हो क्या रहा है। साफ शब्दों में कहें तो पूरे 18 महीनों का लब्बोलुआब यह है कि पाकिस्तान को लेकर भारत सरकार की कोई स्पष्ट नीति ही नहीं है। यह भी साफ है कि इस मामले में नीति निर्माण की पूरी जिम्मेदारी विदेश मंत्रालय के पास न होकर प्रधानमंत्री कार्यालय के पास है। संबंधित मंत्री को महज कहीं फंसे हुए लोगों को मुक्त कराने की जिम्मेदारी तक सीमित कर दिया गया है। जबकिए अनुभवी अधिकारियों को इवेंट मैनेजमेंट की महत्वपूर्ण जिम्मेदारी सौंपी गई है।

पिछले कुछ दिनों में सरकार ने एक और सरप्राइज दिया है। दरअसल, बीएसएफ की ताजा रिपोर्ट बताती है कि पिछले वर्ष की तुलना में इस वर्ष सीमा पर घुसपैठ में 25 फीसदी की बढ़ोतरी हुई है। इसके बावजूद भारत और पाकिस्तान ने बातचीत का फैसला किया है। गुप्त वार्ताएं अब निषिद्ध नहीं रह गई हैं। गुपचुप होने वाली साठगांठ अब संदेह की नजर से देखने लायक नहीं समझी जातीं। सुषमा स्वराज सेंटर–फॉरवर्ड की भूमिका में दिखने लगी हैं। जिस समग्र वार्ता के आसार दिखने भी बंद हो गए थे, वह चमत्कारिक ढंग से समग्र द्विपक्षीय वार्ता में तब्दील हो चुकी है। हर मुद्दे ने मानो बातचीत के लिए खुद को खोल दिया है, जम्मू–कश्मीर से लेकर आतंकवाद सियाचिन से लेकर सर क्रीक और आर्थिक सहयोग से लेकर लोगों के स्तर पर जुड़ाव। अगर

यह सब किसी सोची–समझी गंभीर रणनीति के चलते हो रहा है, तो हम इस बदलाव का स्वागत करते हैं। निश्चित तौर पर चुनौतियां आएंगी। रास्ता मुश्किल होगा। मगर आगे बढने के सिवाय कोई चारा भी तो नहीं है। ऐसे मुद्दों के चमत्कारिक समाधान की उम्मीद किसी को नहीं है, मगर युद्ध जैसे हालात तो कोई भी नहीं चाहता।

Printed in the USA
CPSIA information can be obtained
at www.ICGtesting.com
CBHW021148150824
13133CB00011B/177

9 788129 142283